《百年党史在浙江》系列成果

红色农学密码

方悴农传

中共武义县委党史研究室
武义县档案馆 编

昕玲／编著

人民日报出版社

北京

图书在版编目（ＣＩＰ）数据

方悴农传／昕玲编著. -- 北京：人民日报出版社，
2021.6
ISBN 978-7-5115-7069-7

Ⅰ.①方… Ⅱ.①昕… Ⅲ.①方悴农－传记 Ⅳ.
①K826.3

中国版本图书馆CIP数据核字(2021)第112843号

书　　　名：方悴农传
　　　　　　FANGCUINONG ZHUAN
作　　　者：昕　玲

出 版 人：刘华新
责任编辑：程文静　杨晨叶
封面设计：书道闻香

出版发行：人民日报 出版社
社　　　址：北京金台西路2号
邮政编码：100733
发行热线：(010)65369527　65369512　65369509　65369510
邮购热线：(010)65369530
编辑热线：(010)65363530
网　　　址：www.peopledailypress.com
经　　　销：新华书店
印　　　刷：杭州万星印务有限公司
法律顾问：北京科宇律师事务所　010－83622312

开　　　本：710mm×1000mm　1/16
字　　　数：308千字
印　　　张：18.75
版次印次：2021年7月第1版　　2021年7月第1次印刷

书　　　号：ISBN 978-7-5115-7069-7
定　　　价：46.00元

《方悴农传——红色农学密码》
编委会名单

主　任：吕　霞

副主任：李献武　金方剑

委　员：王康云　钟仙标　古宗耀　潘增海　王朝晖

前　言

　　武义地处江南,是一个历史悠久、物产丰饶、人杰地灵的千年古城,也是一个有着光荣传统的革命老根据地县。在新民主主义革命时期,武义县建立了金华市最早的中共党组织,是浙江省三个最早成立县委的县之一,曾经建立了规模较大的中共浙武红军游击队,涌现出了林登岳、徐英、潘漠华、徐强、徐汉光、方悴农等一批为新中国的解放事业作出杰出贡献的革命先辈。

　　方悴农是我国最早期的红色农学家,早在1937年投奔延安参加革命。他出生于武义王宅镇陶宅村,此地山清水秀、四季分明,自古是鱼米之乡,培育了一代又一代种粮好手。方悴农从小躬耕农事,长大立志悴农。从陶宅到杭州,从延安到北京,从国内走向世界,他怀着一颗为民谋粮的赤子之心,用一个世纪的脚步,度量原野阡陌,走遍千山万水,为物种寻找最适宜的生态环境,为苍生拓展最丰盈的生活空间,不愧为武义人民的杰出代表。

　　本书用人物传记的叙事方式撰写了"岁月峥嵘""延安兴农""鞠躬悴农"三个部分,以时间为轴线,用事迹作经纬,记述了方悴农忠于党、忠于人民的一生,纯粹而又传奇的一生,贡献于农业科技事业的一生。本书取材翔实,旁征博引,图文并茂,语言简练,使人物立体而富有张力。部分方言及网络语的运用,让人物和场景更加有趣生动,更适合青少年阅读。

　　时值草长莺飞的盛春时节,陶宅的油菜花和紫云英在田野里开得正欢,让我们用一畈烟雨、满川花絮,向方悴农先生和所有为人民美好生活作出贡献的革命先辈及杰出建设者致敬!

　　谨以此书,献礼中国共产党诞辰100周年!

中共武义县委组织部部长　吕　霞

2021年4月15日

目 录
CONTENTS

第二篇　延安兴农

第三篇　鞠躬悴农

第一篇

岁月峥嵘

第1章　挑着童养媳离乡

1890 年一个夏日的早晨,从浙江武义西乡石井里村走出一个挑箩筐的青年。

青年名叫方李昌,是这个村从淳安卢湾搬过来方氏先祖方天闻的第十七代孙。年方十八,因为父亲去世了,无田无业,家里穷,只能到外面去讨生活。

所谓外面,叫陶宅村,离石井里其实也不远。他之前跟父亲走过几趟,沿着村边小溪往下游走,走着走着就到了。

他到陶宅村是去当挑夫,因为石井里村的高溪,同另外一条叫麻阳港的水,到陶宅汇合后叫乌溪,乌溪出去注入熟溪,一路到武义、金华、兰溪、富阳、杭州。

因为乌溪是熟溪上游,陶宅村有了竹排水运埠头;因为是"浙中粮仓"的腹地,丰收季节,武义西乡地主、佃农的谷子,从四面八方车推、肩挑地运来,在附近的谷屋囤聚,再由竹排运到金华、兰溪。水运有"排行",构成这一社会组织的元

>> 石井里村

素是排行老大、排工，合作单位是谷屋业主及"挑脚夫"。在当时，"挑脚夫"是农民的一项热门副业，类似20世纪70年代，农民到城里做小工。

石井里是个长寿村，距武义县城约20公里，村庄坐落在一个丹霞地貌向火山岩地貌渐变的峡谷。这个峡谷在仙霞岭与括苍山脉的交会处。远看谷中树木苍郁、深山幽邃、重峦叠嶂、气势磅礴、仙雾缭绕；近看岩泉潺潺、芳草茵茵、芝兰满目，宛如世外桃源。"天高重霄九，地美大莱口，山清水又秀，古井称魁首。"是古人对这个村地理风貌的赞美。村里一直有"南极仙翁"诞生地的传说，这个故事有点长，概括起来是说天宫中的大将青龙与宫中侍女金凤相爱，冒犯了天规，两人私奔到这个村口有石井大盖遮掩的峡谷，躲进一个山洞里，青龙采药济世，金凤纺织富民，过上了幸福美满的生活。后来生了一个虎头虎脑的男孩，这男孩吸收了谷中的灵气，自幼聪慧过人，超凡脱俗，而又心地善良，长大后精通医术，常不畏艰险、腰系缆绳，飞渡百丈深谷，采集悬崖上饱浴云雾雨露之滋润、受天地之灵气、吸日月之精华的铁皮石斛、灵芝等仙草，治病救人、驱瘟辟邪，为民造福。因广积善德，千年之后，羽化成仙，被玉帝册封为主管人间健康长寿的老寿星——南极仙翁。

关于南极仙翁出生地的传说应该有很多，寿仙谷是其中之一吧。寿仙谷中的"龙凤居"石壁上仍有含情相望的龙形和凤影，还有常年不枯的"九天瀑布"，有120米高，分两层，上层像烟，下层像雨，俗称"烟雨瀑"，瀑布下的水潭叫九龙潭，大约可以佐证传说的真实性。有这样的风水，村民大多长寿，本书的主人公就活了101岁。

除了云雨滋润，村民长寿的功劳还应该归功于这里的山水。小溪的水从深山流出来，经过一个麦饭石窟，每遇山洪暴发，石窟里的麦饭石会跟着水滚出来，经年累月，滚成圆圆的鹅卵石，躺在河床上净化着每一滴经过的水。

100年后，这里成为闻名遐迩的AAA级旅游景区。

但在这个时候，忙于讨生活的方李昌眼里根本看不到一点风景。他一根扁担挑出来的两个箩筐里，一头是少得可怜的随身衣物，一头是年仅8岁的"媳妇"——童养媳何船妹。

其实，方李昌并不十分清楚"童养媳"是怎么回事，他只知道这个女孩长大了是自己的老婆，会跟自己生儿育女、传宗接代。这个是人生的头等大事，而且，只有把这个小女孩养成大姑娘，才能完成这件人生大事。

"我背井离乡挑着你出来，就是为了让你好好长大，我们一起生儿育女、传宗接代。"这是当时中国农村大部分18岁青年男子的使命，简单而又本真。

中国的"童养媳"最早可以追溯到汉代，汉昭帝皇后上官氏6岁入宫成为12岁皇帝的妻子，实际上就是童养媳。后来历朝历代，皇官官家商贾乡民一直流行，有攀龙附凤的，有集约养育成本的，有遗孤领养的，也有平等互换的，五花八门，到清代登峰造极，一直到民国依然流行。新中国成立后颁布了《婚姻法》，这一习俗被明令禁止。

何船妹是方李昌在大菜口村的表妹，母亲给方李昌领的童养媳。这个时候，方李昌还不知道自己能活84岁，而且，在70岁时，因为长寿得了九品顶戴。

何船妹也不知道，她能够活到90岁，尊享五代同堂。

她现在坐在箩筐里，怀里抱着一个竹制水筒，露出半个头，看着村口的瀑布群离自己越来越远，两条用红绳扎的羊角辫随着扁担的弹性上下舞动。前面那个年轻人每过一个村庄都会停下来，她就将手中竹筒拔掉塞子递过去，等他

>> 石井里

4

喝完递回来插上塞子,箩筐晃晃悠悠继续走。因为箩筐里的东西很轻,他一直将担柱拿在手上,也是怕肩头垫上担柱后,坐在箩筐里的小妹妹不舒服。

何船妹一路听着扁担下箩筐麻绳"嘎吱嘎吱"的叫声,她不知道陶宅在何方,到那里后会遇到什么人,碰到什么事情,她只知道,这个高高瘦瘦的挑担青年会挑起她今后的生活。

"到了。"随着方李昌的话音,何船妹从箩筐里站起来,双手抓着筐沿往外看:

河边草青青,桥头一座凉亭,凉亭前面一座石桥,石桥下,一条大河波浪宽。

这就是乌溪,乌溪桥始建年代不详,重建于清代,是温州、丽水、宣平到武义的官道连接点。1934年,梁思成、林徽因夫妇到延福寺考察路经此地,曾在亭间歇息。

乌溪很欢迎新人。

她跳着波浪舞,唱着水族之歌,扭着小腰灵巧地穿过桥拱,一路向东,奔向熟溪、奔向兰江、奔向钱塘江、奔向大海。

第2章 娶"长毛"的女儿为妻

在陶宅村落脚的方李昌,从"挑脚夫""割稻客"做起,先从落脚升级到落户,然后是结婚、生儿育女,过上了传说中青龙金凤般的幸福日子。家境也日渐殷实起来,殷实到可以送9岁的儿子方仁去上私塾。

方家的血统标志是高脑门、大眼睛,又高、又大、又尖的鼻子,以及英俊挺拔的身材。

但好基因没有给这个家庭带来一直的好运,一年后,家道中落,方仁失学。那时候,失学的孩子大部分成了放牛郎,再长大一些,给人打工,练就了一身农活本领。

然后,就是结婚。

说起方仁的婚姻,也是当时当地的热议话题。这个话题的核心不是方仁,是他那个23岁还没有嫁出去的妻子。

这个女孩叫汤秀英,是隔壁宏阁村人。她嫁不出去的原因是有个当"长毛"的老爸。

在中国,"长毛"是"太平军"的别名。据史料记载,太平天国后期重要将领李世贤是忠王李秀成的堂弟,因为战功卓著,于1860年被封为侍王。1861年,侍王率所部由安徽、江西进军浙江,于5月28日攻克金华,以金华为中心建立了浙江根据地,并在金华婺城区城东鼓楼里酒坊巷(现52-3号)建造了侍王府作为指挥中心。

有这样一个指挥中心在,远近青年参加"长毛"的就不在少数,要说老百姓对"长毛"应该不太感冒,在离宏阁村约10里地的岭下汤村的一堵土墙上,至今还保留了"长毛杀妖多多杀"的标语。

但是,"成王败寇"的定律老百姓也是懂的,"太平天国"消亡后,当过"长毛"的人在人们心中留下了"造反"的不良印象,不良到影响下一代,女儿23岁了还嫁不出去。别人家的女儿大都16~18岁出嫁,早就三年抱俩了。

所以,家境不好的方仁,在26岁这个"大龄"年纪,只得娶嫁不出去的"长毛"

>> 陶宅村

女儿为妻。在未来的日子里,这个名叫"汤秀英"的姑娘,会撑起方家三代人的半边天。

带着长寿村长寿基因的方仁于1882年出生,1966年离世,享年84岁。他的妻子汤秀英比他更长寿,经历贫困、战乱、迁徙,到1979年寿终正寝,享年96岁。

当时的方仁不知道石井里有长寿基因和长寿元素。

结婚生子后,养家糊口的责任越压越重,他知道,要履行好这份职责,得有一个固定的营生,或者,耕者有其田。

他看中了乌溪边的滩涂,跟村里长者商议后,开始垒石造田。这是一项类似"过家家"的工程,无非是工程比较浩大,时间比较长,长到一到汛期,必然被冲毁。水退后再搬来一块块鹅卵石,重新垒回去。

年复一年,日复一日,方仁垒石的技术娴熟起来,对农时把脉也更加精准,小风小雨几乎没有损失,大风暴雨也能把损失降到最低。

与此同时,陶宅村青年农民方仁还取得了两大成就:第一是生育了三儿两女,这个留到后面说;第二是达到了"能写信、能记'豆腐账'(即流水账),知六十甲子、二十四节气……见到知识分子讲种田,见到农民讲历史"的素养。后有武义劝学所所长孙其昌给他起了个雅号"老开明",村民们都跟着叫。

这第二大成就的取得,首先要归功于老爸方李昌,他虽然只供这个儿子读了一年书,但"读书"的渴望如星星之火,已经埋进方仁的心中,一旦遇上风吹草动就能迅速蹿起火焰。

这股风从乌溪对岸的良宅村吹过来。

"良宅红殿办学堂了!"

听到这个消息的方仁兴奋无比。这天晚上,他从田间回来,将农具靠墙倒立放好。在堂屋喝过汤秀英端上来的番薯粥后,没有像往常一样坐在门前跟孩子玩,而是回到房间里,从衣柜里翻出一个书袋,拎起来走到灶间,站在门口说:

"说好了,我到隔溪去陪先生读书。"

正在洗碗的汤秀英抬起头来,看着丈夫说:"很晚了呀,明早还要下田呢。"

"一个时辰吧,不会误事的。"

隔溪良宅村民国小学的教师叫马德斋,他很乐意收下这个夜间"陪读生"。

读书之余,马先生也跟方仁聊天,有文学地理,也有王侯将相。聊着聊着,就聊到了农耕。

"听说,你现在种的田,都是你自己开垦的。"清朝秀才马德斋是后树长蛇形村人,种田对他来说不陌生,但对在河滩上垦田还是比较新鲜的。

"是啊,当时我看到春季河滩上有些野菜长得很好,就用鹅卵石围了一小块。先是种了些蔬菜和小麦,后来挑了些土进去,试着种水稻。"说到垦田,方仁如数家珍。

"水稻对泥土的要求很高哦,我们这边好像黄泥比较多,不太容易种吧。"

"用河泥,河泥基本上是黑土,能养田。"方仁没有学过农技,他的种田经验从祖祖辈辈言传身教中来,从自己在田间日晒雨淋中来,不会从泥土的酸碱性及阳光、水分、肥料的益生菌成分来分析种田。但因为方仁是一个"肚子里有墨水的文化人",比起一般农民,他具备了朴素的农技素养,他可以将文化知识和田间经验融合在一起,无意间构建了朴素的农业耕作理论。

他的这一素养,在不久的将来,直接影响到下一代,尤其是本书的主人公方悴农。

第3章　陶宅小学堂

现在,回头说一说方仁的第一大成就,生儿育女。

1913年11月12日,在陶宅一间小屋里,方仁最小的儿子方奇山出生了。方奇山这个名字只在取名字时用了一下,出生后,他一直被叫作方山。他的上面,有两个哥哥,后面还有两个妹妹。

方山是家里最小的儿子,方家血统中大鼻子的基因在他身上尤为突显。在他5岁那年,即民国六年(1917),村里发生了一件足以影响他一生的大事。

不知道方仁是否在到良宅夜读时就怀着办学梦,还是自小聪慧的方山勾起了他的办学梦想,这一年,方仁毅然将"长毛"岳父大人送给他的一幢"七间头"楼屋,从宏阁村拆建到陶宅桐山寺旁边,与寺庙腾出的20余间房及其他房产、田产综合布局利用,创办了金华地区第一所众筹村级高等小学——"桐山学堂"。本村所有学龄孩子、包括农家子弟均可免费上学。

这一功劳,还是要归功于当时武义县劝学所所长孙其昌。

孙其昌,离陶宅约 20 里地孙里坞村人,因族谱名"君銮",村中后辈均称銮爷爷。6 岁进私塾,光绪二年(1876)中秀才,并享受朝廷食廪膳(伙食补贴)。光绪二十四年(1898)明治维新后,43 岁的秀才孙其昌深知教育是国家强盛的根本,开始积极推广教育,光绪二十八年(1902),被金华太守任命为八县劝学员。

同年,在知县杜作航支持下,他协助下王宅村的王式桢将"壶山书院"改为"壶山小学堂"。两年后,又协助刘耀勋在县城南创办养正初等学堂。

武义的劝学所成立于光绪三十三年(1907)正月,孙其昌任首任总董,也就是所长。在任期 4 年内,他指导全县创办了高等小学和初等小学 40 余所,后国民政府教育总长给他颁发了"敬教劝学"匾额。

陶宅高等小学堂是孙其昌劝学生涯中建成学校中的一所,又是最让他具有成就感的一所。因为开办之初,他兼了首任校长,后来,在这个岗位上他干了 15 年。

在孙其昌及方仁等的努力下,村里成立了校董事会,方仁出任总董。请的第一任老师,就是当年方仁陪伴夜读的前清秀才马德斋。

学校首批学员 24 人,包括还没到学龄、5 岁的旁听生方山。

当时的孙其昌虽然已经年过六旬,但维新精神贯穿了他的教育思想。他反对女孩裹小脚,提倡男女平等,施行男女同校,培养学生德智体全面发展。

1918 年,方仁出任陶宅初等小学校长。1923 年,陶宅高等小学和初等小学合并,成为一所完整的七年制小学校——武义西区桐山小学校。

董智发、叶春林、刘毓麟、杨新禄等一批五四运动后新潮的知识分子到学校任教。有这样一批青年在,桐山小学的孩子们过上了快乐读书的幸福时光。除了常规的国文和数学,学校还教英文、手工、美术、音乐、体育,体育课有武术、篮球和足球。当时学校柱子上挂着的对联是"兴趣生努力,努力生兴趣",四面八方的孩子被送进这个学校。

因为有这个学校,又有这么好的校长,还有这么好这么新潮的老师,小方山学到了比一般孩子多得多的知识。

这个"多",还体现在文化与农技的融合,因为有方仁这个有文化兼言传身教农学知识的父亲,所以,方山从踏上农田那一刻起,就汲取了农学素养。

当然,一直跟着父亲务农的母亲,应该也给了方山这方面的知识。

不一样的家教,造就了不一样的方山。12 岁那年,高小毕业的方山考上了武义县城三年制的壶山讲习所。

这是一所专门为武义教育事业发展培育师资的学校。在这所学校里,方山打下了扎实的"育人"基本功,并在寒假和暑假期间,观察、实践、积累了很多农学知识,为他后来出版处女作《农村建设实施记》奠定了基础。

到壶山讲习所读书第二年,13岁的方山利用节假日时间,在村里兼了民众夜校的校长。

校舍坐落在村中央,占地约200平方米,原本是方家祠堂。

方家的根在石井里村,1913年,石井里方氏宗祠续谱,因为方李昌长房孙子是二房所生,上不了谱,方李昌认为等于被开除出族,不吃不喝要自尽,是方仁跪在父亲前面发誓在陶宅建方家祠堂才得以安抚。1926年,经过千辛万苦,方仁终于将祠堂建了起来。数年后,石井里方氏续谱,方家所有子嗣上谱。

方氏祠堂建成后不久,方仁就创办了这所民众夜校。

所谓民众夜校,其实也是青年农民的扫盲班。

尽管都是乡亲,第一次走上讲台的方山还是有点紧张的。之前写了个稿子,读起来非常别扭,后来干脆不看稿,用一只小手叉着腰说:

"我们要互相学习。我会先教大家写自己的名字,再教大家写庄稼的名字,这些你们都熟悉,容易学。然后,再跟你们一起讨论怎么种田、怎么种菜。这些你们比我厉害,我向你们学习。"

能写自己的名字,会写庄稼的名字,很实惠、很管用,大家都说好。

到农村去办夜校是壶山讲习所提倡的,用现在的话说是鼓励学生参加社会实践。跟方校长一起做这件事情的还有方针、戴子定两位同学。学员主要来源于陶宅、坎头(现杨店村)的青年农民。这些孩子都教得很认真,青年农民的确学到很多知识。

夜校坚持了两年,一直到方山从壶山讲习所毕业。

一心想着儿子当教师的方仁在这期间给方山娶了媳妇,是附近要巨村的钟秀卿,比他大三岁,"女大三、抱金砖"嘛。

毕业后的方山突然不想当教师了,方仁心里虽然有些失落,但这个是小儿子,恩宠自然多一些,就给他找了一个木匠师傅,学做木工。工闲的时候,还放过一段时间的牛,学做过裁缝,可谓是多面手。

这段时期,方山在要巨村岳母家住了一段时间,那里正在闹革命。

第4章　走在前列

说要巨村的故事前,有必要先说一说武义土地革命战争的历史。

据史料记载,当时全国约10万红军,武义(含原宣平县)有5000多人。

1926年8月,建立中共武义县支部,李守初担任书记。

1927年8月,宣平籍中共党员曾志达、潘振武回到宣平,建立了宣平独立支部。

1928年8月,在陶宅桐山小学任教的陶德尊担任中共武义西乡区委书记。

陶德尊是桐山小学毕业生,1927年7月,从省立第七师范毕业后回桐山小学任教,同年下半年加入中国共产党并担任陶宅党支部书记。他利用教师身份,将桐山小学作为红色活动中心,领导农民开展"二五"反霸减租斗争。

要巨村属于西区,是一个千年古镇,这里的减租减息、反霸斗争由陶德尊亲自领导发动,是较早建立党支部、农民协会和妇女协会的根据地村。

翁家里宅是党的秘密联络点,陶德尊经常组织农协、妇协会员宣讲革命道理,商讨发动减租减息工作。最后,将集结地点定在城盘殿。

城盘殿建于南宋景炎元年(1276),原名"圣母庙",因殿正中塑"圣母像"得名。明神宗万历三十一年(1603)重修扩建,建阁筑亭,改名为"城盘殿"。据《武川备考》载录,宋指挥使脱纲于县城抗敌遇害,圣旨封其母为"班氏夫人",百姓奉其为"圣母"建庙纪念。

这里是百姓逢年过节举行祭祀活动的集散地,一场有200多人参加的集会游行从这里集结,然后轰轰烈烈展开。

据村史记载:"……当时正在要巨岳母家的陶宅青年方山和妇协会员钟舍囡扛着'实行减租减息'的大旗走在队伍的最前面。游行队伍群情激奋,打着'打倒土豪劣绅''实行耕者有其田'等条幅高呼口号,浩浩荡荡地把革命运动推向高潮。"

这是方山第一次参与革命活动。回到陶宅村后,因为陶德尊的关系,他接触了更多的革命道理,并对为什么要在西区搞"减租减息"有过思考。

第一篇　岁月峥嵘

11

所谓西区，大约是现武义王宅、白姆、俞源区域，是钱塘江源头，一条郁郁葱葱的樊岭山脉是水的源头，水从各道山岗上下来，把西区这片土地冲击成一片小绿洲，也使这片土地成为自流灌溉的粮仓。

在方山的思维中，在产粮区搞"减租减息"，有被革命对象地主、富农，也有革命对象雇农，容易发动，也容易成功。而且，"耕者有其田"是最具号召力的口号。刘邦、李渊、朱元璋等是其中的大成者，正因为抓住了土地这个根本问题，汉、唐、明才有数百年盛世，成就帝国大业。

想归想，历史的车轮没有停顿，而且，朝着谁也不能预料的方向发展。

1930年3月，中共浙武红军游击队在上四保仰天垄成立了西路暴动营地，联络红军队伍开展土地革命斗争（据本书主人公晚年回武义到牛头山时口头回忆，这段时间他曾经给西、北营红军当过联络员）。

轰轰烈烈的土地革命动摇了统治阶级的根本，大镇压大屠杀开始了。

国民政府调动省防军，对红军进行镇压，几场硬仗打下来，双方伤亡都很大。

1930年7月，西营红军接到消息，说北营红军要到桐山小学休整，让西营红军全体指战员在桐山小学集合待命。

其实，这是省防军的一个阴谋。但当时没有电话、没有微信、更没有核实渠道，100多名西营红军全体指战员等在桐山小学，排长李尚春则到村外迎接。李排长走到乌溪桥中央，看清对岸的部队穿着省防军服装，马上鸣枪报警，对方也同时开火，李尚春被当场击中，壮烈牺牲。

枪声给西营红军争取了撤离时间，等省防军赶到桐山小学时，已是人去楼空。

恼羞成怒的省防军进村后四处抓捕红军，为了交差，把一个生病在床的裁缝师傅也当作红军枪杀了。

要巨村更惨，60多名省防军进驻要巨，扬言要"活捉""杀绝"共产

>> 乌溪桥

党人。农协骨干翁保延、乡长周李银为了躲避抓捕,辗转金华江西等地,农协会员邹金文被省防军杀死在风岩寺(无碍寺)旁的一棵白衣树(苦槠)下,并把头颅割下挂在县政府大门前示众。

武义的党组织遭遇了一段最黑暗时期:

1930年9月,县委书记邵李清在上海被捕,于10月2日在兰溪被杀害。

同年11月,西乡区委书记陶德尊被捕,在监狱中受尽拷打摧残致病,后被组织营救出狱,终因病情恶化,于1932年逝世。

1931年9月18日,日寇在中国东北发动了震惊中外的"九一八"事变,随后,东三省沦陷。中国人民义愤填膺,国民自发组织"抵制日货"行动。方山和同学们积极投入这场运动。

这一年,除了国仇,方山还失去了一位至亲,大妹方玉咸夭折。惊闻噩耗,在县城读书的方山默默吟诵袁枚的《祭妹文》:

"……纸灰飞扬,朔风野大,阿兄归矣,犹屡屡回头望汝耶!"

第5章 "老开明"不开明

说起方山到省城读书,前途是光明的,但道路是曲折的。

大屠杀、兵祸、天灾,空气中弥漫着死亡的气息。方山在不断重复田间、木工房劳作的同时,暗暗下决心:一定要寻找一条新的出路!

1933年春,方山瞒着家人报考了省立农业推广养成所。

秋天,当金黄色的稻浪随风舞动的时候,方山收获了两个喜讯:一个是浙江省立农业推广人员养成所的录取通知书;另一个是钟秀卿给他生了一个儿子,时间是1933年10月7日,刚好有温暖的阳光照在金色的大田上,爷爷给这个孩子取名方照。

乘着一家大小都高兴,方山把录取通知书亮出来,兴冲冲地说:

"我考上省立农业推广人员养成所了。"

"我看看！"小妹方菊如接过通知书，她正在读小学，成绩优秀，通知书上的字都认识，"好啊，哥哥要到杭州读书了！"

母亲和妻子都露出笑脸，父亲却当头给他浇了一盆冷水：

"我不同意！你走了，谁来养活你的老婆孩子？还有你自己，读书就不用吃不用穿了吗？"

虽然有预感，方山还是没想到一向有"老开明"美誉的父亲竟然会将"不同意"说得如此斩钉截铁。他快急疯了，却又觉得父亲的话有道理，不知道如何反驳，悻悻地走到门口，抄起一把锄头准备下地。

关键时刻，"长毛"的女儿、老妈汤秀英跟了出来，给儿子支了一招："这个时候还锄什么地，给我，快去找孙校长，你爸最听他的话。"方山眼中一亮，把锄头交给老妈，朝孙里坞校长家跑去。

事实证明，这招的确管用。

老校长孙其昌76岁了，依然是长布衫、小平头，精神矍铄。自光绪二十八年（1902）被金华太守聘为"八县劝学员"以来，这位带着"戊戌维新"新思想的前清秀才为民众的教育事业付出了毕生的心血。他对陶宅村的教育也就格外上心，从开始兼任到后来的出任，已经在桐山小学当了15年校长，对学校里出去的每个孩子，都视同己出。

看到方山焦急中带着希冀的眼神，他的心里咯噔一下，马上就知道了来意。是啊，像这样天资聪颖、勤勉好学的孩子，窝在这个穷山乡可惜了。

"录取通知书下来了吧？凭你的条件，考省立农业推广养成所应该没问题的。"

方山点点头，眼睛一亮，继而又暗淡下来，张了张嘴，欲言又止。

"是你爸爸不让去，对吗？莫急，我找他说去。"孙其昌站起来，送方山出门。

第二天中午，方山一家刚吃完晚饭，孙其昌老校长慢悠悠走进他家那幢"二进五间头"砖木瓦房。

"孙校长好！"刚从灶间出来的方山，立即把孙其昌迎到后进的中堂落座。父亲方仁闻声从东厢房走了出来，陪在孙其昌的旁边坐下。

"校长今天好难得，已经有好一阵子没到家里坐了。我也有好久没去看您了。"

方山进灶间，从烟道背上取下一个黑陶茶罐，打开盖抓出一把茶叶放进母亲搁在灶台上的两只青花瓷碗里,提起挂在锅孔前上方的铜壶冲上热水,端出来放在两个人身边的桌角上。

"这可是今年的雨前茶哟,秀英妹子制茶的手艺越来越好了。"孙其昌端起碗把茶叶吹到一边,呷了一小口,放下碗说,"我呀,要跟你商量一件事,是关于你小儿子方山的。"

听孙其昌校长提到自己的名字,聪明的方山走回灶间,一边帮母亲收拾,一边竖着耳朵听。

"方山有儿子了,身上的担子也重了。"从方仁的口气中,孙其昌知道他明白自己来意。

>> 方悴农父亲方仁及母亲汤秀英

"在我看来,这孩子是方圆百里、百年难得一遇的好料。你现在不给他机会,将来可要后悔的哟!"

"孩子自己喜欢读书,我也很想给他机会。但家里的情况,你也看见了。"方仁眉头紧锁,端起茶碗放到嘴边,又放回桌上。

盖祠堂、造新房、捐资办学,加上战乱兵祸、农田干旱歉收,方家的日子已经过得比较拮据,可"拿不出钱给孩子读书"这句话在方仁的喉头里滚来滚去,就是说不出口。

"你家里还有两个儿子、一个女儿,儿媳们也都孝顺,方山出去读书,既是你们方家的荣光,也是全村的荣光。"看到方仁紧锁的眉头舒展开来,孙其昌从怀中掏出6块大洋,"他的路费和生活费我出了,还可以再做两身像样的衣服。那是所公立学校,吃饭不花钱,费用不会太高。"

"这怎么可以,怎么能用您的钱?"方仁站起身,抱拳作揖。

"方山,你爸同意了,出来吧。"孙其昌的话音刚落,方山已从灶间走了出来。他看看孙校长,又看看父亲,不知道该怎么办。

孙其昌把6块大洋塞到方山手中,语重心长地说:"你此去,一要好好读书,报效国家。二要经常回家,这里是'粮仓',把你学到的本领,在这里施展,这也是回报桑梓。"

"好好记牢孙校长的话。"方仁看着方山摊开的双手说,"收好。记得,以后要还给校长的,不光是这些钱。"

"不用还我,只要他经常回来,把农耕科技带回来,比还什么都有意义哦。"孙其昌边说边走出方家庭院。

第6章　踏进湘湖

在1933年秋入学到1935年夏毕业期间,方山创作了长篇农学著作《农村建设实施记》。所谓初生牛犊不怕虎,在1935年2月,他将文稿投递到上海大华书局,没想到书同年7月出版,并在世界书局及各大书局发行。立志一生为农业鞠躬尽瘁、已改名"方悴农"的方山,拿到了一笔丰厚的稿费。

这是一部书信体纪实著述,有照片,有手绘插图,有调查表格。白话文叙述、通俗易懂。

一共31封书信。前面30封信从方山第一个暑假跟同学们到湘湖夏收夏种实践开始写,到1935年毕业前夕,收信人叫"问真",落款叫"探真",写了在校期间策动、践行"农村运动"的过程。最后1封是写给孙郁凡老师的,再度阐述了对"农村运动"深远意义的认识。

在这本书的"自序"中,方悴农写道:

我写这本书,是本着"怎样去挽救我们自己的农村"和"破落了的农村走往哪里去,自己走往哪里去"的大疑团里出发的,主要的责任是在解决一些当前最严重的实际问题,提供一些农村建设实施方法和一些农村工作所需的资料,给实地干农村工作人员的参考。所以不顾多谈理论,它只是抓住现实,解决问题,对于近来流行的"教养卫合一""政教富合一""民生本位""三民主义新农村"等的理论,虽未有提及,更没有专章讨论,我以为本书的责任,只在贡献实施的方法。这些方法,不论在什么理论、在什么系统之下,要是真心地为着改造农村,教育农民,救济农村,都是同样可以适用的。

其次,就是要告诉读者,本书所举的事实,除了很少的几件还只是理想未做实践外,大部分都是著者这五六年来在湘湖(浙江省立农业推广人员养成所)、在壶山(武义县立师范)、在故乡乌溪(农村民众学校)直接、间接所干过的工作,以及在各地所看到的事实,增加了一些我最近生活中所发现和斟酌的国内各地农村运动的趋向及其优点,而是在过去我所干的工作活动中充实一些内容和见解,并不是突如其来的空想,更不是兑现不了的空头支票。

这两段话的意思概括起来有两层:一是写这本书的目的;二是这本书的素材从哪里来。

方悴农就读的浙江省立农业推广人员养成所,是浙江农业大学(后合并为浙江大学)的前身。支持学生到农村去,开展"农村运动"的老师孙郁凡先生给这本书写了"序":

悴农是一个很有抱负的农村青年,热忱而且很有毅力。他求学同时还加入了农支队伍,干了五年多的乡村工作,所以对乡村建设的实施,有一些特殊的成绩。这部书,可以说是他在乡村工作生活的留痕,或者是一种经历过的事业的记述。这部书,是他从事乡村土改工作的真实记述。诚恳地祈求全国从事农业运动的人士,能够实实在在地下乡去——体察乡村和农支共同生活的滋味,而扩大我们乡村建设运动,在不久的将来,对于这个当前的中国问题,从最根本的方法——从农村的文化、农村的经济、农村的技术,各方面去开创新社会、新生命,培养新力量,以树立国家的新基础。

孙郁凡先生的评价,不仅是一个老师对学生著述的评价,更是对当时中国国情及"三农"现状的期许。

方悴农这本书,是在1934年下半年病中完成的,书中大部分记述来源于方悴农"回到农村去"的实践。成稿之时,国内形势比较稳定,尤其是江浙一带的农村,大部分地区及农民还能过上耕种度日的生活。而在方悴农眼中,"农村破产的景象已经暴露出来",农村的耕种环境改善、农业的种养品种改良、农民的耕作技术提高,是必须解决的首要问题。

1934年春天的一个傍晚,在学校的湖滨公园,方悴农、李家骏、林味豹、魏静山、潘藩5位同学坐在草丛上。

在这之前,方悴农将"到农村去"的想法告诉了李家骏和林味豹,得到了两位同学的应和,半路上又遇到魏静山、潘藩,便在草丛上坐了下来,就"到农村去"这个问题展开讨论。

"很久没有干农活了,到学校后人虚了很多,不知道吃不吃得消。"李家骏因为面黄肌瘦、身体羸弱,被同学们戏称"黄胖鬼"。"黄胖"是一种病的名称,又称食瘝疳黄,是一种全身肌肤萎黄、面浮足肿、神疲乏力的慢性病。

"或许,到农村去锻炼过,你的'黄胖病'也好了呢。"林味豹说。他长得虎背熊腰,浑身有使不完的劲,喜欢照顾弱小。

"我们可以自己挑着铺盖和生活用品过去,让大家知道我们是真心去支农的。"魏静山在城市出生,对农村生活充满着好奇。

"就我们5个人去吗?去哪里呢?"潘藩是个帅哥,有一双明亮精神的大眼睛,提出的问题也比较明亮。

方悴农在这之前已经说了很多,本来不想说,听到这两个问题,拔了草丛中的一株杂草拿在手上说:"我们要争取老师和同学们的支持,让大家都有这样的想法,一起到农村去。"

老师孙郁凡先生非常支持方悴农的想法,他给决心到农村去的青年安排了实践基地——湘湖实验农场。

目标:定山村,准备出发。

第7章 湘湖农场

一个多月后的一个凌晨,天刚蒙蒙亮,从云间漏出来的晨光跟昏暗的街灯交集后,洒落在梧桐叶上。

9个挑着铺盖和生活用品的学生从浙江省立农业推广人员养成所的大门里走出来。

几个从农村出来的青年,在家务农时已经能够挑上百八十斤,这点行李当然不在话下。"黄胖鬼"李家骏可就惨了,一头是铺盖,一头是网兜装着的脸盆及日用品,本来肩膀就窄,又不得要领,加上天气热,走的时候跟跟跄跄,走几步就停下来,一边抚摸红肿的肩头,一边喘着粗气,脸和脖子都涨得通红。

街上的行人多了起来,看到这批青年走来时,都停下来指指点点,有的还鼓掌大笑:"来看,来看!这些双料少爷,自己挑铺盖哩!东倒西歪的,脸盆和牙杯都快要掉下来了……哈哈哈!"

话音刚落，李家骏肩头上的担子滑到地上，易碎品全打烂了，一堆衣物和碎片一起躺在路上。他喘着粗气呆立在马路上，不知所措。

"家骏，不要灰心痛惜吧。你稍微等一等，待我挑到船埠码头，再回来给你挑。"方悴农从家骏身边走过，给了他一个安慰。

从学校到江干码头，9位青年足足走了一个半小时。每个人的衣服都湿透了。

到码头买了9张船票，上去时才发现已经人满为患。因为这是暑假第一天，船上都是回乡的青年，他们只能倚着船的栏杆站着。

船在钱塘江行走，看到美丽的江水和两岸的风景，方悴农想起了家乡的乌溪，想起父母和妻儿，有些怅然。

>> 1935 年 1 月，方悴农在萧山湘湖"省立农业推广人员养成所"

一个小时后，船停了下来，船上的茶房拉起嗓门高喊："闻——家——堰——到——了！"

9个人下了船，上岸后李家骏第一句就问："离湘湖定山村还有多远？"

"还得走五六里路吧。"方悴农回答。一年前他到过定山村，知道距离。

"不行，我走不动了，得雇人挑去。"听说还有五六里路，李家骏的脸吓得更黄了。

方悴农心疼体弱的同学，有些动心，但其他同学不同意。说好大家要自己挑铺盖下乡的，这是到艰苦的农村锻炼的第一步，第一步都走不动，还怎么走下一步。况且，都走了一大半了，放弃岂不成了孬种。

在大家的鼓励加激将下，"黄胖鬼"终于跟大家一起往前走。

就这样，一行9人穿过闻家堰镇狭长的街道，经过西湾村，再从东湾桥头拐过去，远远地就看见湖心山坡上一蓬蓬排列整齐的茅舍，那就是国立浙江大学农学院办的湘湖实验农场的办事处。

道路两旁的树荫随风摆动，貌似在欢迎省城来的学生。方悴农很感慨，一年前他来的时候，这里还是一片荒芜的土地，国字号学校出手果然是不凡啊。

"他们在炎热的太阳底下劳作，是多么辛苦呀。"随着李家骏的目光，方悴农看到了一幅与家乡农村差不多的场景：一片绿油油的稻田里，不时出没戴着黄草帽、穿着青布衫裤的青年农夫。

"脸朝黄土背朝天。这是他们的宿命吗?"方悴农心想,农业技术的更新及推广,应该可以改变农夫们千年不变的宿命。

这个理念,他坚持了很多年,直到后来遇见了王寅生。

跟农民同住的愿望没有达成,湘湖农场已经给9个暑假期间主动下乡学农的青年准备了两间茅屋,支持并最先提出到湘湖农场学农的孙郁凡老师已经提前到了。他让学生们安顿下来,先带他们在农场和定山村跑了一圈。

用过中餐后,又去圧湖山麓的湘湖乡师及一览亭山下的石岩农村改进实验区几个乡村小学走了走,夜幕就拉了下来。

吃过晚餐,9个人不约而同地聚集在方悴农这间茅屋。还没到盛夏季节,蟋蟀在屋外的某个犄角旮旯鸣唱应和,同学们有坐在床沿上,有坐在木凳上,还有席地而坐的。

这是到湘湖后第一次"夕会",方悴农坐在自己的床沿上,手上拿着纸笔,上下浏览。其他几个在谈论白天的所见所闻。

"我根据大家前面商议的内容,大概理了个作息时间表,老李,麻烦你读给大家听听。"方悴农一开口,大家都安静下来。

"老李"就是"黄胖鬼"李家骏,虽然精瘦,但声音质量极好。他用一只鸡爪一样的手从方悴农手上接过那张纸,开始发声:

"早上5点到6点,起床、盥洗、早会、早操;6点到7点,用书、早膳、整洁;7点到11点,农业生产实习;11点到12点,休息、中饭、散步;12点到下午1点,静息。大家可以睡个午觉。"

"估计三天不到,大家都成黑炭了。"潘藩说,他的皮肤很白,还发着瓷光。

"别打岔,晒黑点不影响女生喜欢你。"魏静山拍了拍潘藩的肩膀。

李家骏干咳一声,继续念:"下午1点到2点,阅报及生物观察;2点到5点,农村工作实习;5点到6点,会农友去;6点到7点,晚膳、娱乐、洗澡;7点到8点,夕会、用书;8点到9点,日记、写作、就寝。宣读完毕。"李家骏读完,将那张纸递回方悴农。

"会农友去? 去干什么呢?"林味豹问。

"我补充一下,"方悴农从床沿上抬起身子,"农事生产实习,包括农艺、园艺、畜牧等方面;农村工作实习呢,是参加农村服务,见习各种农村建设事业;'会农友去'是干农村调查工作。我这边有几张表格,给孙先生也看过了。"

9个青年在湘湖农场的日子，就根据这张表格的流程运转开来。前面半个月是最难挨的，大家的手上、肩膀上、背上及脚底都脱了一层皮，开始两天又痛又累，吃完饭都趴下了，只有方悴农等几个从农村来的学生坚持到农户去调研。一周后，破皮的地方结痂了，肩膀和手脚都不痛了，才启动到户外散步、到湖里划船的娱乐。当然，大家都黑了一圈，潘藩的白中带红黑，李家骏是黄中带黑灰，变得更瘦了。

第8章　落水孩子的启示

　　在方悴农看来，湘湖的农学生活是非常丰富多彩的。

　　几声破晓的鸡鸣响过后，欢乐的青蛙会先打一通出征前的战鼓，从湖西南方的杨岐寺传出悠扬的钟声，以"借问霜天何处钟，船娘遥指杨岐寺"（清·王勉《湘滨秋泛》）的气势，回荡在湘湖及钱塘江上空。

　　农场的晨号响了，提醒人们开始新一天的农作。

　　9个青年从茅屋稻草的清气中醒来，他们睁开惺忪的眼睛坐起来，穿好衣服走到茅屋前的荷塘边，看到东边山顶矗立的一览亭，空中已经有一线晨曦洒下来。他们开过晨会，用过早餐，戴上黄草帽，穿上青布衫衣裤，扛着锄头田耙，背着畚箕，走进耕种的队伍中。

　　他们一边劳动、一边唱着从老农那里学来的耕作之歌：

好长苗的蔓草呀

老夫起来了

要把你连根儿铲除

好不平的场地呀

俺锄头儿起来了

要尽力弄个平整

留给后来的子孙

……

酷热的白天过去后,夕阳将钱塘江的晚风送过来就下山走了,船工的号子顺着满江的流霞飘过来。

他们收工回来,盥洗完毕,换下工装开展"会农友去"的农事调研。到农家开展农事调研是必修课,这个在以前是非常困难的事情,但这次学生们改变了立场,他们是去跟农民交朋友、拉家常,所以在50多天的暑假里,按时完成了定山村50户农家的调研,了解了当时浙江农业、农村、农民情况,学到了许多农事、农时、农技方面的知识。同学们也向农民传输新的农业思想,报告国内外大事件。

孙老师每周来一趟,给同学们带来生活用品,也给实习答疑解惑。他有时会留下来参加"夕会",这是一天中实践和理论的交互区域,同学们白天在园艺实践、观察实践、走访调查中产生的问题,都在这个会上一个个拿出来探讨,寻找解决方法。

当然,还有一件事,给方悴农在湘湖的农学实践经历中添上了刻骨铭心的一笔,更加坚定了他一辈子为农业农村农民服务的决心。

那是临暑期实习结束前一个礼拜天,下午1点多李家骏拍醒了午休中的方悴农:"走啊,一起去逛逛湘湖的名胜,好玩得嘞。"

方悴农翻身坐在床沿上,用手揉了揉眼睛:"去哪里?"

"逛湘湖呀。"李家骏将凳子上的外套递给方悴农。

"你们去吧,我想把一些资料整理一下,尤其是访谈资料,趁现在记忆还在。"方悴农把外套接过来,挂回凳子上。他在老家学过裁缝,线条和针脚训练养成了他一丝不苟的生活习惯。哪怕后来住进"牛棚"里,妻子去探望时,看到他嘴脸肿得像猪头,但住的牛棚干干净净,被褥衣服叠得整整齐齐,丝毫没有落难的气息。

"再怎么要紧,总得留点时间给自己吧?"看到方悴农摇头,李家骏也摇了摇头,"随便你。"一边说,一边摇着头走出去。

不一会儿,方悴农就听到同学们嘻嘻哈哈走出去的声音。

"悴农,要不要给你带点什么?"是潘藩的声音。

"不用了,你们玩开心啊。"

他洗漱好,拿块生黄瓜啃着解暑,边啃边整理资料。这些资料有大家一起走访农户时填写的《农家普通调查表》,有方悴农自己的日记,还有一些方悴农收集的农事资料,之前方悴农边收集边整理,今天主要是把调查问卷的统计数据再核查一遍，为回校后写调查报告做准备。

《农家普通调查表》每户一张，前面是被调查农户所在地、家长姓名、调查时间等基本情况。设有四大栏目，第一栏是人口情况调查，第二栏是田地情况调查，第三栏是农家租佃调查（仅限于承租或出租农家），第四栏是年佃租及赋税负担情况调查。

统计完这些资料，已经是傍晚，农民沉重的负担让方悴农的心沉重起来。他站起来舒了舒筋骨，走到窗口看着不断往西而去的太阳，心里突然涌出一股寂寥感。

他戴上顶黄草帽，拉上茅屋的门往田间走去。

黄昏的田野，如同初生的婴儿，田间弥漫着乳汁般的香气。方悴农不知道这股香气从哪里而来，但他知道最终会与阳光交融，再和水汽交融，汇合成浩浩荡荡的催生汁，投射到大地上，扑进庄稼的心底。

走到村庄附近，看到一群农家孩子在水间玩耍，有几个在田边水渠里抓鱼、捡田螺，还有几个在收割后灌水的田里嬉闹。

孩子们快乐的笑声让方悴农想起乌溪老家，想起自己曾经跟他们一样无忧无虑的童年，脸上露出了孩子般纯真的笑容。

他在田塍的一块大鹅卵石上坐下，一股暑热顺着尾骨往脊椎一节节爬上来。他抬起身子，把草帽摘下垫在石头上，再坐上去。

一双蝴蝶在水沟的草丛里飞舞，水沟两边的草大部分方悴农都认识，包括可以给猪吃的马齿苋、苦马叶以及能够入药的益母草、车前草和金钱草。

方悴农的思绪回到了小时候一家5个兄弟姐妹在乌溪田边玩耍的时光，想起已经去世的大妹，在心里深深地叹了一口气。

这时，前面传来孩子的哭声和尖叫声，他站起来，来不及拿上草帽便迅速跑过去，看到两个大约三四岁的孩子掉进水中纠缠在一起，头脸都埋进水中，另外几个孩子不知所措，其中一个孩子吓得大声哭了起来。

方悴农脱掉皮鞋和袜子，挽起裤脚走下去，水也就到腿肚子位置。他两步三步走过去，一手抱起一个孩子走回田塍，把他们放在地上。

孩子们身上湿淋淋的，都是泥，方悴农的衣裤也湿了，都是泥巴。听到哭声，附近干活的家长赶了过来，先谢过方悴农，又让两个孩子给方悴农磕了个头，再把孩子的衣裤脱下来，在水沟里漂洗一下，晾在树杈上，又忙着收种去了。

差点丢了两条人命！但在农村可以这样漠然！可以这样无动于衷！

虽然在老家看到过放进篮子挂在树杈上没人要的孩子，对这样的漠视，方悴农还是动容了。

从这一刻起，农村、农业、农民的问题，在方悴农的脑海中闪现了一个新的体系——不仅仅是耕种、技术、农具，还要有农学、农协、农村托儿所。

一群白鹭在水田上嬉逐，一如方悴农的心情：还好没有跟出去游湖，否则两个孩子就危险了；还好有这个意外，想到了以前没有想到的农学领域。

第9章　翻车钱塘江

《农村建设实施记》既是一本书信体纪实文学，又是一本农学农事教科书，书中有照片、手绘、表格，图注中还加了歌谣。其中有一幅深夜车水图，以及图注歌谣，形象地反映了当时农村农民抗旱的场景。

那是用人的两只脚踩动单筒轴承带动木制齿轮，将水从低处带上高处的古老水车。

说到水车，有必要说一说水车简史。

《庄子·外篇·天地篇》中记载了孔子门生子贡到农村遇见一位老农夫的事情。当时，他看到一个老农夫用瓦罐汲水浇地，就告诉他可以将一条横木支起一根木棒，一头吊上木桶，一头挂上大石头，用这样的"桔槔"可以把水运到庄稼地里，减小劳动强度。这个"桔槔"就是水车的雏形了。

子贡的建议不但没被老伯采纳，还被他抢白一顿。但不管如何，水车照样随着人类文明的发展而进化。东汉时，灵帝命令毕岚造"翻车"，这是人力脚踏单轴翻车，到唐代以后发展到双轴、三轴，齿轮也有多组，大大降低了汲水灌溉的劳动强度。

也许是制作成本比较低，收纳也比较容易，东汉时发明的"翻车"一直被广泛运用在农事中，抗旱车水时常用，也是腊月天抽干水塘捉鱼的必备工具。它不仅连人带车出现在80多年前方悴农书中，直到2003年武义大旱，我们送抗旱物资到山村时，还看到一对老年夫妇两脚一起踩着水车，那种默契，至少浪漫了半个世纪的光阴。

突然明白子贡为什么会被老头抢白了。

当然，这种浪漫不适合当时在钱塘江边抗旱的农夫和从学校里来的"新农夫"。开始觉得好玩，但上去后有踩空挂在横杆上的，也有踩时用力过猛，脚抽筋的。

湘湖的地势很低，水域面积有80多里，一般年份，湘湖"怕水不怕旱"，但方悴农他们去实习这年是50年一遇的大旱，湘湖地区所有的农夫和"新农夫"们都投入"车水"抗旱的大军中。

先是开闸放水，很快就被土地吸走了，农夫和"新农夫"们就用脚踏水车翻水抗旱，可没几天连湘湖的水也干涸了。

好在湘湖实验农场是浙江省立农业推广人员养成所和国立浙大农学院两家农科机关联办的，调来两台12马力的抽水机，将钱塘江的水"哗啦啦"抽上来，灌进接近龟裂的稻田，才保住了中稻和晚稻。附近七八个农村的农民则日夜车水，到后来连喝的井水都干涸了，只能喝钱塘江水。

抗旱以后，离学校开学的时间只有两天了。

离开前一晚，方悴农躺在木板草席床上，翻来覆去睡不着。一种从地底下翻上来的泥土气息，跟留在他鼻息间的泥巴气味交合，脑中放电影一样不断重复孩子溺水、农夫车水、同学们到农家调查、在田间治虫的情景。

"舍不得呀？"对面的李家骏嘀咕了一声，翻了个身，又睡着了。

这"黄胖鬼"比的时候结实多了。方悴农想着，从床上坐起来，套上青布背心，拿上一把蒲扇，轻手轻脚地走到茅屋外面。

天气有些闷热，方悴农在茅屋前的一张无靠竹椅上坐下，湘湖的气息顺着热气悄无声息地涌过来，慢慢围上他的躯体，给他披上了一件无形的外套。

蚊子过来了，方悴农轻轻摇着蒲扇，不让这个"吸血鬼"靠近。他的目光，穿过前面的荷塘，望向湘湖。

湘湖是西湖的"姐妹湖"，是2500多年前越王勾践陈兵抗吴的军事重地，也是杭州城的粮仓。

当时江南大部分地区种"双季"稻，湘湖农场可以种"三季"稻。如果改进水稻品种，提高产量，羸弱的中国就能够强大起来，羸弱的华夏子民也能够吃饱饭。

这是23岁的青年方悴农朴素的"农业强国"思想。虽然,他不知道,1990年6月在湘湖跨湖桥水下5米多处发现了世界上最大的独木舟,使湘湖成为华夏文明的发源地之一,把中国农耕文化历史推前到8000多年前;也不知道40多年后,他会以项目组组长的身份,率领袁隆平等一批农业科学家试种成功"杂交水稻"并在13个省市推广,这一研发解决了很多人的吃饭问题;更不知道50年后,他会重回杭州,参加中国水稻研究所挂牌仪式。

第二天早上,蒙蒙细雨包裹了茅屋与荷塘。水塘里的荷花变成一个个莲蓬,或垂着头一副依依不舍的样子,或歪着头露出笑脸,还有躲进荷叶与蜻蜓去窃窃私语的。

孙老师这次带了个会摄影的同学过来,让大家一起在茅屋前合了影。然后,到农场去办理离场相关手续。

方悴农和同学们默默地在房间里坐了一会儿,最后都咬紧牙关,打包、收拾行李。

孙老师过来,和大家一起往当初来的路上走。跟来的时候一样,大家挑着行李,但一路上没有人说累,也很少停下来歇脚。到渡口坐船回杭州,学校就在眼前了。

门房交给方悴农两封信,一封是旅游在外的"问真"寄的,另外一封来自老家陶宅,是"父亲病危"的急件。

刚放下行李的方悴农赶到孙老师家请假,立即动身回家。

第10章　天灾人祸

杭州通往武义的公路是方悴农到杭州读书那年修通的。在那个时代,有公路有客运班车还有水运码头的地方,经济一般还过得去。

上午从杭州站坐上客运班车,到金华转车再到武义县城时,已经傍晚了。从武义县城到陶宅有30多里地，步行得3个小时。况且，方悴农从杭州出发前，曾经跟"问真"表态会到他家看一下。所以，下车后直奔"问真"家。

关于"问真"，在方悴农《农村建设实施记》中的31封信中没有透露真实姓名，但也不是无迹可寻。他应该是方悴农在武义县立师范读书时的同班同学，家住武义，而且离县政府大院比较近，是一直与方悴农保持书信联系的知心朋友。

"问真"的妈妈很热情地接待了他，并留他在城里多住两天再回家。

老天也留客。

吃晚饭的时候，倾盆大雨。熟溪河水暴涨，那条石板河卵石大街积水三四尺，对岸的溪南汤村一夜间被冲塌了20多间民房。

第二天一早，雨停了。方悴农不顾"问真"妈妈再三挽留，急匆匆往家里赶。熟溪水退了不少，但街上都是被雨水冲出来的破衣烂衫、破罐烂木，县政府门口围着许多恳请救济的平民百姓。方悴农心口堵得慌，一方面是不知道能给难民什么样的帮助，另一方面又不知道家里出了什么样的急事，急急忙忙地出了城，往陶宅方向奔跑。

满目凄凉，一路上已经看不见有成片生长的庄稼，一些芋艿、土豆、花生搁在溪边拐角处或草堆里，每隔一段路就会看见一两个尸体躺在草堆里，睁着一双死不瞑目的双眼看着老天。

虽然是跑动中的匆匆浏览，还是把方悴农看得心惊肉跳。他的脑中，不断闪过半年多没有见过面的祖母、父母、妻儿及兄妹。

那个时候没有马拉松赛，但大多数农家子弟都具备了跑"马拉松"的体质，从武义县城到陶宅村，他是"一口气跑回去"的，而且，到家门口时，是"跳进门去"的。

第一眼看见的，是瘦得皮包骨头、脸色蜡黄的父亲，像死去一般寂静地仰卧在竹椅上。

母亲汤秀英听到堂屋有动静，从里屋走出来，看到方山就像天上掉下了一颗星，喜极而泣，拍了拍方仁的手说："快看，山儿从杭州回来了，山儿从杭州……"

方仁睁开眼睛，两个空洞的眼眶里是一双无神的眼睛，上下扫了方悴农一眼，又闭上了眼睛。

方悴农的喉头一紧，两行在眼眶中滚了很久的泪"唰唰"地流了下来。他伸出手握住父亲的手,希望自己的体能传到父亲体内,助他早日康复。

"小山回来了?"二哥方针从外面回来,看到弟弟边打招呼,边将锄头靠墙立好。他拉着方悴农到屋外檐下的竹椅上坐下,继续说,"前段时间,爸爸病得特别重,我们以为他要……去了,怕他'那个'——你见不上最后一面,所以写信催你回来。妈妈怕你担心,所以没有写这件事情,只是告诉你家有急事。后来,马先生过来看过,开了一剂方子,喝下几服才有好转。"

汤秀英端了两碗茶过来,一手一碗递给了儿子。方针两大口喝完,把碗递回给母亲。方悴农喝了两口,将碗放在旁边一张小木凳上,看了一眼母亲的背影,转回来看着二哥:"今年我们那30亩地的情况如何?"

"唉,今年都不知道咋了,清明节居然下了一场雪,雪压在麦地上,很多麦子都被冻死了。我们家麦田比较暖,好一些。但到夏天又遇上大旱,大家都忙着弄水,连短工都雇不到。我们家的田基本上是河滩上围垦的,水就在不远处,眼看着颗粒无收又不甘心,所以一家人死扛着,尤其是爸爸,还要管村里学堂的事情。这不,一场大雨,把什么希望都冲走了。"

听到这里,方悴农的泪水又下来了:父亲不仅是身体累了,接二连三的天灾,是把心都累到了。

"前段时间,县政府催收田赋、保卫团派捐的,都逼上门来了。这日子,是不叫人活了。"方针说到这里,哽咽着,再也说不下去了。

"'四月五月荒,麦粥绿豆汤。六月七月荒,瓜菜早米上。'没有天灾,农民的日子勉强能过,遇到这样的年成,真的死人了。"方悴农眉头紧锁,回应哥哥的话。

中餐吃了点番薯汤,这是家里能吃的高档粮食了。

餐后,他跟方针一起到河边,看到坝上的水碓倒塌了,问:"这不是老伍家的水碓吗? 怎么也不修修?"

"唉,人都不知道去哪里了。修水碓要两三千块钱,这年头,谁拿得出?"

原来,因为前面两个月大旱,水碓一直没有生意。前段时间旱情刚缓解,又遇上昨天晚上的倾盆大雨,水碓被水冲垮了,老伍也跟着跳进水里。老婆孩子在水边哭天抢地,人却一直没有回来。

农民真的是生活在水深火热之中!

第11章　奔波赈灾

10多天后,村民们刚整理好家园缓过一口气,方仁的病也基本上好了。学校的老师同学也频频催方悴农回校,正当他犹豫的时候,一场更大的灾难降临了。

老天或许觉得前面的恶作剧不过瘾,先是发牛瘟,后来波及猪,村里天天有牲口死去。然后,一场更大的暴风雨来袭,陶宅整个村都进水了。

水漫进家里的时候,方悴农吓得脸色苍白,愣在那里不知道该怎么办。

大哥方舟搀着奶奶出来,走过他身边用手肘撞了他一下,头也不回地说:
"等着做水鬼吗?快带老婆孩子走!"

方悴农回过神来,急忙奔进屋里,妻子钟秀卿已经收拾了点东西,她把打好的包裹交给方悴农,自己一手拉着孩子,一手抱了个木匣子,一家人随着人群往山上逃。逃到山顶,看到整个村庄都淹进汪洋中,来不及逃的,被无情的洪水卷进波涛,到海龙王那里报到去了。

最惨的是河边两户人家十几口人,无一幸免。

方悴农的心如刀割一样痛:拿什么去拯救这些苦难的人啊?我该做点什么、该做点什么呢?

俗话说:百无一用是书生。方悴农想起自己在洪水到来时发呆的样子,心里一阵阵叹息。他把两只手插进口袋,触到了一支钢笔。

对哦,可以用笔,可以把灾区的情况写出来,让政府来救、让大家来救、让农民动员起来自救。

他立即跑到屋内,伏案"唰唰唰"写了起来。

两天后,他只身到县城。

走在半个月前小跑过的路上,场景依然是凄凉满目。前面是50年一遇的大旱,后面是50年一遇的大水,武义县的农民全部都处在水深火热之中。

他先到报馆找到昔日的同学,商量好把文章刻印出来,再到"问真"家住下来。第二天一早去县政府找了县长,谈了受灾情况及赈灾建议,得到了县长认可。又去民政及农业农村部门,将情况作了反映,希望有关部门呼吁社会各界赈灾救援。

29

他的努力没有白费，县政府很快召开赈灾救援协调会，并让他列席会议，将灾区所见所闻说给参加会议的人员听，呼吁社会各界援手救灾。最后，他提出了五条赈灾建议：

"当务之急一是要调查受灾区域及受灾情况，从速派员到各地指导灾区农民组织农村互助社；二是以互助社为单位办理赈灾救济，除了各界捐赠的物资，建议把县里粮仓的积谷发放或者平价供应，在帮助灾民渡过眼前难关的同时，还能打压不良商户囤积居奇，稳定物价安抚社会；三是县农民银行放开帮农基金贷，由互助社登记并同时承担担保责任，放款给灾区农民，做好恢复农事的各项准备工作；四是派出农技员到灾区因地制宜指导灾后恢复生产工作；五是派兽医深入农村，从速解决牛瘟和猪瘟，前者是保障秋收的关键，后者是农民年关福祉。"

在方悴农说出第一个建议的时候，全场就安静下来了，在场的所有人没有想到一个22岁的年轻人，能够在这么短的时间里理出如此清晰而又可行的方案。

大家用热烈的掌声回馈这颗赤子之心。

会后，县政府立即成立"灾区农村善后委员会"，方悴农被聘为干事，负责下乡调查指导善后工作。

当天下午，方悴农邀请县政府合作指导员何圆润及县农业推广所农事指导员宗炎一起到陶宅。

在方悴农看来，何指导员名如其人，是个"圆润"之人，当他看到沿途农村、农田、农民的惨状时，眼中流出泪来，一路的唏嘘呻吟。他告诉方悴农，担任指导员这个职务已经有6个月了，主要的任务是指导成立农民合作社，但每周两天下乡，几乎找不到跟农民谈话的机会，所以到目前为止一个都没有成立起来。

宗炎也是个名如其人、热情似火的实干硬汉，他对何圆润说："我们是出来赈灾，不是来表示同情的，现在灾区的人不需要眼泪，需要我们迅速给他们指出一条生路，尽快重建家园。"

无论是何的圆润，还是宗的热情如火，都给方悴农上了一堂学校里学不到的理论联系实际课。

当天傍晚，三人到陶宅方悴农家，方悴农让两个哥哥通知每家派一个代表到自己家里的小厅堂开会。

结果，全村男女老少都来了，小厅堂根本挤不下，只有把会议地址改到庙堂小学校操场。

何圆润代表县政府给农民讲话："我们是县政府派来帮助大家的，但也只能是帮助，能不能渡过难关还要靠你们自己。你们首先要做的事情就是成立农民互助社，这件事情我们提倡了很久，但以往年成好，大家不重视。现在用上了，因为只有成立了这个组织，才能以组织的名义接纳赈灾物资，合理分配，以组织的名义给大家担保贷款，恢复生产。"

宗炎代表县农业推广所对灾后恢复生产及畜禽抗疫事情作了详细的交代。

方悴农表示，自己在陶宅土生土长，喝乌溪水长大，一定会跟父老乡亲一起渡过难关，哪怕放弃学业也要先帮助家乡做好灾后重建工作。

陶宅村在西乡片率先成立了农村互助社，共有59户参加。

有陶宅成功经验引导，指导组在乌溪及熟溪两岸开展调查，确认重灾村23个、受灾村19个，共有1700多家8400余个灾民，成立21个农村互助社配合县政府赈灾。

后面是一段很长的灾后重建工作，县农业推广所到外地买回大量的粮食种子发给农户，省农业改良场派来兽医给牛猪羊打疫苗。各项工作根据方悴农提出的方案有条不紊地执行。

在这段时间里，方悴农有"弃学"投入农村建设的想法。他觉得只有这样的身体力行，才能"从野人生活出发，向极乐世界探寻"。

但他对科学救农的决心没变。在给"问真"的信中，他写道：

"在这里只是深深地希望着你对科学多下一番功夫，要是和老天决斗的话，不借科学的头脑是不行的，你也总可听到过苏俄革命后，经过了农业科学家的育种，能在数丈深的雪地里生长着麦子，而今年的大旱，他独能联合农民与旱魃相抗拒的新闻吧！我总惭愧于过去对自然科学不太注意！我想，最后的世界总是属于科学的创造者和社会的改造家。"

方悴农立志科学救农的思想来自苏联革命后的农业科学。

第12章　三人行　必有我师

"快来看,洋医师杀猪了!"不知道谁先通报了这个消息,全村男女老少又跑到村口,围在一棵苦楮树下看。

从省农业改良场派来的兽医叫华克,他带了疫苗针剂过来,但村民没有见过这个东西,不肯让他打。没有办法之下,他花钱从农户手中买了四五头死猪,将其中的几头运送到省城做深度解剖研究,自己则让人抬了头死猪到村口开现场会。

这是一位里面穿着洋装、头上戴着鸭舌帽、脸上戴着眼镜的洋派中年医生,这会儿他外面套着白大褂、戴着一个白口罩,两手戴着橡胶手套,拿着一把小刀把一头死猪的肚子破开了。

"你们看,这只猪的内脏有很多细菌,所以五脏六腑开始发黑了。"他用刀割了块猪肺下来,举给大家看。前面靠得比较近的几个小孩害怕,钻进人群的缝隙逃开了,有几个胆子比较大的年轻人靠过来,仔细看那块已经发黑的肺。

"给牛、猪、羊打上一针,就不会发瘟病了吗?"一位用背带背着孩子的年轻妇女问。孩子两只大眼滴溜溜转,好奇地看着洋医师,两只小手却抓着妈妈的两条辫子不放。

"是啊。这场瘟疫,是生态环境恶劣造成的。前面旱了两个月,后面又是阴雨、暴雨,闷热加上猪栏卫生防护措施没有到位,所以开始发病并迅速传染。"

"你前面说要给猪、牛、羊打预防针,会不会打死啊?"人群后面有人问。

华克把那块猪肺放回猪的肚子里,站起身子说:"大家不要担心,我带来的针剂药效是经过很多次临床试验的。没有副作用,打过针以后,一般不会有太大反应,但以后就有了抗体,不会感染同样的病了。"

"说得这么好,是不是很贵啊? 我们没有钱呢。"

"这些针剂我们按半价收,也就是成本价。你们农村互助社可以登记一下,钱可以等你们秋收后再给。"

大家听到这里,都抱着试试看的心情,请华克医师到家里给牲口打预防针,看到打过针以后,没有牲口再死去,有的居然把鸡、鸭、鹅也抱了过来,把华克医师逗得哈哈大笑。

陶宅的荞麦丰收了！这个丰收，是在其他很多地方被霜冻减收的背景下。

农民们很实诚，他们把丰收的大功给了农业推广员宗炎。

这位宗先生也很实诚，从原来那个坐了六个月冷板凳的办公室走出来以后，用实际行动践行了自己刚下乡时的诺言。他每周至少两趟步行到各村落，仔细查看灾情，指导农民修葺水坝，清理大田中淤积的砂石。又千方百计从县城、省城购置稻种、荞麦种子，指导农民耕种。

说到购买种子，还得给那位县政府合作指导员何圆润记功。这位看上去文弱的白面书生，在灾后帮助农民恢复生产方面作出了积极贡献。

那时候种子市场比较乱，尤其是灾后，有些不良商人不仅哄抬价格，还以次充好，农民无疑是雪上加霜。何指导员亲自跑到平湖，与当地的政府联系采购荞麦种子的事情。

何指导员一番泪流满面、声情并茂的演说，深深打动了当地政府官员和部门工作人员，他们抽调相关技术人员，帮助何指导员给武义灾区农民采购种子，给灾区送爱心过去，种子当然是最好的，价格是政府的收购价，比市场上便宜三分之一，这也给负责田间指导实战的宗指导员最大的支持。

在受灾之前，荞麦的主要功能是培养绿肥，因为在荞麦田里种"紫云英"可以达到事半功倍的效果。把草籽撒进收割后的荞麦田里，冬天在温湿的土地里发芽，到来年开春抽出漂亮的绿色叶片，农民会割一些给猪当粮食，等一片一片红霞般的"紫云英"花开了，农民们会把这些漂亮的小精灵翻耕进泥土中，培植绿肥，给土地注入新的生机。

"是呀，为什么别的村每亩收不到几十斤，我们村每亩有一石呢？"农民们很好奇，不至于有什么神灵保佑吧？

方悴农作了以下分析：

"首先，何指导给力，采购到种子，宗指导提前把种子给大家，大家一刻都没耽搁种下去了，也就是说，我们比别人种得早。其次，我们村附近有人养蜜蜂，这些小东西是传播花粉的高手，大家的荞麦都得到了良好的生育环境。种得早，有蜜蜂帮忙，荞麦赶在霜降前成熟，不用挨冻，当然有好收成咯。"

"哇，原来是这样呀。"

"这就是科学种田，是我到省城要学的本事。当然，宗指导教你们扩大耕种面积也是丰收的一大原因。但最重要的，是乡亲们憋着一股劲，要把受灾的损失抢回来。"

"三位先生这样帮我们,还有你,为了大家连学都没回去上,我们自己再不好好干,怎么说得过去。"

多好的乡亲呀,方悴农心里热乎乎的,为自己留在家乡与家人、乡亲共渡难关感到自豪。

"宗先生又来了!"这个声音迅速传遍全村,大家都纷纷到已经改作农校的方家祠堂。

这是方悴农跟村民聊天后的第二天,宗炎带着几个玻璃罐子、几幅挂图和小麦的新品种过来了。

他带来的小麦新品种叫"金大26号"。

跟往常一样,在讲课前,他先把图挂出来,罐子摆开,又给大家分发了图文小册子,然后开讲。

"承蒙各位农友相信我,我这次到省里带了'金大26号'小麦新品种过来。大家先看一下这几个罐子,有你们现在种的品种,也有现在已经试种成功的'金大26号',哪位农友说一下,有什么区别。"

他把玻璃罐举起来,绕场走,走到一位中年农民面前时,那位农民从他手中接过玻璃罐子,仔细看了看说:

"我们原先种出来的麦穗,没有这个新品种结实、饱满。"

"对,这就说明同样一个麦穗,产量是新品种高。"宗先生接过玻璃罐子,走回讲台,拿起另外两个玻璃罐子说,"大家再看一下这两个罐子里,是什么?"

"是麦秧。"一个年轻小伙子说。

"应该说,是麦秧,也不是麦秧。这两株是经过分蘖正在抽穗的麦子。两株麦子分蘖情况差不多,但很明显,'金大26号'的得穗率要比你们原来种的高,要多出2~3个百分点吧,也就是说,同样是一颗种子,种'金大26号'的收成会好很多。"

然后,宗指导员把罐子放下,拿起一根教鞭指着挂图,将麦子播种、育苗、施肥、除草、防治病虫害、收割、储藏等整个流程都详细地说了一遍。对温度、湿度的控制也说得非常仔细。

在当时的浙江省,因为有陶家父子开办的公益农校,陶宅村农民是最早掌握科技种田知识的新农民。也为后来王宅小绿洲成为"浙中粮仓"打下了扎实的基础。

在这场救灾活动中,何圆润、宗炎、华克组成了一个应急小分队,利用自己的专长迅速控制了灾情、疫情,并通过发动农民自救的方式,迅速重建家园、恢复生产。

收获最大的是方悴农,他不仅跟着三位老师学到了很多课堂上学不到的东西,印证了许多课堂理论知识,还通过赈灾开阔了视野,得到新的感知:

"农村运动的工作,要不是农村原有的知识青年自觉自动地起来自救,哪里能侥幸成功呢?"

在这期间,宗炎推荐方悴农担任金陵大学农学院的农林研究会和中央农业试验所的农情报告员。

第13章　农忙托儿所

自从遇到湘湖农场两个孩子在田间溺水事件后,方悴农心中一直酝酿着在每个农村办一所农忙托儿所。

在湘湖那段时间,他也曾跟同学们一起,找村长、找族长、找农民,希望大家齐心协力把农忙托儿所办起来,甚至已经编制了一整套规范化制度、流程。

最终没有成功。因为农民听都没有听到过。

这次趁在家乡帮助赈灾、为家里农田耕种期间,再次将这件事情提到议事日程上来。

事情从灾后一次农事讨论会开始。

这次会议的主要议题是种秋粮,按照宗指导的估算,全村要种327亩荞麦才能度过饥荒。

荞麦种子两个指导员帮助解决了,现在的关键问题是劳动力。

"全村青壮年只有50多个人,加上可以算作半劳力的老人和妇女,每人要种4亩多,这个难度是非常大的。"宗炎说。

"我们现在每人的任务是种1亩,这个差距太大了。"方悴农也给自己定了个种1亩的任务。

"本来，7岁以上的孩子可以帮忙放种子，但观音庙小学那个王先生，昨天通知孩子们回去上学。人都要饿死了，念什么'小猫、小狗跳喇咪'，读那么多洋书有什么用！"一位老年农民愤愤地说。

"大家还是先把每家要的种子数量再定一下，有个准数，我明天到城里电报通知平湖发货。"宗炎说。

"我明天去找一下王先生，请他先给学生放半个月的假。"方悴农说。

大家统计好数量，就都散去了。

方悴农睡不着，脑海里不断出现湘湖孩子溺水的镜头。农民要彻底改变贫穷的命运，必须靠自己。

在他的脑子里，一个成熟的农忙托儿所方案酝酿成熟了。

第二天一早，他匆匆喝了一碗稀饭，就往观音庙小学走。

从家中小巷拐出来，碰见一个放牛的老汉，老汉眼尖，大老远跟他打招呼：

"小山，起这么早上哪里去？"

"是陶伯啊，我去观音庙找王先生。"说话间，陶伯跟牛已经走到近前。

"吁——哇！"陶伯吆喝牛停下来，方悴农摸了摸牛头。

"王先生呀，昨晚打'麻雀（麻将）'到半夜鸡叫以后才回去，这个时候还在蒙头睡大觉呢。"

"哦，我有急事找他，陶伯你慢走。"方悴农匆匆告别陶伯，走到王先生家就举手敲门。

果然，不管方悴农怎么敲，里面很长时间没回应，大约半个小时以后，一个睡眼惺忪、穿着长袍的中年男人才把门打开。

让方悴农进去后，王先生知道他是从杭州读书回来的，顺手从床头上摸出一包"红狮"牌香烟，抽出一支递给方悴农。

"谢谢，我还没有学会抽烟。"方悴农谢绝。

"你们城里人，有些小孩都会抽的。当然，抽的是'白金龙'牌、'美丽'牌，我的这个太差了。"他给自己点上一支烟，自顾自吞云吐雾地抽完，扔掉烟蒂用脚踩了踩，站起来说，"你先坐会儿，我去洗把脸。"说完，端起个脸盆到外面了。

方悴农坐下来，看到桌上一块写着"非此不能治太平"的戒尺下面压着几本《小学国文教学法》、两册《交际大全》、一本《民事诉讼法》，桌上还放着一盒粉笔、一方砚台和两三支破毛笔。枕边一本《红楼梦》、一本《花花世界》。窗户上却糊着几张传统教学法教材纸。

这是一个有较高学历却不思进取的人。方悴农本来想一走了之，到县教育局反映，换一个新老师来。

转念一想，眼前的事火烧眉毛，来个新老师不了解情况，可能更加糟糕。

他冷静下来，做好了舌战准备。

不出所料，王先生回来后，在要不要放半个月假的事情上没有过多坚持，但一听说要收纳全村6岁以下的孩子办农忙托儿所，马上提出两个问题：

"你的想法很好，但做起来，有两个问题必须解决。"他给自己点上烟，抽一口拿在手上，架起二郎腿接着说，"一是我从来没有带过幼儿，更加不会教，全村60多个孩子，最小的还在吃奶，换成你，也是不行的吧？"

"第二个问题，在这里办托儿所应该校长同意过，再由县教育局批准过吧，万一出个什么意外，上头追究起来，不是你能够承担的吧？"

毕竟是专业师范学校毕业的老师，说话逻辑清晰，而且合情合理，不容反驳。

但他今天面对的是方悴农，一个充分了解村里情况、非常希望农民摆脱困境的农村知识青年。

"我先回答你第一个问题。60多个孩子，我是肯定不行的，换作任何一个人，也是不行的。"

王先生抽一口烟，脸上露出胜利的笑容。

"但是，我们有很多人，可以来做这件事情。我妹妹菊如和她几个小姐妹有带孩子的经验，我兄弟三人有5个孩子，她本来就要带。你这个观音庙里有个徐老太太，经常给孩子们看病，大家都叫她'观音庙里的活菩萨'，请她出来，孩子们健康也不成问题了。如果能够将你的夫人也请出来一起干，那就更加好了。"

听到这里，王先生收起那副吊儿郎当的样子，脸上露出思索的神情。

方悴农自己倒了杯水，喝了一口继续说："第一个问题解决了，第二个根本就不是问题。来之前，我跟校长打过招呼了，孙先生很赞同我的想法。只要你同意了，我回去后就写文书送到县教育局，现在都在提倡新思想教育法，这样的新事，没有理由不批准吧。"

王先生欲言又止，方悴农摆摆手说："我知道你想说我们没有经验。别担心，这件事情暑假在湘湖实践的时候，我就想做来着，有比较成熟的方案。我明天给你写出来，我们可以一边做一边修改。"

王先生答应一定努力去做,笑着将方悴农送出家门。

何圆润将荞麦种子从平湖运回来、宗炎指导农民播种那天,浙江省首个山区农忙托儿所开班了。

方悴农在"完成1亩地荞麦种植"的同时,不断完善托儿所的管理,从母亲哺乳,到孩子一日三餐及点心,再到玩具的收集、购置及操场滑梯、沙盘设置,非常全面细致。孩子们上课、吃饭、午休等作息时间也非常规范。同时,还到教育局争取到津贴支持。

这天傍晚,方悴农到托儿所,看到王先生夫妇、妹妹菊如及另外几位小女孩跟孩子们一起玩耍,每个人脸上都露出纯真的笑容。

这是丰收的预兆吧。

第14章　乌溪的星空

20多天后,"双抢"(抢收抢种)结束了,60多个孩子各自回家。观音庙小学再一次安静下来。

那位王先生却安静不下来了。

一个周六的晚上,吃过饭,王先生兴冲冲地来到方悴农家,约方悴农到外面走走聊聊。

两人出村后沿着河堤走了一段路,在河边一片草地上坐下来。

这一段的水面比较平稳,半圆的月亮躺在水中,星星也一颗颗陆续在水中亮了起来。

方悴农顺手捡了一块石头,挥臂用力扔进水中。月亮和星星在水中波动起来,不一会儿恢复了平静。

"我以前很厌恶现在干的事情,感觉没有前途,经常有辞职不干的想法。但我是一介书生,百无一用,为了吃饭,只能行尸走肉般地混日子。"王先生自我检讨着,把一支夹在耳朵上的烟拿下来叼进嘴里,从口袋里摸出火柴盒点上。

"那天我到你家，你给我的第一个印象也是这个样子。但其实你很不错呀，包括你太太，给村里做了大好事呢。"方悴农说。

"你知道吗，我越看你越像《古庙敲钟录》(陶行知著，上海儿童书局出版)里那位有才干、有学问、有毅力的朱先生。你来学校当朱先生吧，我就是古庙里那口钟。你瞧，我们的观音庙小学，不正是那座古庙吗？"

"我怎么能做朱先生，你才是朱先生呢。我当那口钟就好了。你这段时间像变了个人，我对你是刮目相看呢。"说话间，方悴农已经想好如何给王先生打气，改良农村教育的方法。

王先生没有立即接腔，他轻轻咳嗽一声："我从学校毕业刚到农村的时候，对这份工作也是满怀信心。县教育局下发文件，要学校从速开展农村农民教育，也想每件都能落实。后来发现那都是坐在办公室里的官僚想法，学校没有钱，学生家里没有钱，认几个字都困难，哪有工夫搞农村教育。后来自己的精神也颓废了，上面发的文件都当窗户纸了。"

王先生说到这里，把烟蒂扔进河里。

"很多事情，想着都很难，想着想着就干不了了。但如果鼓起勇气去做呢，往往会有意想不到的收获。"方悴农用手中的蒲扇赶着蚊子，远处蟋蟀"吱吱——吱吱"地哼着小曲。

"这段时间，我感到过得非常有意义。办托儿所这样的事情，我是想都不敢想的，却不知不觉办成功了。以前，我做梦都不会想到可以在农村耕耘这样一块新颖的园地。你的服务精神、办事能力给了我很大的鼓舞。所以，我是跟定你做农村的教育改造了，把这池死水激活，给村里一个崭新的教育场所。"王先生搓着双手，一副马上行动的样子。

"教育是万年的根基，我们大家都有责任让孩子们得到最好的教育，也有责任给村里的农民提供良好的教育。只要努力，我们是可以为村里做点事情的。"

然后，两个人又谈了一些具体细节，直到月落西山。方悴农站了起来，伸手把王先生也拉了起来。

"我明天到学校，我们一起写目标计划。"方悴农挽着王先生的肩膀往村里走。

第二天又是一整天的商讨，到晚上，农村小学改造的具体做法出来了：

第一，要做农人精神寄托的场所。当今农人大多数把鬼神当偶像放在庙堂上，不吃不穿也要把仅有的收入供奉给菩萨。农村教育要将农人带上科学道路，但不能马上去毁掉庙里那些菩萨,要让大家有个转化过程。

第二,要做农村政治活动中心。过去这些活动都放在庙堂,先敬鬼神。接下来,要利用学校做农人的政治思想教育,如民权训练及各种农村自治组织建设。

第三,要做农村合作事业的中心。农村经济的崩溃,很大程度上是农民告贷无门,受到高利贷的压迫和盘剥。只有合作事业才是复兴农村经济的平坦大道,我们的学校要成为农人合作的根据地。

第四,要做农村保健活动的中心。比较消极的做法是建立简易药库,预防治疗一些常见疾病,保障农村人民的健康。积极的做法是县政府及卫生行政技术部门来指导帮助,开展农村卫生运动,锻炼农人的身体,改善生活环境,增强农人体质。

第五,要做农村人民的娱乐场所。提倡并指导农村人民进行正当的娱乐活动,如戏剧科学的表演、幻灯电影的放映、农村同乐会的举行以及棋类、歌舞、乐器等。

第六,要做农业生产改良的中心。收集各地农事试验场及农校等的优良品种和栽植方法介绍推广给农民,并与县农业推广所(或农业改良场及农民教育馆)合作,设计学校区域内农业推广的实施,让教师和农民打成一片,共同研究讨论农业生产的改良发展。

上面这六条比较宏观、比较理论,但农村、农业、农民的问题和解决理念、方案和机制基本上都有了。

22岁的方悴农考虑到了比较全面的"三农"问题,这也为他今后的农学教育打下了扎实的基础。

下面是比较具体的指标:

第一,全村农民教育普及,人人认识1000字以上,能记账、能写信、能看浅易的书报。

第二,全村生产能力增加,生计充裕,全村没有一个生计不能自理的成人。

第三,全村人民身体健康、精神活泼愉快,农家房屋及村道都整洁有序。

第四,全村人民能守秩序,能自助互助,能自治自卫,能自己起来改善生活,建设农村。

要完成这些目标,也有教学资金及师资匮乏,农民的第一要务是生存、腾不出更多时间参与等问题。

方悴农以农村建设为主题，围绕"教育"画了一幅农村政治、经济、文化图，寻求解决问题的方法。

这段时间，方悴农给"问真"写道：

"新的教育、新的农村，已像太阳一样从东方的云雾黑暗重围里，露出了一线曙光，晨钟已经在狂鸣了！准备着回农村去的战友及有志改造社会建设农村的同志们！太阳不久就要出来了，我们乘清晨黎明振作精神，冲破萎靡萧条的空气，共谋农村建设、民族复兴吧！"

第15章　浚河筑坝

学校给村里办的第一件实事，是牵头组织农民浚河筑坝。

大旱以后又是两场百年一遇的大水，乌溪的河道变得很宽，河床上升，水位很浅，水碓被冲垮后，经营水碓的老伍也跳进河里一去不回头。

水利是农业的命脉，没有水利，所有的理论、计划全部都是空谈。

孩子们已经回来上学了，放学后，方悴农来到学校，和王先生一起商量新农村运动，要先从哪里开头。

"耕种最要紧吧，应该考虑秋后种植问题了吧。"王先生一边说，一边给方悴农倒了杯开水。

方悴农用眼巡视王先生的房间，看不见《红楼梦》和另外的杂书了，倒是摆了《中华职教社之农村事业》（姚惠泉著，上海中华职业教育社出版）和《中华民族自救运动之最后觉悟》（梁漱溟著，上海中华书局出版），两本书都夹了张树叶书签。

方悴农笑了，这是他借给王先生看的书。在同一时段看同样的书，可以达到快速沟通的效果。

"我觉得，浚河筑坝是当前农村建设的头等大事。"方悴农说，看到王先生脸上露出疑惑的表情，他继续说道，"你看哈，河滩今年已经遭遇两次大水的冲击，河床已经涨得很高，现在哪怕遇上小一点的水，都会冲进大田、冲进村里。种什么都没有用。"

"经你这么一说,我也觉得浚河筑坝是最为要紧的,怎么去做呢?要好多钱呢。"王先生挠了挠后脑勺。

方悴农把茶杯放到桌子上,说:"这两天我一直在想这个问题,也理出了一些方法。我们可以把小学作为这项工程的中心,先动员我们本村人,再让乡亲们去动员沿河其他村的农人。总之,要靠大家。"

"只要有办法,就会有出路。我明天去召集大家来这里开会。"

第二天是礼拜,孩子们不上学。王先生和方悴农兄弟一起叫了一些乡亲过来。虽然大家也知道方悴农在省城念过书,是肯干又有些本事的人,但一听说要疏通河道、修筑堤坝,一个个摇头摇手,表示非常不可行。

"没钱,没章法,怎么修?!"

"就我们村修也没用呀,水来了冲进别的村,照样会冲进我们村的。"

"这个事情单靠我们自己,当然是做不成的,但我们可以去找靠山啊。我们之前遭灾,不是得到了县政府及社会各界的大力支持吗,要不然,大家都出去讨饭了。"第一句话就说到农民的心坎里去了,大家安静下来,有两个走到门口的人也回到教室坐下来。

"昨天我跟小山商量好了,回头我们就给县政府打报告。再写个通告,让大家贴到沿河各个村庄。"王先生说。

"有县政府帮助,其他村也一起行动起来,情况就不一样了。小山你说怎么干。"

乡亲们看到希望,热情一下子被调动起来。

"眼前我们要做三件事情:第一件,要大力宣传。通告什么的都不要写了,大家分头到各个村去说'要一起做浚河筑坝工程了'。让所有人都有思想准备。"

"都是亲戚,走一家就等于走三家了。我们今天就行动。"

"小山,第二件是什么?"有人急不可耐了。

"这第二件,要先解决眼前我们自己的事情。工程动起来需要一段时间,但老天爷不会等。我们得先采取一些自救措施。"

这个自救措施,是昨天晚上方悴农和父亲方仁及俩兄弟一起商量出来的。主要采用有钱出钱、有物出物、有力出力的方式,按照农田离河道近的多出、离河道远的少出、赤贫户不出的原则,在沿河带头先把河堤修起来。

"第三件,我和王先生立即具文(写报告),把我们的要求报到县政府,再上报省政府。因为水利工程是个技术活儿,一定要派水利专家过来才好。"

"你不是很有本事吗,你带领我们干就行了,我们相信你。"

"这可不是相信谁的问题,我们都要相信科学。"

正所谓广告的力量是无穷的。几天后,在河堤两岸浚河筑坝的消息很快传遍了附近几个村,也传到了县长的耳朵里。

县长正为一直都修不好的河堤发愁呢,听到传言时,方悴农和王先生的报告也送到了。

这是一份可行性很强的方案,马上得到了县长的认可。他先派县水利部门官员到陶宅实地考察,官员看到全村男女老少都上工地的情景异常感动,说这个项目启动过好几次了,因为种种原因一直没有完成,原来是没有发动广大农民的力量。

县长听到汇报后,立即联系省城水利专家做出工程方案,迅速组建一个专门委员会牵头协调这项工作,并筹集一批资金和物资支援工程建设。

各村的互助组都联动起来了,委员会下面也建立了金字塔管理机构,每5个人一个小组,每10个小组一个区,每10个区成立一个团,每个村一个团。所有的人流、物流、资金流都井然有序。

一切都准备就绪以后,就到了1934年的秋天。

因为过几天是开工日,晚上附近的村民都聚拢到工程中心观音庙小学来。

校长简单讲了几句开场白后,就推举方悴农做开工总动员报告。

方悴农也不客气,上台讲了15分钟左右的目的、意义、做法。然后,变戏法似的搬出一台留声机。

"自今年入伏以来,不是旱灾就是水灾,后面又忙着耕田自救,大家已经好长时间没有开心过了。我今天到外面借了台留声机回来,让大家开开洋荤。"

方悴农摆上一张唱片,把留声机的发条上起来,把磁针放上去。梅兰芳的《贵妃醉酒》就唱开了。

很多人都被吓了一跳,纷纷说里面有鬼。

"哈哈哈哈,这世界上哪里来的鬼。这也是科学玩意儿。也就十九、二十来块一台,每张唱片也就一二块钱。大家以后日子过好了,也可以去买一台来听听。"

听完戏剧,王先生指挥学校的小学生上台演了一台二幕的《自救之路》,虽然山村条件差,但孩子们演得像模像样。

方悴农看着,一幅发展农村戏剧图展现在他的脑海里。

开工的早晨,红彤彤的太阳从东方升了上来,这是一个好的开工日。

乌溪及熟溪河两岸数千名男女老少,拉车荷锄、挑箩背筐,站满了河堤。

随着县长一声"开工咯"的吆喝,劳动的歌声洒进河中,晕红河面。

第16章 "小先生"和农人

所谓人多力量大,浚河筑坝工程在县长亲自协调下、在省水利专家的指导下进展很顺利,除了有两天因为下雨停了停,全线工程一个月不到就完工了。

这让方悴农觉得,只要用心去做事,为农人去做事,会感动带动很多人,天下也就没有什么难事了。

观音庙小学的王先生已经被带动到一个较高的境界了。在他心里,之前那个"每人识1000个字"的农村普及教育计划,一直心心念念挂着,水利工程一完工,就风风火火地找方悴农,商量怎么干起来。

"你有什么想法?"虽然没有走进专业教师队伍,但方悴农中学读的是师职,也当过一年多夜校兼职校长,知道循循善诱的道理。

"首先要解决教的问题,村里几百号人要天天集中起来上课是不可能的,不是我推卸责任,光靠我和校长两个人教,忙不过来。"

方悴农知道,王先生说的是大实话,他用征求意见的方式,把自己基本考虑成熟的计划说了个开头。

"我13岁那年在县城读书,同时还兼了村里农校的校长,给村里的年轻人上夜课,大家都叫我'小先生'。我们可不可以也先用些'小先生',让他们教?"

"好主意呀!我们学校有30多个孩子,可以让高年级的每个孩子带两个农人'学生',每周学10个生字,等这些'学生'有些基础了,再带自己的家人。我们这边每周安排一次考试做巩固,事情就简单很多了。"王先生兴奋地说。

"山海乡村工学团的'小先生制'很不错呢。以我个人的经历,我在壶山县立师范读书时,回村当'小先生'那段时间,学业的进步是非常快的。我们这个村的校训是'兴趣生努力,努力生兴趣'。我们还要鼓励那些农人'先生'不断回炉学习。"方悴农将一份已经拟好的计划及一首歌词递给王先生,"这个计划你再补充完善一下。这首歌词是我写的,你也请高小那边教音乐的老师谱个曲,教大家唱起来。"

王先生从方悴农家出来后,立即行动。

他先根据方悴农写的计划,起草了一个报告,主要内容是阐述实行"小先生制"的好处,誊抄后让学生带回家中,读给家长听:

第一条,"小先生"可以在任何时候教大人,不用集中起来补习,不占用大人的劳作时间。

第二条,许多没有钱读书的农人,尤其是妇女能够免费摘掉文盲的帽子。

第三条,"小先生"不仅解决了农村普及教育大量的师资问题,也解决了薪资短缺的问题。

第四条,掌握一定文化的农人可以转化为"先生",去帮助后进农人。

第五条,"小先生"的授课对象基本上是亲属朋友,有利于农村新生活运动的推广。

方悴农给这份计划取名为"'小先生'送教育上门"。

然而,事情的进展并没有他们想象的顺利,当"'小先生'送教育上门"的时候,还是出现了"脸难看、门难进"的情况,有个到前新屋村去教的"小先生"是挂着眼泪跑回来的。

"怎么啦?"王先生问。

"我家舅老爷骂我是'乌龟教鳖''黄狗教猪猡',家里那条大黄狗也冲着我叫。王先生,什么是'乌龟教鳖'?"

"是骂人的话,我们去找'赛先生'想办法吧。"

方悴农听了,摸了摸孩子的头哈哈大笑:"孩子,乌龟和鳖是同类呢,你舅老爷说的也是大实话。但是,在我13岁的时候,我县立师范的老师给我讲过一个'乌龟教鳖'的故事。"

"话说很久很久以前,有只500岁的鳖从水里爬到岸上,爬到一棵树底下的泥坑里。没想到这个泥坑里已经住进去一只乌龟。鳖就问乌龟:'看你和我长得差不多,你今年几岁了?我们谁年纪大,谁做老大。'乌龟说:'我不记得自己几岁了,但是我比你先到这里,我知道这棵树附近哪里有好吃的,哪里最好玩,哪里有危险。'鳖说:'那你就是我的先生了,你教教我吧。'"说完,他勾起右手的食指,在孩子的鼻子上刮了一下:

"去吧,把这个故事讲给同学们听,让大家再讲给大人们听。"又转头对王先生说,"你让每个'小先生'都带着那幅陶宅世代相传的《陶母读书图》上门送教。再统计一下,教和学都好的学生家庭,我们也给点奖励,前几天我上海的同学'问真'捐了些笔和笔记本,可以都用起来。"

就这样,方悴农用一个童话故事、一个族人先祖、一项激励措施,扫清了农村普及教育推广过程中的障碍。

没过多久,陶宅及附近村落到处在传唱普及教育的歌:
我是小牧童,洋学堂没有我福分;
进了民众夜校读了书,转头又要教别人。
我是小牧童,读书不害守牛;
要使牛儿养得健,求知是唯一的好路。
我是小牧童,生在穷国里做穷人;
要自取科学知识的工具,向富裕的生活里投奔。

我是小学生,变作小先生;
粉碎那私有知识,要把时代儿划分。
我是小先生,怎样指导我的学生?
学会赶快去教人,教了又来做学生。
我是小先生,要与众人谋生;
上天无路造条路,入地无门开扇门。

我是个农人,一向轻视读书人;
如今路已经走得山穷水尽,才感到没有知识的苦命。
我是个农人,要使我生活长进;
读书识字有学问,一跃而达到生计充裕康乐和平。
我是个农人,从前没有人肯教我;
如今有了小先生,我要跟他学了再去教人。

荀子的《劝学篇》千古流传，但在20世纪初的中国农村是传不通的。

能够在贫困农人间流传的，唯有这类朴实易懂的儿歌！

第17章　迁坟造剧场

自从前段时间那场娱乐活动后，方悴农看见参加过演出的孩子们经常自己小范围演出，还教别的孩子演。当时就萌生了在村里建个露天剧场，改变农村赌博恶习的想法。

原本以为这个想法会遭到反对，刚好乡村自卫团发出严禁赌博的告诫书，农人们想不出好的冬季消遣，有事干总比没事干强，也就来了兴致。

到哪里找块地建剧场呢，村子不大，都建了房子，没地方落地。最后，他们看中了村前那片已经迁建的坟场空地。

这片坟场因为在村前，离村子实在太近，就把坟都迁到了横露山农村坟山。

所谓的剧场，其实也比较简单，把空基的黄土填平夯实后，在长方形场地的西面再垒起一块长约10米、进深约6米、高约2米的土台，土台的前面有7个台阶，便于道具及演员上下，后面是林地，也是天然的背景。

这一工程，是村民们利用农闲时间手推肩扛、锄挖耙平，再加人工木桩夯打出来的。据说，当时的场面很壮观，因为听说方家小山要把省城的剧团请进来演新剧，四乡八店的乡亲都赶过来助阵，从工程总动员到竣工，总共也就五六天时间。

演出定在1935年的大年初一。

这一天，天气晴好。傍晚时分，太阳落下后，在乌溪里洒下一大把一大把的五彩霞云。

农人们口口相传，把新戏即将开演的消息传播出去。

村里五六百男女老少都动了起来，不论穷富，都烧出好菜、拿出好酒招待邻村来的亲友。

亲友们大都穿了新衣裤、戴着新帽子来。在他们看来,到外面看戏过"大年"一定要穿得体体面面,这是一年来全家劳动成果的展示。

家家户户早就把凳子、椅子摆进场里。酒足饭饱后,三三两两、四五一群地走出来,多数人手上都捧着一个火笼,涌进这个空旷的剧场,不到半个时辰就黑压压地满了,竟然有4000余人。

土台上没有幕布,聪明的剧务将灯光调整作为场景断章点,两盏汽灯摆在台脚的石磴上,灯光对准台上时是开幕,对准观众时是闭幕转场。

开场戏是《恭贺新禧》,代替了旧戏的《点魁星》《大三元》,很热闹、很喜庆。

第一本演的是熊佛西(1900—1965年,美国哈佛大学戏剧及文学硕士,中国话剧的拓荒者及奠基人之一)先生创作的《锄头健儿》,是个三幕六场的喜剧。

《锄头健儿》讲的是有个村庄老虎出没,村里老人省吃俭用修了座庙来敬老虎,希望能够消灾免难。有个年轻人不信鬼神,放了一把火把庙烧掉了。村民很愤怒,要惩罚年轻人。这时候,老虎来了,大家都四下逃走,只有这位年轻人勇敢地与老虎搏斗,最后把老虎打死。村民这才相信,鬼神是靠不住的,要靠自己。

什么样的舞台、什么样的观众,演什么样的戏。熊佛西先生不愧为在哈佛深造过的著名剧作家及戏剧理论家,一个简单的剧情达到了破除迷信的教化功效。

第二本演的是熊佛西创作的《喇叭》,这是一部符合当时农村情况的"劝耕篇",据说这个戏这场是首演。

剧情讲了一对父女和表哥一起生活,表哥爱慕表妹,表妹也中意表哥,两个人青梅竹马,一家三口勤恳劳作,日子过得很殷实,家长也只等两人长大了办喜事。

两人长大时,村里来了个英俊的年轻人,还会吹非常好听的喇叭。村里人都被迷住了,女孩更是一天不听都不行,连老父亲也迷上了。

当表哥问表妹留谁的时候,表妹选了吹喇叭的年轻人,表哥只得伤心地离开。三年后,这家的牛死了、田荒了,老父亲也得病卧床不起。每当听到年轻人吹喇叭,表妹和老父亲都会责怪一通,说是喇叭把表哥赶走后,家里没有劳动力才遭了这样的大难。满腔委屈的年轻人也离开了。

这个剧用老父亲的一个梦结局:春暖花开时节,表哥回来了,老父亲康复了,荒芜的田里长出了生机勃勃的庄稼。

舞台上的灯光在夜幕中晕成玫瑰色,灯光打到观众席上时,所有观众脸上都洋溢着玫瑰色的灿烂笑容。是啊,有什么能够比农人健康、大田丰收更能鼓舞农人的精神呢。

意犹未尽的乡亲不肯离场,剧组临时又加演了《打新花鼓》和《回家以后》。前者是宣传破旧立新、杜绝黄赌毒的独幕戏,后者说的是一个被母亲宠爱的儿子,败光家产,害得在外奔波劳碌一生的父亲走上"自尽"绝路,又被救起的故事。这个故事也有一个好的结局,那位糊涂母亲觉悟了,儿子也醒悟了,一家人从事农耕作业,从头开始。

一直到深夜11点钟,场上的观众才满怀喜悦地回家。

月色西斜,星光灿烂,方悴农站在空旷的剧场,再一次看到农村新生活运动的曙光。

第18章　狮山乡村小学

春节后,方悴农接受县立壶山中心小学部聘请,准备到那里去教书。那时当老师,条件好、薪资高,这是当时许多人求之不得的职业。

正准备上任时,附近的古竹村派一个叫法于的年轻人和一个村民找到方悴农家,希望方悴农能够把已经停办两年的狮山乡村学校办回去,并担任校长。

方悴农没有立即答应他们,他对法于说:"容我考虑考虑再答复你们。"

父亲方仁已经很久没有在我们这部书里露脸了,因为方悴农回乡做的一系列工作他都是非常满意的;母亲和妻子更加满意,因为方悴农还把家里很多农活都干掉了。那年头,一个会农活的正劳力是家庭的顶梁柱。

这次,方仁对方悴农要进县城教书本来持保留态度,但孩子大了,加上有较高的薪酬待遇,也不好多说。

听到方悴农没有马上回绝,知道小儿子思想有些松动,就开始做思想工作。

爷俩的谈话是晚饭后,在堂屋里进行的。方仁躺在铺了棉被的躺椅上,上面盖了一条棉被,方悴农坐在一张没有靠背、垫了一个棉垫的竹椅上。

虽然已经开春,但乡村的温度还是很低,家里不管大小每人一个竹编火笼是标配。给孩子们暖上后,母亲汤秀英一手拎着两个火笼,一手提着一壶开水从灶间出来。

方悴农从椅子上站起来,接过母亲手上的两个火笼,给父亲一个。

方仁半坐起身,接过火笼放进棉被里。

母亲给爷俩泡上茶,就回到灶间火塘前,做些琐碎的家务。

"拿定主意没有?"方仁问。

"也没想好。城里的学校待遇高,责任小。狮山小学可以做点自己想做的事情,也很不错。"方悴农把火笼夹在两腿之间,放上双手。

"我是最知道你的性格了。要做新鲜、有刺激的事情。那城里的学校有40多个老师,本来不缺你一个。我听说这个学校内部不太顺,你去了,要搞新花样人家不会买你的账。或者,你也同流合污,跟他们一样。"方仁顿了顿,补了一句,"所谓近朱者赤近墨者黑。"

方悴农脸上露出一丝笑容,每当牵涉到这个关于道德人品的话题时,方仁的后缀语总是这一句。

"我也有想过,到古竹村肯定能干些我想干的事情,就怕我的想法太过新奇,人家不会接受。"

"你要跟他们'丑话说在前面'呢,想做什么、怎么做先都说清楚,他们同意呢就去,不同意就到城里去教书,就是不要——"

"知道了,不要'近墨者黑'呢。"方悴农接过话音。

方仁闭上眼睛,开始考虑开春后如何组织农人生产。

"留在村里的人,越来越少了。"

听到父亲的自言自语,方悴农心里一阵愧疚。自己当初不顾父亲反对到省城读书,现在又要到外面做工,家事和农事没帮上多少忙。

这时候,他脑中突然滑过一个想法:跟县城比,古竹离家近,回趟家也方便,家务如果能够带点到,那点薪酬也补回来了吧。

第二天上午,法于带着两个老乡又过来了,方悴农从他们脸上看出了诚意和焦虑。

"方先生,我们这个学校以前附近三四个村的孩子都到这里来读书,现在停办两年了,有很多孩子失学了,真的非常需要你这样的人去,给孩子们一个读书的机会。"其中一个年长的老乡拉着方悴农的手,方悴农感觉突然有一块沉甸甸的大石头压进心里,挤走了他心中留存的最后一丝犹豫。

"我听说方先生已经答应到县城教书,我们村里虽然没有那里那么好的待遇,但我们会尽心待你的。"法于是个年轻人,他也将到学校任教。

"我不是为了待遇,我是想真正为农村、为孩子做点实实在在的事情。"方悴农记着方仁的话,藏起内心的波澜,冷静地说。

"我只说一件事情,如果你们能够做到,明天我自己挑着铺盖过去。如果做不到,我也不用去妨碍你们,你们自己另请高明。"

然后,方悴农给他们做了个简单的分析,狮山小学停办最大原因是生源不足,有钱读书的把孩子送到县城去了,穷人"寅愁卯粮"根本没有心思去读书,即便去年搞了"小先生"学习制,成效也很低。

"我们要办一个既能教生活又能教书的学校。"方悴农说。

大家都说会支持配合方悴农把工作做好。

方悴农给城里的小学发了一封解聘信,第二天就挑着铺盖到了古竹村。

安排入住后,方悴农让法于家家户户通知,晚上每户派一名代表到学校开会,自己则让人带到狮山看了场地,回到房间起草方案。

到了晚上,每户一个代表齐刷刷都到了。

这个村的人还是重视教育的。方悴农心里有了底,下面的沟通也就直奔主题:

"我想给大家恢复的,严格意义上讲不是学校,我把它取名'农村生活学校',而著名教育家陶行知先生给它取的名字是'工学团'。"

"工学团是什么?没听说过。"其实,没几个人知道陶行知是谁。

"陶先生是这样定义'工学团'的:工是工作,学是科学,团是社团。工以养

51

生,学以明生,团以保生。说得再明白一些,是以大众的工作养活大众的生命,以大众的科学明了大众的生命,以大众团体的力量保护大众的生命。"

方悴农从刚清理过的桌面上拿起一支粉笔,在黑板上写下"生活""读书"两组词,接着说:"我们要让村里所有人都参加到生活读书两不误的队伍中来。"

最后,他掏出早已经准备好的狮山小学复建方案,让大家一起讨论。

方案很快就讨论通过了,让方悴农想不到的是,代表们提出了不少建设性意见。

这让他倍感欣慰。

第19章　种牛痘

第二天一大早,还没有习惯新环境的方悴农起身走到外面。

暖暖的春风轻轻地拂在他的脸上,他的鼻子里吸进了甜甜的泥土芬芳。沿溪的桃花开得很好,几个村姑穿着崭新的花衣,在阳光下半卷着裤腿,洗衣洗菜,捣衣声惊起几只在水中游着的水鸟,逆水在水面上滑翔一段,落水后又顺流漂游下来。

狮山是一块很大的土墩,约有四五亩地,远远看上去就像一只威武的雄狮。这里也是古竹村的公地,原先有几座坟头,还有一个全村共用的粪场。经村民大会表决用来复建小学后,坟头已经迁出。

复建学校的报告,方悴农准备亲自跑县教育局一趟,因为有些事情,必须当面才能够说清楚。

也许是对未来充满信心的缘故吧,方悴农觉得这里的风景相当好。的确,这是一个普遍比陶宅富裕的村子,有一定的经济实力,民风淳朴,所以才能上下齐心,要把学校修建回去。

他详细勘察了地形地貌。回去在方案后面又画了一张"农村生活学校"宝瓶图,就直奔县城,拿着复建报告和架构图找局长。

经过抗洪救灾、浚河筑坝工程，方悴农在县城已经小有名气。局长听说他过来，抽出时间接见了他。

"为什么会有复建一个农村生活小学的想法呢？"局长不知道这个小伙子脑袋里都装了些什么，新鲜事情，总得问清楚。

方悴农告诉他就是陶行知先生推行的"工学团"，无非这里是农村，突出点"生活"，让大家边生产边学习。

方悴农拿出那张宝瓶型手绘图，向局长阐述了农村生活学校的组织体系：

这是一张"联村生活改进网"。

第一层由村民大会、校长和校董会构成，是决策层。

第二层设导师及挚友团，负责教学组织及上下沟通传达，是教学的执行层。

第三层设儿童部、青年部及成人部。儿童部有托儿所、初儿院、初级小学、高级小学、短期小学(假期为主)；青年部设普通教育和农事教育；成人部设普通班、高级班、农事班、家事班。

上面的思维导图方悴农用线条、箭头和虚线勾连。在这些"班"的下面，他画了两条双虚线，注明"连环教学"，像极了宝瓶漂亮的腰线。

这个腰线下面是两个用"农村建设"勾连的对顶三角，最下面一块长方形标明这个项目的终极目标和做法——全村人民生活的改造。

这类图形是方悴农在校时老师教的，还是他自己自创的，已经无从考证，反正在那本密密麻麻可辨度极低的繁体《农村建设实施记》中，时不时会冒出一两幅，而且，没有一幅相同。

图形固然好看，方悴农也表达得非常清楚，但毕竟要复建一个学校，还有些流程要走，否则连学籍都拿不到。局长让方悴农回去等批复。

回到古竹村的方悴农没有闲下来，他和法于老师一起，开始一家家走访农户，查访学区内农民的受教育情况。他们列了一个调查大纲：

一、全学区内学龄儿童有多少人？有多少人可以入学？有多少人不能入学？

二、全学区内有多少成人失学？男女比例是多少？有多少人可以进农民夜校？

三、全学区内的教育程度如何？能识字的有多少？小学毕业的有多少？中学毕业的有多少？

四、全学区6岁以下3岁以上的幼儿有多少？

每一个问题都是冲着勾连那张"宝瓶图"去的。

连续走了两天，自认为带着一张诚恳的笑脸，怀着健康的目的，且有一定农家调查经验的方悴农却连连碰壁，而且透着一股怪异：上门去每户人家都很客气，即便是家里没有鸡蛋了，也要到隔壁借蛋烧碗过水面给他们吃，但一提到孩子几岁了，就一律说："我们家孩子已经是大人了，现在不方便见先生。"

这是哪门子怪事啊，方悴农很郁闷。

后来，还是法于在一个老伯伯口中了解到，这几天村里来了个医生，给孩子们种了牛痘，然后告诉家长们，种过牛痘的孩子脸上要盖块红布，在不见光阴的黑屋子里关上几天，不能见人，否则鬼神会怪罪下来。

前几天村里有个壮汉就是这样被鬼神收去了。

简直是无法无天了！

方悴农很愤怒，种牛痘预防天花已经有七八年了，得了天花的人脸上盖块红布把细菌挡在外面是有科学道理的，种个牛痘还神神道道地把人哄着关起来，赚高价疫苗和施针钱。

方悴农愤怒了，后果很严重，他给那个装神弄鬼的无良医生带去了毁灭性的灾难。

他一口气跑到县城，找到医院的熟人，用一块多钱买了5支疫苗，又买了酒精、注射器、皮管，找了几个不同的医生请教种疫苗的方法，又跑到那个医生所在的珠下村，让法于召集几十个没有种过牛痘的年轻人集中到村里的祠堂里。

"你们看好了，我手上有两支疫苗，我现在先给要种的地方用酒精消毒，免得带进去细菌，这个有些医生为了省钱不做的，很危险。再用手术刀从瓶里挑出一点点疫苗。法于老师，请你帮忙用另外一把手术刀，在我的手肘旁边划上一个小口，对，皮肤上有血出来就可以了。我手中这把刀上有一点疫苗，种进这个血口里，就跟庄稼地里种豆一样。"

方悴农将疫苗种进自己的刀口上，将这只手叉在腰上，说："等血水干了就好了。"说话间，血水干了。

都现场示范了,啥都不用说了,几十个青年人齐刷刷挽起手臂,叫方悴农种牛痘。

"记住,种过牛痘的地方,三天内不要碰水。"方悴农嘱咐道。

村里其他人也找方悴农种牛痘,方悴农不得不又到县城买了两支疫苗。

这时候,本村的王先生托人带过话来,说陶宅村新旧两个医生在抢种牛痘生意,新医生是洋教士,每针只要5角,复种的是2角,但村民不相信他,而旧医生要收1块多一针,太贵。

方悴农连夜赶回村里,托人到城里又买了5支疫苗,和王先生一起,免费给全村40岁以下的人种了牛痘。

这样的"怒而开刀"的无奈,在解放战争时期,方悴农同志还做过一次。

第20章　植树造林

半个月后,狮山小学复课的报告批了下来。

也就是给了学籍,其他都得从头再来。

村民们筹了钱财,在空基上盖了几间茅屋,有3个教室、1个教师办公室。

教师办公室有校长兼教导主任兼教师方悴农,有幼儿教师法于,还有一个识字的老太太,负责学校的卫生及照顾学生的生活。

大小一共有70多个学生,层次比较复杂,有些已经读过高小,有些还是刚学会走路的孩子。

方悴农又叫妹妹菊如和一个女孩过来帮忙,她们在陶宅观音庙小学干过农忙托儿所,干这个比较有经验。

经过半个月左右的磨合,课堂上的课程基本上稳定了,方悴农给高年级的学生开了林学课。

在去年那场大水灾过后，方悴农曾经问过村里的老农，也请教过气象学家和林业专家，都说那年实际的降雨量不应该造成如此重大的灾难，之所以泥沙翻滚、浊水滔滔，是因为山林都被砍伐了，成了光秃秃的馒头山，只要遇到稍微大一点的雨，就会酿成山洪，泥沙和雨水一起下来，把河床抬高，水位抬高，很轻易地冲毁象征性的河堤，毁掉庄田和农宅。

要解决这个问题，除了浚河筑坝，更要紧的是植树造林。

宗炎先生是个农业技术人员，也懂林业。知道方悴农要搞植树造林，就兴冲冲过来一起商量。

谈话在狮山小学简易操场边的一架紫藤花下进行，紫花一串串挂下来，两只小蜜蜂绕着花藤唱情歌。

"跟浚河筑坝的道理一样，这个项目光靠一个村搞不行，要几个村一起搞、全县一起搞。"宗炎说，"以前也搞植树造林，为什么不成功呢？一个是做得不够科学，没有计划。再一个是农人实在太穷了，穷到将灌木砍了当柴烧，树木砍了拿去卖，连深山高山的树都砍光了。像这个古竹村，护路林和景观林都被砍光了。"

方悴农拿一个笔记本记着，时不时提出一些问题。

"要做好这件事情，最关键的，还是要因地制宜、做好安排。比如，现在这个情况，树是都被砍光了，但茅草还是年年长的，是牛羊的饲料，小树苗的成长期一般是三到五年，如果一下子全种上去了，没种的地方茅草还是要长，你去割呢，就会把小树苗也割掉。"

"全部都种，没有这么多钱买树苗呢。树跟麦子、谷子、豆子不一样，得先育苗。这么多的荒山得几百万株吧，有钱也买不到啊。"方悴农听的时候，心里算了一笔账。

这时，有些学生和大人围了过来，他们听着，偶尔点点头或摇摇头。

方悴农说这话的时候，是一边说一边摇头，当他看到大家都跟着摇头的时候，有些不好意思地笑了起来。

"所以，我们要制定一个三年规划，而且根据不同的树种安排不同的间距。生长快的，可以种得稍微窄一点，割草安排的密度大一些；生长慢的，可以种疏一些，让给料草生长空间，牛羊也就不会缺粮了。"

接着，宗炎又变戏法似的拿出几张挂图、几个玻璃罐，把各种树的生长期、生长习惯、如何培植的方法详细地介绍给大家。

宗炎是个办实事的人,也知道方悴农这个搁置省城学业、回乡支农的青年知识分子的执行能力很强,如果由他带领在一个地方先做,不仅能够带动一大片参与者,也能得到各方支持,成功的概率会高一些。

这项计划的前期分四步走:

第一步,规划造林。他们将林地分成三类,第一类密植,有杂草就铲除当肥料;第二类宽植,割草的时候避免伤到小树苗;第三类就荒着,任野草暴长,牛羊欢腾,等第二年原先种下的枝丫修剪下来可以作为农家柴火的时候,再把荒山种起来。

第二步,统筹管理。每个村组建森林生产合作社,专门负责本村的林业发展指导协调。同时,联合附近村庄开展造林运动,共谋林业发展事业及后续管理指导。

第三步,"化缘"树苗。这个基本上采用老办法,他们先对周边村庄的荒山野地进行调研,获取并分析山地数据、所有权及农民可以投入的劳动力等基本情况,写成报告上报县政府,再由县政府统筹省县林场、苗圃索领树苗,同时,还筹措一笔资金,向私营公司购买了一批种苗。

第四步,开班培训。套路和以前差不多,但这次的定向是"造林工学班",有系统教材纳入学时,标志着农林学科从"游击战"转为"阵地战",效果立竿见影。

规划引领、机构完善、资金到位、管理落实,万事俱备,只等开工。

开工总动员那天,是第一批种苗到位的时间,也是一个礼拜林业技术培训结业的时间。虽然县长没有到场讲话,但这次参与人数及声势要高于上次的浚河筑坝,附近几十个村的农人都赶过来了,有点气吞山河的磅礴气势。因为在众多荒废的山地里,有一多半是私有的,本来不知道该怎么办好,这次不仅有免费的种苗,还有技术指导、劳力投放及后续管理的统筹,家家户户联合起来一起干,是天大的好事。

这样一来,需要的种苗就从原来调研的2万多株预算,一跃而成为4万多株,连最普通的马尾松都断货了。

方悴农和宗炎一边想办法到外面又买了一批黑松,一边开辟了几个村的苗圃,指导农人自己育苗。

县立苗圃另外赠送了美国白杨、法国扁柏共计500多株,种植在通村道路两旁及校舍周边,以待来年美化村容和校容。

57

在以后的一段时间，来古竹村的大人和小朋友多了起来，有一首童谣在村里传唱开来：

植树莫叫树知道，沙里青杨泥里柳；

栽得深来打得结，就是棒杆也出芽。

朴树根头不用土，松树底下不要种；

松树干死不下圩，栽树容易保护难。

这样的环境，也激起了方悴农的创作热情，他也创作了一首童谣：

你栽树，我栽树，

我们同造富的社会！

森林是人生的宝贝，

有新鲜的空气，

会消灭水草灾害。

你栽树，我栽树，

我们同造富的社会！

造林只要有恒心，

尽力地保护，

合作去经营，

十年树木自然会繁荣

在这部书信体农村实践纪实书里，方悴农还记录了展览会、合作社、农场、医药、公园、病虫防治及人才培养等各方面内容。

其中有一篇《农村公园怎样设置》，不仅介绍了武义城区香山塔（即发宝象龙塔）、熟溪、熟溪古桥、北岭洞、鸣阳楼、壶山等景观，还从南丰门开始，沿熟溪边武宣公路描述了"田鸭放歌""牧童骑牛""村姑捣衣""农夫荷锄"等"一弯一景"。并图文并茂地构架"农村公园"蓝图。

不得不再提一下这本书的文学价值。

从开头湘湖农场给"问真"的信，到最后第31封（也是唯一一封"问真"以外）给孙郁凡老师的信，历时大约一年。

根据《自序》，这段时间方悴农集中留在村里帮助救灾的时间大约三个礼拜，其余记述的内容，时间段从19岁开始到23岁之间，内容由在家务农和学校寒暑假返乡务农的实践构成。从文学的角度,将5年的事情提炼后浓缩在一年的时间里,将自己所有的实践及感悟收进31封自传体书信中。

1935年7月初,方悴农以优异的成绩完成浙江省立农业推广人员养成所的学业。

从此,这位陶宅土生土长的青年走上了一条以农报国之路。

第21章　夜话拱宸桥边

毕业后的方悴农分配到省建设厅工作,农林水都归属建设厅。在两年多时间里,他被先后安排到诸暨县双季稻推广区、吴兴县纯系稻实施区、浙江省农林改良场、稻麦改良场、浙江省农业改进所工作。以农技推广员为主,他还当过编辑。

>> 1936年5月,方悴农在吴兴县纯水稻实施区任干事兼推广员

59

这一阶段,也是他撰稿的高峰期,十多年大量的农村实践及课堂理论,使方悴农的才思达到"井喷"阶段:先后在《浙江建设》《新农村》发表论文10多篇,其中《中国农业推广》一书出版前,农学家张天翼为他写序。两年后,他们在南昌见面,张天翼又一次帮助他成功走向延安。

因为有这些成就,他被省考试院考选委员会破格评审,取得大学本科毕业文凭(一般工作满三年的高等建设人员才有资格参加评审)。

1936年5月,方悴农在浙江吴兴县纯系水稻实施区任干事兼推广员,也留下了一张珍贵的照片。

照片上的方悴农坐在乡村大路边,头上戴着一顶草帽,帽檐推得很高,下面是一张英俊的脸,一个大鼻子几乎占据了脸的半个画面。身上穿着时髦的马甲西裤,右臂挂着西装外套,左手拿着一把类似荷花茎秆的植物。裤脚卷到膝盖上,小腿赤裸,应该是刚下过水。他身后是一条清澈的小溪,有点像老家陶宅的乌溪。溪对岸一片桑园,从植被和光线情况判断是一个5月的上午,方悴农脸上阳光灿烂。

这期间,妻子钟秀卿到杭州报考护士学校,没成功,在照相馆留下了一张珍贵的照片(目前仅存的单人半身照)。

>> 1937年9月,前妻钟秀卿到杭州报考护士学校

1936年8月,浙江省在省稻麦改良场的基础上,成立了省农林改良场,地址在杭州拱宸桥原英国领事馆旧址。

方悴农在这里担任《新农村》编辑。

在这里,他结交了两个人,这两个人对他后来投奔延安成为红色农学家起到了关键作用。

一个是莫定森(1900—1980年),四川广汉人,农学家、农业教育家、稻麦专家。因建

>> 方悴农在浙江农林改良场工作

60

设厅厅长伍建飚兼任场长,农场的日常工作都是常务副场长莫定森主持。

与方悴农一样,莫定森童年时代也在农村生活,目睹并感受了农民的悲惨生活,在青年时期立志务农报国。1920年出国勤工俭学,1927年在法国里昂大学获理科硕士学位。

在留法学习期间,他接触了徐特立,接受了许多革命思想的洗礼。

这为他支持帮助学生投奔延安及他自己坚持敌后抗战、保护农林科研资料和设施打下思想伏笔。

>> 1986年3月11日,方悴农(右一)代表中国农学会为新中国第一任农业部副部长吴觉农(左一)举办90大寿

第二个叫王寅生(1902—1956年),江苏无锡人,经济学家,发起成立新经济学会。曾任中国经济研究所研究室主任、中央财经委员会编译室主任等。王寅生是吴觉农(1897—1989年,浙江上虞人,农业经济学家。新中国成立后农业农村部首任第一副部长,现代茶业复兴和发展奠基人)的助手,吴觉农当时兼任省茶叶改良场(设绍兴平水)场长,派王寅生带助手到省稻麦改良场主持农村调查工作。

1936年10月的一个傍晚,从浙江省农林改良场食堂里走出两个年轻人,国字脸、个子较高的是农场推广股的王寅生，个子较矮却长着一个又高又大鼻子的，是刚从农场双季稻和纯系稻推广岗位上调到《新农村》月刊担任编辑的方悴农。

方悴农是浙江人，从小在农村长大，熟悉农村、农业及农民情况，正是王寅生最好的搭档。加上同住一个宿舍，同在一个大办公室里办公，俩人都没带家眷，没多久就成了形影不离的好朋友。

"把胸挺起来，把腰挺直了好不好？走路身体不要往前倾，像一片随时都会倒伏的稻子，一浪一浪的。我最讨厌稻子倒伏了。"每当走快一点，个子相对比较矮的方悴农就要靠身体前倾来加快速度，王寅生就叨叨起来。

"我也讨厌呢。你自己不也一样，走快点身子也是一浪一浪的。"方悴农一边指着他的身体说，一边放慢脚步纠正姿势。

王寅生的脚步也慢了下来，他们已经走出原英国领事馆即现在的农场办公楼区，来到杭州拱宸桥边。

这里是京杭大运河到杭州的终点站，既是水运港口，也是水上贸易市场。

深秋的夜，桥上行人很少，水面上的点点渔火和岸边的万家灯火，把这座千年古桥的倒影点缀得扑朔迷离，如同当时的时局。

"怎么样，在研究会和读书会学到不少东西吧？"

"研究会真的不错，让我明白了很多道理。"

"你现在还坚持不要农民做出牺牲就可以受益的农村改良道路吗？"

"我原本是这样想的，但我们国家的经济，尤其是农业技术实在太弱了。"

"这些都是表象，最关键的还是要解决地力解放、生产力解放问题。"王寅生看了方悴农一眼，俩人同时转身往宿舍方向走。

"地力解放我知道，就是通过扩大耕种面积构造良性循环的生态环境。但生产力解放，以目前的国力，恐怕是很难的。"方悴农的脑中，交替浮现出家乡水灾时一片汪洋的秧田和干旱时龟裂的稻田。

"对农事而言，天灾已经是避无可避了，还有人祸呢。中国的农民，苦啊。"长叹一声后，王寅生低头走路，方悴农也陷入了沉思。

这时，他们住的高家花园到了。

第22章 王寅生"失踪"了

1935年是一个波诡云谲的年代。

一方面,日军侵占东三省后,国民党军政界抗日的呼声很高;另一方面,中国工农红军第一、四方面军经过两万五千里长征,顺利到达陕北,为建立全民抗日统一战线奠定了基础。

这一年的8月,一个与方悴农的未来密切相关的女孩,随红四方面军来到了延安。

她就是四川省通江县卢家河村的严如林。

严如林出生于1921年10月。世道艰难,四川农村尤为艰苦。7岁前父母相继亡故,姐妹三人都成了童养媳。

1933年,通江成为根据地首府,13岁的严如林不堪虐待,逃到通江投靠已经参军并任红军连长的姐姐。被选为儿童代表团代表参加工农大会,会后留在中共通江县委妇女部担任勤务员。1935—1936年,随大部队长征到陕北。

诚然,那个时候,她不知道会有个方悴农跑到延安来,并与她结成革命伴侣。

1935年12月12日,西安事变爆发,这场中国政局"大地震"强烈冲击着许多人。在农场的试验田、教室、办公室、宿舍,经常会听到一些谣言和推测:

"何应钦部队开到潼关了,要讨伐张学良、杨虎城。"

"听说冯玉祥哭着求何应钦不要出兵呢。"

……

方悴农和王寅生默默听着,没有参与任何讨论,但心里都像压了块石头,沉甸甸的。

报纸上全文刊登了张学良、杨虎城八条抗日救国要求,还有就是南京召开紧急军事会议,商讨要不要出兵讨伐张、杨的问题。

有一天,王寅生"失踪"了,方悴农找了两天没找到,心急如焚,又不能声张。

他着急也是有原因的,这位老兄平时思想很进步,是他介绍方悴农参加中国农村经济研究会,还颠覆了方悴农"农民不做出任何牺牲,就可以受益"的思想,是一个激进派,方悴农怕他在这个非常时期做出非常举动,恐有性命之忧。

第三天晚上,宿舍的门突然被敲响了。

方悴农熟悉敲门的节奏,赶紧拉开房门,一股凛冽的寒风把王寅生推了进来。

"有吃的吗?饿死我了!"王寅生一屁股坐在床沿上,嘴上呼出白气,眼睛四处找吃的东西。

"还有个冷馒头,要不我用开水热热?"方悴农从饭盒里拿出一个有点发硬的馒头,王寅生一把夺过去,啃了起来。

"你去做贼了,饿成这个样子。"方悴农心疼好友,赶紧给他倒上一杯热水,又拿出从家乡带来的土烧酒,倒出一小碗递给王寅生,也给自己倒了一小碗,跟他碰了碰碗沿,俩人一起喝了一大口。

王寅生苍白的脸上红润起来,他把碗放下,拉住方悴农的手,压低声音说:"我去上海了。这次的事情,会朝好的方向发展。"

方悴农把碗放在桌子上,用另外一只手盖在王寅生握着他的手上,感觉到了王寅生血脉流动的速度。

王寅生又喝了口酒,也把碗放到桌子上,拿起桌上的一张报纸说:"报纸上写的,有些是谣言。共产党这边主张和平解决西安事变,这次,那些造谣的亲日派是彻底没戏了。你家的老酒喝着带劲,来,干了!"

两个人拿起桌上的碗,把剩下的酒干了。

酒很烈,把吃惯甜食的无锡人王寅生呛得直咳,方悴农喝的是家乡酒,喝着只感到有股暖气从丹田处慢慢游上来,一直游到头顶。情绪也被带了起来:"大好事呀!中国人终于不用再打中国人了!我们得再喝点。"

方悴农又在小碗里倒上酒,两个碗沿重重地撞了一下,俩兄弟一口干了碗中酒。

12月26日,西安事变和平解决。

至此,开始了国共第二次合作。

第23章　到前线去

1937年2月,浙江省主席黄绍竑(1895年12月1日至1966年8月31日)调任湖北省主席,浙江省主席由朱家骅接任。朱家骅(1893年5月30日至1963年1月3日),浙江湖州吴兴人。

方悴农对这个本省老乡主席不太欣赏,因为他在杭州遭到空袭时"逃离"了,而且,他到任后不久,就撤销了浙江省农林改良场,让各条农林线各自为政。

王寅生因为所主持的吴兴、绍兴农村调查工作没有结束,经过多方交涉(估计也有调查地吴兴是省主席家乡的因素),被允许原班人马移到省政府建设厅,继续开展调研。

《新农村》停刊了,方悴农留在稻麦改良场做玉米自交系选育工作。方悴农对玉米的研究成就很高,写过专门的研究报告。

1937年,是中国人民的灾难之年。7月7日,日军发动七七事变,继而占领北京、天津,又于8月13日进攻上海。

5天后,7月18日,陶宅的钟秀卿又给方悴农添了个儿子,爷爷取名为方干。

8月14日,方悴农在拱宸桥农场的玉米试验田里,冒着酷暑给玉米套袋、授粉,进行自交系选育。

正当他把一些从叶穗中露出的雌穗掰下时,从空中传来了飞机的声音,由远到近,然后就看到几架有日本"膏药旗"的飞机从空中轰鸣而过,直奔城区中心。接着就听到了笕桥我空军基地飞起几架战斗机迎战,不一会儿,有架敌机拖着长长的黑烟往地面栽下去。

方悴农愣了一下,然后听到田野里传出欢呼声,他摘下头上的草帽扔向空中,也跟着雀跃起来。

可惜,在漫长的抗战时期,方悴农和杭州军民再也没有看到我军飞机迎战。敌机肆无忌惮地低空扫射,在南星桥火车站被炸那天,有人亲眼看见敌机上的驾驶员，竟然是我笕桥空军基地高薪聘请的意大利教官。

尽管有敌机不断滋扰，但杭州军民的抗战热情依然高涨。

自古兵家有语：兵马未动，粮草先行。从战略角度出发，决定战争胜负的关键还是后勤补给！

9月上旬，浙江省战时食粮管理委员会成立，从各地抽调了粮食研发和生产的精英，在省政府建设厅内集中办公。方悴农被抽调到生产股工作，股长是他的老领导莫定森。

再见的还有好朋友王寅生。他们农村调研的工作已经结束，正在整理调研资料，但工作经常被空袭打断。

这次重聚，方悴农没有时间与王寅生交谈。

他很忙，把自己关在房间里，冒着空袭的危险，用两周时间完成了《冬季作物栽培法》的编写，并以最快的时间完成印刷，分发到各个县。

关于王寅生，方悴农心里有两个解不开的谜：

一个是杭州沦陷时，他是怎样逃出去的？

为了这个，方悴农问了当时的一些同僚，都不知所谓。后来他和王寅生见过几次面，却又没有提起。

另一个是王寅生当时在杭嘉湖一带的调查资料，一直下落不明。

1956年8月25日，王寅生因患癌症去世。后来，王寅生女儿找到方悴农询问调查资料的下落，方悴农询问了当时唯一健在的温州同事，也说不知道。

虽负有"上有天堂，下有苏杭"盛名，但当时的浙江是个严重缺粮区。却有很多冬闲田，尤其是杭嘉湖地区。

已经是秋天，莫定森、方悴农提出以扩种小麦、豌豆、油菜等作物来增产食粮和食油的建议，很快得到批准并拨款，又筹款买了一批种子，派出技术员，带着方悴农编印的《冬季作物栽培法》和种子到11个专区辅导农民播种。

其他10个专区都有人去了，唯有嘉兴，因为靠近上海，没人敢去。

这天中午，莫定森用餐后回到办公室，方悴农后脚也跟了进来。

"是小方呀，听说你老婆又给你添了个大胖小子，你有福气呀。"莫定森边说，边示意方悴农坐下。

方悴农摇摇手：“谢谢所长关心，我还没来得及回家看过呢。”他往前走两步，让自己的身体靠在桌沿上，“我去嘉兴吧。”

　　“我本来就纳闷你一直都没报名，还以为编教材累了，原来是在想这出啊。”莫定森站起来，“其实，嘉兴本来我是留给自己的。你为什么要到那么危险的地方呢？”

　　“前线打得太苦了。老实说，这几天我晚上都没有睡好，脑海中都是上海前线场景。前方将士为阻止日军登陆，在敌舰炮轰和敌机轮番轰炸下，整个师都压上滩头阵地，换防时连轻伤员都不肯离开火线，后方只留下少数重伤员和后勤人员。”

　　即便过了72年以后，方悴农回忆这段历史时，“八一三”淞沪会战，中国守军浴血奋战的场景依然历历在目。

　　“你想上前线？”莫定森有两道很浓的剑眉，这给他那张端正、温和的脸平添几分英气。他眯着眼睛，用研究稻麦的眼神看方悴农。

　　“我就是想，我们在后方的技术员，为什么不能做出点牺牲？！不去扛枪打仗，也可以到危险的地方做事。”

　　“我明白你的心情，就怕是人心惶惶，去了也是白去。”莫定森说。

　　“您也说您想去来着，再危险，总要有人去试一下的。”

　　然后，莫定森批准方悴农带着教材和种子去了。

　　跟莫定森预料的有些不同，方悴农用丰富的种植经验指导和通俗易懂的宣传，把嘉兴农民的种植积极性都调动了起来，一个多月以后，带去的种子都分派完了，远远达不到农民的种植需求。

　　打听到平湖县城有大量的大小麦，油菜、蚕豆、豌豆积存，可以采购作种，方悴农赶回建设厅跟莫定森汇报后，以生产股的名义向省粮委会打报告要求采购补充，很快得到批准。

　　10月底，方悴农再次出发到嘉兴，从火车站下来后，转乘客车直奔平湖。

第24章 汽车抛锚

莫定森所长还是有先见之明的,没等方悴农办完粮种,战争突然来临。

淞沪会战已经打了快三个月。这是国民党为了将日军入侵线路由北向南引为由西向东,利于长期作战而采取的一场主动反击战,也是抗日战争期间中日双方规模最大、战斗最惨烈的战役之一。

中日双方有100多万人投入战斗。日军投入8个师团和2个旅计20万人,我军投入最精锐的中央教导总队及87、88师,加上148个师62个旅计80余万人。

双方伤亡都很大,日军宣布死亡4万人,我军统计死伤30余万人。

淞沪会战宣告日军"三个月灭亡中国"的梦想破灭。这场坚守为上海及长江下游工厂与物资内迁赢得时间,为中国坚持长期抗战赢得时间。

11月5日凌晨4点,打红了眼的日军为了突破上海防线,突然在平湖金山卫登陆,并迅速占领金丝桥、全公亭等地方,平湖立马成为战火纷飞的前线。

方悴农的动作也很快,赶上了当天上午平湖到嘉兴的汽车。在车上,方悴农想着这次日军突袭会给中国农民带来什么样的厄运。冬季作物应该种不成了,不知道已经种下的能不能成长。

在当时,方悴农还没有半个中国会被日军长期占领的概念,认为即便打进来,也是暂时的,田地还是要种的。

正想着,汽车突然停了下来,开不动了。

驾驶员下车,从后备厢拿出修车工具,钻进车底下修车。

等了好一会儿没动静,旅客们也纷纷下车,一些人抱怨车子抛锚,一些人痛骂日本鬼子,有几个跑到远处小便。

花了将近20分钟,车子才发动起来,大家回到车上,往嘉兴火车站开。

等车开进嘉兴火车站,方悴农看到了一幕人间惨剧。

就在10多分钟前,5架敌机对嘉兴火车站进行轮番轰炸,把一列从上海开往杭州经停嘉兴的列车,连同站台全部炸毁。

列车上装满了人,连车顶上都是;站台上也都是人,到处水泄不通。这些人没有逃过这场灾难。

方悴农暗呼"侥幸",如果不是汽车抛锚20分钟,此刻他已经躺在死人堆里了。

车站里碎尸遍地,浓烟翻滚,炸毁的列车车厢有的还在燃烧,有的烧得只剩下钢筋。

嘉兴专署、嘉兴县政府、邮局早被炸毁,政府机构全部瘫痪。

方悴农泪流满面,双手握紧拳头,太阳穴青筋直暴,在心里一遍遍问:我中华民族数千年文明、泱泱大国,为什么要经历这样的灾难,为什么要受到这样的摧残!

民族仇恨在方悴农心里扎下了根。

一直到傍晚,车站还没有完全清理完毕,方悴农又"侥幸"地挤上了开往杭州的列车。

车开了,方悴农看到车外没能挤上来的人们,一路跟着列车跑,与挤上车的亲人做生离死别的告别,哭声震天,谁也不知道还能不能再见。

列车停停开开,到第二天早上6点才到杭州。

杭州的情况更糟,从车站出来想回家的人、从城里出来想逃出杭州的人,把车站附近的大街小巷都挤爆了,人群像蜗牛一样蠕动。

空中,能清晰看见插着"膏药旗"的敌机时不时俯冲下来对地面轮番扫射,挤在一起的人们没有办法卧倒或找角落躲避枪弹,一批人被扫射倒下后,人们踩着尸体继续移动,谁都不知道下一分钟自己还在不在人世。

大小店铺都关门了,街上没有维护秩序的警察,也没有接济难民的茶水供应点。

原来,日军在金山卫登陆的消息刚到,省主席朱家骅就带着省政府的头头脑脑和省会警察大队,撤离杭州到金华永康,躲进方岩那个山洞里。

车站到工作驻地不到10华里,方悴农从早上6点到下午3点足足走了9个小时,好不容易"侥幸"走进湖滨国货陈列馆(现杭州解放路百货大楼)楼上。这里是省粮委会职员的单身宿舍,但早已人去楼空,他的铺盖等一应生活用品,也不知去向。

他又来到湖滨将军路建设厅办公大楼,原来有300多人办公的场所也是空无一人,大门紧闭,高墙上贴着一张包括方悴农在内的30多人的名单,让限期到金华报到。

方悴农到附近访问了几个没有上榜的同僚,都说除了名单上的30多个人,厅里对其他人没有做任何疏散转移安排,他们怕出门后就成为无家可归的难民,只好提心吊胆地躲在家里等待日寇到来。

这是什么世道! 方悴农很无语、很无奈。

傍晚的时候,方悴农来到武林门外。

莫定森没有走,打开门看到方悴农,眼睛霎时亮了起来。

"终于等到你了!"莫定森紧握方悴农的手把他拉进屋里。

"我差点就见不到你了!"方悴农进屋后用脚后跟把门踢上。

"什么话也不用说了,省粮委会给我们的命令是到金华报到,我们得设法离开这里。"说话时,莫定森让方悴农坐下,给他倒了一杯凉开水,"抱歉,你嫂子和侄子在你走后回四川老家了,那是9月初。"

"家人安全就好。前面我找了吴耕民(1896—1991年)和戴先生,他们也急着到金华报到。我在湘湖那边有些农民和渔民朋友,明天出去找条船走。"

"我知道你有办法的,所以一直在这里等你。"莫定森的心放到肚子里了,"听到日军在平湖金山卫登陆,一直为你悬着心。说说看,这一路上是怎么过来的?"

"侥幸,还好车子抛锚迟了20分钟。如果准时进站的话,你连我的尸骨都找不到。"方悴农说了一路上发生的事情。

莫定森听完,四川人的狠劲上来了,咬着牙说:"这帮狗日的! 这些血债,一定要他们用血来还!"

第二天,方悴农通过湘湖的农民朋友,在靠近富阳转塘的江边找到一条小船。

"我们一共4个人,到金华,多少钱?"方悴农知道这几天的价格一天一涨,问船老大。

"如果是别人,每人2块,你是朋友介绍的,每人1块5毛,4个人6块吧。"船老大说的是法币。

1937年,100元法币可以买一头耕牛或两头黄牛。

太贵了。但这是逃命价,能走成已经是万幸了。

方悴农又找几辆人力车,等在行人比较少的巷道里。

当天夜晚11点钟,他把莫定森、吴耕民及一位姓戴的土壤专家接出来,到转塘上船,4人离开了火光冲天的杭州城。

第25章　血染钱塘

钱塘江已经被血水染红。

过江用的是轮渡,只有一个江干码头。轮渡一个小时才一个来回,码头和引桥上是黑压压的人。好不容易从城里逃出来的难民跟出巢的黄蜂一样,一批批争先恐后地涌上引桥,把前面一批批难民挤进水中,掉进水中的难民被冰冷的江水卷走。

没被卷走的,也并没有逃脱敌机低飞扫射的厄运。码头沙滩上,引桥两侧水面尸体成堆,江水通红,有几处看不到水面流动。

不远处的六和塔边,是刚刚建成的钱塘江大桥。

钱塘江大桥(现钱江一桥)是我国第一座自行设计并建造的公铁两用双层桥。

1934年,在23岁的方悴农回乡救灾的时候,38岁的茅以升开始着手钱塘江大桥的设计。当时,围着这个项目转的有不少国内外专家,大多数专家实地勘察后得出"钱塘江水深流急,不可能建桥"的结论,有个叫华德尔的美国桥梁专家倒是认为可以造,但工程造价高出茅以升方案200多万元。

茅以升方案的造价是160万美元。对于"水深流急",他给出的方法是"射水法""沉箱法"及"浮运法"。

"射水法"是浇花时得出的灵感,利用了冲击力原理。浇花时,射水将泥沙从小洞中带出。他就抽江水在厚硬的泥沙中冲射出洞再打桩,大大提升了劳动效率。

"沉箱法"是利用了重力及气压原理。将10吨重的钢筋混凝土做成的箱子口朝下沉入江底,再用气压逼出里面的水,工人在空箱子里挖沙作业,使沉箱与木桩结为一体,再把桥墩放上去。

"浮运法"是利用了浮力原理。在涨潮的时候,将桥墩运到接驳位置,等潮水退去桥墩已经在沉箱与木桩的结合体上了。既省钱又省力。

那200多万元就是这样省下来的。当然,这些方法在实践过程中多有改进提升。

在众多怀疑声中,国民政府批准了他的方案。

同年,为了完成建桥重任,他毅然辞去北洋大学校长职务,只身来到杭州任浙江省钱塘江桥工程处处长,实施造桥工程。

这是一座饱受战争洗礼的桥梁,有"殚精竭虑千日功,通车之日却炸桥"之说。

工程于1935年4月6日动工,1937年8月14日遭遇敌机空袭,工程照样进行,昼夜赶工。

9月26日铁路通车,大批军火物资开始起运。

公路定于11月17日通车。那是日军在金山卫登陆后的第12天,也是方悴农第二次潜回杭州,将农科设备、资料及种子抢运出来的第3天。

公路通车前一天,11月16日下午3点左右,茅以升办公室来了一位南京工兵学院的教官。

根据这位教官的要求,茅以升将办公室清场,只留下他和教官两个人。

教官从公文包里拿出一份标注"绝密"字样的文件,交给茅以升。

茅以升看完,汗如雨下。

"炸、炸桥?!明天是、明天是——公路通车。"茅以升的剑眉倒立,宽大的嘴巴像被塞进一个核桃,结结巴巴说不出完整的话。

"我奉命带炸药配合你。炸药和工兵我都带来了,就在外面的大卡车上。"

"公路一天都没用过,好歹——"

"日军离富阳已经很近了,如果留着桥,等于帮助日军攻打我们自己。"

茅以升明白这个道理,但是要亲手炸毁亲手设计建造的桥,心里一下子过不了这道坎。

教官在看工程图纸,他头也不抬地说:"有个棘手问题,要炸毁这样一座桥,得有放炸药的地方,临时开凿恐怕来不及。"

"不瞒你说,我在设计这座桥时,就考虑了毁桥,在南岸第二个桥墩预留了埋放炸药的槽孔,还有5个孔的钢梁杆件上也都能放炸药。可以连出100多根引线。这些引线可以直接接到南岸的一个小房间里,安全引爆。"

教官张大嘴巴,用惊讶的眼神看着茅以升。

"你不用这样看着我,我没有想到通车当日要炸桥。毁桥预案是为了未来桥梁能够快速、安全重建。"

"茅先生是神人,神人!"教官竖起了大拇指。

当晚,两人召集工程骨干技术人员研究出一套切实可行的方案,连夜埋设炸药。一直到凌晨,茅以升一直在现场指导,直到最后一根引线接驳完成。

凌晨,办公桌上电话铃声响起,在教官的点头示意下,茅以升接起来:"是,是我。提前通车?让难民过桥?好的,好的,我立即通知下去。"他放下电话对教官说,"是市政府打过来的,说16日沉了一条渡船,要我们放难民过桥。"

"你照办吧。现在已经是通车日11月17日了,等下我们也开车到桥上走上一走,让你也少点遗憾。"

"好啊,我还真没有开车到上面走过。"

接到钱塘江大桥通车的消息,成千上万的人赶过来,连六和塔上都站满了人。当第一辆车从桥面上通过时,桥两岸欢声雷动。一些人脱下鞋子在桥上走,边走边说:"谁说不能两只脚跨过钱塘江,我这不是走着跨过去了吗?"

没有人知道,在通车的当天,数十吨炸药安静地躺在桥下。

茅以升和总工程师及那位教官开着小车从桥上通过。

钱塘江大桥是在建赣江铁路与沪杭铁路的接驳点。当时上海通南京的铁路已经不通,这座桥成为唯一一条撤退通道。

此后几天,公铁两层运送了大量的军火和战备物资,价值超过桥的造价。这让茅以升倍感欣慰。

1937年11月23日,日军开始攻打杭州。

茅以升站在桥头上,听着远处的枪炮声,看着从桥上通过的一批批难民,心情与方悴农在嘉兴火车站时一样愤怒。下午1点,茅以升接到炸桥命令。为了给难民多留点时间,直到下午3点,日军铁骑扬起的灰尘隐隐可见时,茅以升才下令关闭大桥,实施爆破。

而后,随着一声巨响,这条长1453米、基础深达47.8米、仅仅存在了89天的卧波长龙断为6截,壮烈殉国。

当晚,茅以升在书桌上写下"抗战必胜,此桥必复",并赋诗一首:

斗地风云突变色,

炸桥挥泪断通途。

五行缺火真来火,

不复原桥不丈夫。

所谓"五行缺火",是大桥总工程师罗英(1890年11月至1964年7月,江西南城人,著名桥梁建筑专家。后与茅以升一起以顾问身份参与武汉长江大桥的设计建造)曾经为这座桥出过的一个上联:"钱塘江桥,五行缺火"。

一语成谶。

此后,这座五行缺火的大桥经历了几度涅槃:日军修复后,被游击队炸毁;抗战胜利后,茅以升受命组织修复大桥,后为阻止解放军南下,又被炸毁。

1948年3月,大桥再次修复通车。

第26章　抢运农科物资

当时的方悴农只知道桥被炸毁了,并不知道钱塘江大桥有这样一段悲壮的历史,更不知道有这样一批爱国志士,一批顶着敌机空袭危险、在水上水下奋战925个昼夜的大桥设计建造者,在国难当头时能够壮士断腕,保家卫国。

他在枪林弹雨中匍匐前行,看到的是不抵抗政府的无能,贪官污吏的腐败及底层百姓的灾难。

11月7日,方悴农、莫定森一行4人逃出杭州后,好不容易来到金华。

没有接应的人,莫定森去建设厅报到,他们几个在门外等候。

大约过了半个小时,莫定森手上捏着一张电报一路小跑过来:

"糟了,糟了,麻烦大了!农场的资料和仪器设备都没出来。"虽然是冬天,莫定森脸上却冒着细汗。他知道,非常时期玩忽职守,负责人是要被追责的。

"不是有人负责押运吗?"方悴农在路上专门问过莫定森。

"格老子!"一向温文尔雅的莫定森用四川话轻轻地骂了一句,"我是安排了押运的人,但这家伙估计听说日军已经登陆,根本没有管那些东西,跑了。"

当官的早就跑远了,跑几个小职员也不稀奇。方悴农想,但嘴上没有说出来,他知道莫定森有话要说。

"你人地两熟,要不——"最后那句话莫定森说不出口,毕竟这个年轻人刚刚帮大家脱险,总不能又把他往虎口里送。但心里着急,意图也很明显,嘴上不说,手已经将电报递给了方悴农。

方悴农看完电报,递还莫定森:"好,我去。但这次比上次更凶险,水运及挑夫的费用可能还会涨。我——"

"你只管去运出来。你手上不是还有一些采购种子的钱吗?先用上,包括我们出来这笔,到时候一并核销吧。"莫定森停了一下,接着说,"也许,这就是天意吧。如果不是你坚持要到平湖采购种子,我们现在连运费的钱都没有。这个时候,要批出这样一笔钱来,根本做不到。"

这次潜回杭州,方悴农已经有思想准备。

他先到富阳找到同学俞振亚,在他的帮助下,潜回将军路建设厅。

这时候,杭州城已经有一些日本特务潜入,他们除了提供重点军事基地、重要行政机关坐标给飞机空袭指引外,还到处搜寻重点科研机构情报。方悴农白天不敢露面,到晚上才潜进建设厅机关。

好在东西都还在,有图书、仪器,多年收集培育的农作物品种材料。这些东西本来已经准备运走的,所以都打好包了,省掉方悴农很多麻烦。

他让俞振亚帮忙找了辆车,把大包小包、包括他自己正在选育的玉米自交系资料,一并运到江边,装船偷运出来。

船到富阳靠岸后,雇了几个挑夫翻山越岭走了80多里山路,到了余杭县城。这时,又出了点么蛾子,挑夫怕到兰溪后没有回程生意,不肯再往前走了。

方悴农不知道该怎么办,在路边干着急。这时,有个生意人经过,看到方悴农守着一大堆东西发愁,就给他指了一条明路:

"你付双倍的钱,挑夫要多少有多少。"

一语惊醒梦中人,方悴农立刻请他帮忙,就近雇了七八个挑夫,当晚扛的扛、挑的挑,把物资运送到兰溪。

那是按照电报命令下一步要开展工作的地点。

完成任务回到金华,没想到政局发生了变化,省长朱家骅调走,接任的是前省长黄绍竑。

黄绍竑到任第一件事情就把省政府从金华迁到丽水,他知道"兵马未动,粮草先行"的道理,把已经散掉的省农林改良场恢复建制,改名为浙江省农业改进所,主持工作的还是莫定森,办公地点设在松阳。

　　这一调整,莫定森和方悴农傻眼了,东西还在兰溪呀,还得回头搬到松阳去呢。

　　这个任务还是落在了方悴农身上。

　　这时已经是12月枯水季,船在上游走不了。好在方悴农的家离兰溪和金华不到百里,排行有一些认识的老乡,物资从兰溪运到金华花了三四天时间,再找到熟识的撑排人运往松阳。

　　把东西清点好装上竹排,交代完相关事项,方悴农回到办事处,屁股刚沾到凳子,撑排人后脚就跟了进来:

　　"竹排被拿枪的人抢走了,说是要给当官的运绍兴老酒和金华火腿。"撑排人摊着两手,一脸无奈。

　　"我那些东西呢?!"方悴农腾地站起来。

　　"都扔在河滩上。"

　　方悴农抬脚就往河滩上跑,看到那些冒着枪林弹雨从杭州抢运回来的珍贵物资被扔得七零八落,叹一口气,在肚子里骂了那些贪官污吏十八代祖宗。

　　"我在这里守着,你再帮忙找排吧。"这位老乡答应一声,跑去找排行老大。

　　方悴农冒着凌厉的寒风,在河滩上守着这些宝贝整整一夜。

　　第二天,排行另外给方悴农安排了竹排,方悴农不想让这批物资再有闪失,亲自押运。在浅水滩一起帮忙拉纤。

　　几经周折,这批宝贵的农科资产终于在1938年1月到达松阳,在城外开过光的太保庙落脚。那里,也是更名后浙江省农业改进所的落脚点。

　　看到从炮火中抢出来的资料、种子、仪器,莫定森、方悴农和少数来到这里集结的农科人员百感交集。

　　经后来查证,在这场大逃亡中,杭州附近的林业改良场、棉业改良场、蚕桑改良场、昆虫及植病研究所及土壤调查所等单位,上上下下自顾逃命,所有设备资料全部丢失。

　　方悴农从炮火中抢出来的,是当时浙江省农口线唯一的农科资料、种子和器材。这些珍贵的资料和仪器,不仅对战时指导并扩大农业生产、保障部队供给、稳定后方百姓生活作出了积极贡献,还为中华人民共和国成立后的三农发展打下了一定的基础。

第27章　客居陶宅

在抢运物资的过程中,方悴农还在自己的家乡武义陶宅安置了两位同事的家属。

一位是稻麦改良场的文书王鹤年。

那天,方悴农被告知竹筏被抢、东西都被扔在溪滩上,他急吼吼跑回去守护那些东西。

有些细小的雪花飘下来,河滩边的茅屋檐下挂着一串串冰凌,茅屋内外挤着一些等竹筏的难民。

这段时间难民见多了,方悴农没多大在意,从旁边经过时,传来一声低唤:

"小方,小方,方悴农?"

听着声音很熟,但声音是从难民群里发出来的,方悴农在找具体声源。

一个难民站了起来,趔趔趄趄走到他前面:"是我,我是王鹤年,你稻麦改良场的同事。"

方悴农吓了一跳。王鹤年是江苏常熟人,40多岁,平日里很注重仪表,现在衣衫褴褛、面黄肌瘦,如果不是他自己亲口说,方悴农怎么也认不出来。

"什么都不用说了。你等一下,我先把溪滩里的东西找个人看守,马上回来。"

方悴农找人帮忙看管那些物资,返回茅屋,听王鹤年说从杭州逃出来的情况。

"真的,我这辈子都没有吃过这样的苦。"王鹤年说完这句,眼泪哗哗流了下来。

"我也是这次名单上要归建的人。本来想带老婆孩子先回常熟,但那边日本人已经进去了,回不去。只好跟着逃难的人往这边走。我家人口多,没钱雇挑夫,两个大孩子抬铺盖,两个稍大的自己走,小的两个我们一个人背一个。走了20多天才到这里,后面几天,我们是一路要饭走过来的。"说到这里,他的眼泪又哗哗地流了下来。

方悴农看到夫妇俩脚上的鞋都破了,那两个大一点的孩子,其中一个有只脚指头露在鞋的外面,心里一阵难过。

他从兜里掏出5元法币,塞到王鹤年手上:"我这次有任务在身,不能陪你们一起走。你先拿着到街上吃个饭,再买些衣帽鞋袜、吃的东西,找船到金华,去找老场长莫定森,他会安置你们。"

"实在是、实在是不知该说什么好。这钱、钱等我发了工资,还给你。"

"都这个时候了,不要再说还不还的话了。快去吃饭,不要伤了孩子的身体。"

那个时候,在省建设厅工作的普通职员月工资有200多法币。而非战时,市面上的大米2毛多钱一斤。

方悴农没有带家眷,家道还算殷实,不用给太多家用,平日乐于给生活困难的同事一些接济。

方悴农前脚到金华,王鹤年一家后脚也到了。

他们一起去找了莫定森。

莫定森也没有办法,在那样的条件下,要安排一家8口人住宿简直是天方夜谭。

"我家离金华只有40多公里,你们如果不怕在农村吃苦,可以先到我家住一阵,乡下大米、鸡蛋、猪肉都比城里便宜,冬天萝卜、毛芋、番薯也能顶一阵,等时局好转再打算。"方悴农知道家乡民风淳朴,父亲方仁又是个"老开明",外人住进去会得到很好的照料。

方悴农估计得不错,"老开明"方仁不仅收留了一大六小7口,还安排王鹤年太太到村小学当教师,虽然薪水不多,也能贴补家用,两个大的孩子也都在村小学上学。

这一家住了一年多,到时局稳定才搬到松阳。

另一位是省家畜保育所的高级科研人员彭起。

彭起是广东人,第一次世界大战后同莫定森一起到法国勤工俭学。留学期间,他在法国娶了一位比利时姑娘。

当时的省家畜保育所设在金华,杭州沦陷后撤销了建制,科研人员都要到松阳去。

彭起有三个孩子,还带了一个保姆。不能带到松阳,也不能留在金华。看到方悴农安顿了王鹤年一家,也来找他商量。

"小方,我们家这几个,也帮忙收留几天吧。"彭起走进方悴农宿舍,开门见山地说。

"我们农村很苦的,你太太语言又不通,我怕她过不惯。"彭起的收入高,太太又是外国人,应该没吃过什么苦,方悴农有些担心。

"没有关系的,她是个通情达理的人。知道走不了,知道你是个热心人,你们家人也一定很好。"彭起拉着方悴农的手,小声恳求。

"还是去问一下你太太的意见吧。"

正说着,彭起的比利时太太也走进方悴农的宿舍。

"我不怕吃苦,我很乐意到你家里去住。"彭太太的中国话说得很不错,但还是能够立马听出是外国人。

"不瞒你说,彭太太,我们中国农村的情况跟城里差距很大呢。环境比较脏,马桶要自己拿到大溪里洗。物资也比较少,吃的是粗茶淡饭。要命的是没什么娱乐活动,唱片、收音机都没有,而且——"

"方先生,你不用再说了,吃什么苦都比在外面当难民强。你就帮帮我们吧。"彭起太太一边说,一边用眼睛示意丈夫一起做工作。

"小方,我太太既然能够千里迢迢跟我到中国,也是坚定了'嫁鸡随鸡、嫁狗随狗'的决心,你就帮她安排吧。"

1957年7月,方悴农陪同突尼斯农业代表团到杭州,这也是他离开20年后第一次回杭州并专门到农业大学看望彭起夫妇。

彭起夫妇看到久别重逢的方悴农,也是非常激动。

"侬赫,来格里啵(你好,来这里咯)。"比利时太太冲着方悴农说了一句武义话。

入座后,彭起夫妇跟方悴农讲了寄居陶宅的大致情况。

"你家的哥哥嫂嫂妹妹对我太好了,还有你爸爸妈妈。乡亲们也不错,不论我遇到什么困难,都会来帮助我,我们生活很稳定,孩子们也很快乐。"彭起太太说。

"是的,我们那个地方民风很淳朴。其实,也是你自己比较随和,能够跟大家亲。"方悴农说。

"她们在你家住了一年多才搬到松阳来。"彭起插上一句。

"不好,到松阳不好。"彭起太太噘起嘴,"1942年日本人打过来的时候,我们没有东西吃,只有吃糠。孩子们吃了拉不出来,捂着肚子哇哇哭。"说到这里,她的眼中泛起泪花,闭上眼睛小声说,"那段日子,实在是太苦了。"

这是一场在硝烟中建立的国际友谊。

除了著名的白求恩、陈纳德、佐藤猛夫,还有很多名不见经传的小人物。

彭起的比利时太太是其中的一个,她在历史的大潮中仅是一粒细砂,但却给陶宅村民留下了深刻的印象。

2019年10月中旬的一个下午,笔者到陶宅村采访,在方悴农出生地、上过学的观音庙、少儿时居住过的方家老宅、当过夜校校长的学校、上过课的方家祠堂寻找农学家学习生活印记。

方悴农出生地已是一块空地,村里一位长者过来,听说笔者是来写方悴农的,顺口说了一句:"他(方悴农)那个时候还收留了一个外国女人,就住在他哥哥嫂嫂家里。他一家人都肯帮别人。"

第28章　冯紫岗之死

方悴农在松阳待了20多天后,在古市选定实验场地后,因为还不到下种时间,就跟莫定森请了假,到丽水看望冯紫岗、韩雁门、羊君度等老师和同学。

冯紫岗(1900—1943年),河南南阳人,中国著名农学家、农业经济学家。崇尚王阳明的"知行合一",1931—1932年在浙江、南京任教期间,曾先后赴南京晓庄师范访问陶行知,赴山东邹平访问梁漱溟,专门研讨农村问题,开始有了自己的主张和实施方案,并一生践行"学以致用"。

比起方悴农,冯紫岗的思想更为激进,也更"胆大妄为",这也决定了他41年历经3次"被赶走"、郁郁而终的命运。

他原名冯克毅,在法国勤工俭学时,他是参加扣留北洋军阀政府教育部长吴稚辉的学生代表之一,被法国政府押送回国。还好人脉比较广,途经新加坡时得到友人帮助得以逃脱。回国后改名冯紫岗。

这是他第一次"被赶走"。

第二次,在河南潦河南阳民众师范。

这个师范学校是冯教授创办的,目的是先行培养一批干部,从而实现他个人的乡村建设和农业经济主张。他深入浅出地讲授主要课程,并且组织学员边学边干,做了一次颇具规模的农村经济调查,经过整理,编著《南阳县农村社会调查》一书,该书详细反映了当时南阳县农村一个根本矛盾——土地占有不合理。

这样的命题,矛头直接指向地主土豪,当局是不会容忍的,他被迫离开学校。临走告别演讲时,他满怀豪情地说:"满天撒下自由种,自有花开时。"

冯教授毕竟是有名望、有本事的人,离开南阳回到浙江任教,从1933年到1937年,曾经组织学生访问2045户农民,编著出版《兰溪农村调查》《农民问题概论》《嘉兴县农村调查》等书,对旧中国租佃制进行详细的记载,填补了一段中国农史空白。

抗战爆发后,他带着一批学生和老师到省政府驻地丽水,希望一展抗日救国抱负。

方悴农去拜访这些老师和同学时,第一时间听说这些人不仅自己义无反顾地过来了,还放弃了每月发"半薪"还有150元收入的待遇,每人仅领15元工资,希望省出钱来安置更多在战火中流离失所的社会各路精英。

这样的赤诚未必有好的结果。正是在这里发生的一件事情,让方悴农放弃了对国民党政府的最后一丝幻想。

当时的浙江南部非常闭塞,这里的人已经两个多月没有看到报纸,也没有收音机,听到的也多是小道消息,而且是比较涣散人心的。

日本人占领淞沪和杭嘉湖地区以后,也需要马上恢复经济,稳固军需供给,就出台了招降纳叛政策:凡是回城的商家、市民,手中的存折可以对半兑现,企业股金、财产也可以归还49%。要知道,出城后,那些都已经是背着嫌累赘的废品。

这个消息一放出来,不堪忍受山区清苦生活的商人,包括一些军政动摇分子纷纷跑了回去。

十几个同学商量着自己办一份报纸,名称就叫《抗争》,半月刊,由羊君度负责。

结果没有办成,因为印刷厂的老板怕出事情,也想着在兵荒马乱的日子里早点把设备变卖掉。

第一篇 岁月峥嵘

冯紫岗一直高呼"国共联合抗日",希望聚集各方力量把抗日所需物资搞上去。

方悴农为他捏了把汗。

省政府搬迁,那些反对爱国运动的反动派也聚集到这里,不可能让老师和学生搞这些,他也劝过冯紫岗,但冯教授认为抗日是个大熔炉,人和事都会改变。

这天傍晚,方悴农在冯教授办公室,聊粮食等后勤物资对抗战的重要性,门房送了一封信过来,拆开时,一颗子弹滑了出来。冯教授看过信后,递给方悴农,是几个红色大字:"要不走开,就请吃子弹!"

没过几天,冯紫岗的两位得力助手、上海劳动大学农学院毕业生刘俊生和龚瀛被暗杀,这迫使冯紫岗离开浙江,到重庆中央政治学校边疆学院任教。

这是第三次"被赶走"。

冯紫岗想依靠农民合作搞乡村建设。

1938年,也是方悴农到达延安进抗大学习那年,冯紫岗应河南省建设厅厅长张仲鲁邀请,从重庆回到洛阳,担任合作事业管理处处长。他是一个做事极认真、极有激情的人,为了把这项工作落到实处,亲自编写二三十个专题到各地宣讲,布置审阅作业、答复疑难问题。后来,这些专题合编为《合作理论与实际》。

这样努力工作了三年多,河南大部分重点县建立了农村合作指导办事处、合作事业指导室、合作金库等机构,到1941年,也是方悴农到延安建设厅推广边区农贷那年,河南重点县合作事业已向大集镇发展。

相信大家还记得,合作社、农贷这样的发展机制,1934年浙江已经在做,而且在方悴农们的努力下,延伸到了陶宅这样的小村落。

鸦片战争后,浙江成为对外开放带动经济发展的沿海重镇,即便在民国时期,各项工作也是"走在前列"。

冯紫岗最后的"滑铁卢",是筹建河南省"合作金库"和"合作供销"。

冯教授的愿望很好,也很努力。但这些原本为民众办的机构,最后都掌控在乡绅手中,成为他们骗取农民贷款、盘剥农民利益的工具。

很失望!郁闷加悲愤,1943年,冯紫岗因患脑溢血离开人间。

终年41岁。

在冯紫岗第三次"被赶走"前,方悴农离开丽水回到松阳。

他当时不太清楚冯教授后来的详细情况,连死讯,也是中华人民共和国成立后听人说的。

丽水的所见所闻,让方悴农心里燃起了一把火——

到前线去!打日本鬼子去!

第29章　背井离乡

回到松阳后,方悴农被安排在省农业改进所农艺系,继续从事玉米自交系选育研究。

过年前五天,方悴农向莫定森提出辞职。

1937年农历腊月廿六,丽水省农业改进所的职员们开始进行年度总结,准备放假过年。

这天中午,方悴农敲开了所长莫定森宿舍的门。

与几年前的方山走进桐山小学老校长孙其昌家一样,莫定森也知道方悴农的来意。

"准备回家过年了?"让方悴农落座,上茶后,莫定森也坐了下来。

"我是来辞职的。"方悴农捧着茶杯,没有喝,让双手享受杯的温暖,"我那个项目,已经做了大半年了。我想,玉米自交系选育工作得十年八载才能见效,而日本鬼子3个月就把北京、上海、杭州占了。如果没有人拿起刀枪抗击,浙江南部也不是长久之地。"方悴农一口气说完这些,然后看着莫定森。

莫定森问:"你准备到哪里去?"

在这之前,方悴农与羊君度及同事姚作农商定好到延安,因为有冯紫岗师生的前车之鉴,面对国民政府的高官,他还是不敢吐露设想。

"也没想好,只要能上前线,能把日寇赶出中国去就行,怎么也比窝在这里强。"

第一篇　岁月峥嵘

所里年轻人的想法莫定森心里一清二楚，方悴农神情中的犹豫也没有逃过他的眼睛，他笑了笑说："你要不怕吃苦，就到陕北去，他们才是决心真正抗日，能够凝聚起把日寇赶出中国的力量。我在法国时曾经与徐特立、李富春他们在一起待过，回国后为了好好做点科研工作，所以什么党派都没参加……"

当知道同去的还有同事姚作农、好友羊君度时，莫定森写了一封不具名的亲笔信让方悴农带上。叫会计提前发1月份的薪水给方悴农和姚作农，又给3个人每人赠送了10元旅费。

两天后，3位满怀壮志的青年赶回方悴农老家陶宅，刚好是大年三十，一起跟陶家人吃年夜饭。

投笔从戎的举动，感动了全村的男女老少，10多天后，乡亲们将3位青年送上征程。

临走前一天晚上，方悴农将妹妹方菊如叫到自己的房间，钟秀卿在一边给他打点行装。

"菊如，明天我就要走了。哥这回是去打仗，不知道什么时候能够回来，嫂嫂和两个侄儿就托付给你了。"

方悴农在昏暗的油灯光影里，看到钟秀卿在抹泪。

"放心吧哥哥，我会照看好他们。等你回来再去嫁人。"方菊如原名方咸熙，菊如是方悴农给改的名字，当时，她是个高小五年级学生。

第二天，方悴农和他的同伴投奔抗日前线去了，这一去竟然十数年不能回乡。

1938年9月13日，病得只剩下一口气的钟秀卿，叫方照、方干跪在年仅13岁的姑姑面前磕头。方菊茹哭着说："嫂嫂放心，我答应哥哥的事情一定做到。"

钟秀卿走了，高小毕业的方菊如没再上学，和父母一起挑起了抚养两个侄儿的重担并迟迟未嫁。

一行三人到金华乘浙赣铁路列车到南昌，先去找了原浙江省农林改良场的同事、《新农村》月刊主编姚方仁，带着铺盖在他的单位、江西省农村合作委员会的楼上打地铺。

当时的南昌，因为共产党刚帮助蒋介石把蒋经国从苏联要回来，对共产党比较"开明"，市面上可以看到《西行漫记》《毛泽东自传》《为中共布尔什维克化而奋斗》等进步书籍出售。

方悴农听说王寅生在武汉,就去找他。

"其实,你想参加共产党的队伍,也不一定要到延安,新四军也在招人。你还是留在武汉,我这边正在筹建中国农村经济研究会农村问题研究所,这是你的专长,在哪里都是抗日呢。"

方悴农有些动心,问:"和我一起的还有姚作农、羊君度。跟我们一个专业的,能不能一起留下来?"

"经费很紧张,只能安排你一个。"王寅生说。

方悴农说回去再考虑考虑,其实是不好意思当面拒绝。

他是个讲义气的人,不可能把一起出来的人撂在一边。

后来又找了很多关系,包括后来在延安碰到的文联负责人、诗人柯仲平和戏剧家张庚,都不行。

一个星期后,三人到武汉,住在宝积庵试验场场部的一间储藏室里,每天步行到汉口找关系,认识的人都异口同声劝他们留在武汉。

没办法,三人直接找到武汉八路军办事处,问到延安抗大的事,回答是:"抗大随时都在招生,不过要去延安,必须有国民党中央委员、救国会的领导人或共产党员的介绍。"

武汉、武昌两头跑了10多天,一直没有头绪,三人感觉通往延安的道路比蜀道还难走。

打听到张天翼在武汉,他曾经给方悴农的《中国农业推广》写过序,方悴农带着两位同伴找到他,并把这段时间的遭遇告诉他。

"这么多人劝,你们还是坚持去延安?"

"这也是莫定森所长的建议。"方悴农将与莫定森的谈话内容告诉张天翼,并出示了推荐信。

"走,我们去找下熟人,总会有门路的。"张天翼站起身,带着三人往外走。

运气很好,出门不远就碰到了他们要找的马伯援先生。

马伯援是董必武的老乡,又同在日本留学时加入中国同盟会,当时是湖北省农村合作运动委员会总干事。张天翼将他拉到僻静处说:"我这3位浙江来的青年人想到那边去,我知道您老有门路,能不能推荐一下?"

"有志到那边去,那是好事。我晚上打个电话给董必武,那边办事处还有周恩来、宣侠父都是浙江人,他们一定会欢迎你们。明天来拿我的介绍信。"

第二天，三人再去找张天翼，马先生的介绍信已经送过来。张天翼又送每人10元路费壮行。

三人拿着介绍信过江到南昌再到八路军办事处，得到了办事处同志热情接待。当即给每人一张表格填写，并分别谈话。

"陕北那个地方很苦，抗大10多人睡一个大炕。吃的是小米饭，没有像样的菜，也很少有肉吃……"

"这些我都不怕。只要别人能住的地方，我也能住。哪怕是没人住的地方，我也愿意去试试！"

"有这个思想准备就好。"办事处当即给三人办了到延安进抗大学习的手续。

办好手续后，方悴农没有到王寅生那里辞行。他感觉王寅生的态度不够明朗，怕给好友带去麻烦，又怕好友担心，就托人给他带了个口信：

方悴农三人已听从前辈劝告，跟他们到新疆垦荒去了。

延安兴农

陕甘宁边区银行

第30章　投奔延安

出发前，三人做了两件事情：

第一件事情，是给家里写信告知去向。

"还是用跟前辈到新疆垦荒这个理由吧，统一口径。万一哪天你那个同事碰到你家人，麻烦。"姚作农说。

"好的，大家都一个理由吧。"方悴农、羊君度都同意。

三个人写完信，由羊君度拿到邮局寄出去。

第二件事情，是怎么走。

羊君度回来说，车站、码头盘查都很严，尤其是对到延安的人，一律不放行，还有被扣留的危险。

"八路军办事处开出的介绍信不能随身带，被看到都会没收，那就去不成了。"羊君度很担心。

"好在是冬天，介绍信都给我吧。我在家乡学过裁缝，把制服领子拆开，缝进去就好了。总不会拆衣服吧？"方悴农问羊君度。

"那倒是没有看见，行李是都仔细搜过的。"

方悴农先把自己的制服领子拆开，把介绍信放进去，再一针一线缝回去。

然后是姚作农、羊君度的制服也如法炮制。手艺好，看不出任何破绽。

"盘查的时候，还是要问到哪里去，到延安去也不能说。"羊君度说。

"我们一起走，统一口径，到新疆垦荒。"姚作农说完，把一口皮箱打开，动手收拾行李。

方悴农和羊君度也开始收拾。

后来，在抗大的课堂，方悴农获知为什么到延安的路这么难走。因为当时王明在武汉中共长江局工作，他刚从共产国际回来，怕国民政府这边的人才流失太多影响抗日统一战线，所以对准备到延安的知识青年尤其是科技人才采取了"关门主义"政策。

到西安时是 1938 年 2 月 27 日,这天正好下了一场大雪。

从西安到延安的咸榆公路是黄土路,下雪后一时融化不了,汽车开不动。10 多天后,路面才干,正好有一辆到七贤庄八路军办事处的延安卡车,三个人就搭车走。

两年前,美国记者埃德加·斯诺走过这条路。

>> 1983 年,方悴农在西安原八路军办事处门前留影

埃德加·斯诺(1905 年 7 月 19 日至 1972 年 2 月 15 日),美国密苏里州人,于 1928 年来华,曾任欧美几家报社驻华记者,兼任北平燕京大学新闻系讲师。

1936 年 6 月,在宋庆龄的安排下,埃德加·斯诺到西安往延安进发。

这段经历被写进了《西行漫记》的开篇,当时蒋介石刚刚将一干军阀部队收服,还对边区进行了封锁。从西安开始,埃德加·斯诺一路经过地下党的护送,渡了两次黄河才摆脱追捕,到达延安。

他拜访了中共多位领导人及延安社会各阶层人士。10 月末回北平后,他将在苏区拍摄的照片制成幻灯片,在燕京大学播放,让青年人了解苏区的真实情况。

1937 年 10 月,《红星照耀中国》(后改为《西行漫记》)在英国伦敦公开出版,在国内外引起轰动,次年 2 月中译本出版,方悴农三人才有机会在南昌市面上看到这本书。

七七事变后,埃德加·斯诺在定海镇军机处 4 号的宅院成了中共地下党的秘密活动处。

1972 年 2 月 15 日,埃德加·斯诺在日内瓦去世,死前留下遗嘱,将部分骨灰安葬在燕京大学未名湖畔。

埃德加·斯诺去世 7 天后,1972 年 2 月 22 日,美国总统尼克松访华,28 日,中美宣布建交。

方悴农三人到延安途中没有遇到当年美国记者经历过的坎坷,一路向北走了两天,于3月15日到达延安,看到心中那座神圣的宝塔。

延安是一座历史悠久的古城,考古发现距今约3万年前,已经有晚期智人"黄龙人"活动生息。黄土丘陵,西高东低,落差达1400多米。城区宝塔山、清凉山、凤凰山三山鼎立,延河及汾川河交汇,自古是兵家必争之地,素有"三秦锁钥,五路襟喉"的声誉。

延安古名肤施,是西北的边塞重镇。宋代韩琦、范仲淹曾在此镇守。在海拔1135.5米的宝塔山(古称古林山,宋时改为嘉岭山)上,矗立着一座9层古塔。宝塔建于唐代,明代曾进行修葺。塔高44米,为八角形砖塔。塔内有阶梯,可登塔顶。登上塔顶,全城风貌可尽收眼底。塔旁边有一口明代铸造的铁钟,山上还有范公井、摘星楼、东岳庙、嘉岭书院、烽火台及长达260米的摩崖石刻群和碑林等古迹。

初到延安,方悴农就对这座城市心生好感。

大街上井井有条,没有乞丐,所有到延安的人都可以得到安置。大家都有事做、有饭吃、有书读。

军队和老百姓相处很融洽,没有戒备及隔阂。

农村有妇女儿童放哨、查路条,盘查外来陌生人员。

他们报到后,先在城内鲁迅师范学校借住。

延安是黄土高坡,只要挖个洞就能住人。前期学员开挖了几个窑洞,他们继续挖,完成后搬进窑洞住。

他们在老城隍庙的中国人民抗日军事政治大学(简称"抗大")第三期第十三队插班学习半个多月,直到4月初第三期结束后,才正式编入第四期四大队二队。

1960年,方悴农、羊君度、姚作农三人在武汉重聚。

"那个时候,我们不知道会有这样的一天。"姚作农兴奋地说。

姚作农在延安农校结识了王晋并结成革命伴侣,婚后有三个孩子,后受中央委派到东北搞土

>> 1960年8月,方悴农(右)、羊君度(中)、姚作农(左)在武汉重逢

地改革。中华人民共和国成立后,夫妻俩分配到武汉市江汉区委工作,姚作农曾出任区委书记。

姚作农于2016年6月12日在武汉去世。

"我们胜利了,这样的坚持是值得的。"方悴农想起一些通过他介绍到延安的同学、老乡,很多都牺牲了,不免感慨。

"想想22年前我们瞒着家人、朋友到延安,还似昨天的事情一样。"羊君度分配到武汉市委宣传部工作。1965年调任成都电讯工程学院书记。

羊君度于1971年3月17日在成都去世。

第31章　抗大营地

紧张而又刺激的抗大生活开始了。

抗大的前身是"中国人民抗日红军大学",于1936年6月1日在瓦窑堡建立,简称"红大"。

1937年1月19日更名中国人民抗日军事政治大学,随中央机关迁移到延安,校址在清凉山。

抗大迁到延安后,党中央制定了"团结、紧张、严肃、活泼"的校训和"坚定正确的政治方向、艰苦朴素的工作作风、灵活机动的战略战术"的校风。

抗大第四期先后有多位中央领导人及外请的军事战略教授何思敬、爱思奇等授课。同学有魏巍(《谁是最可爱的人》《地球红飘带》的作者)、陈慕华(1921年6月至2011年5月12日,浙江青田人,中国经济工作和儿童工作杰出领导人。中华人民共和国成立后历任政治局候补委员、人大常委会副委员长、国务院副总理等职务)。此时,陈慕华是四大队女队的排头兵,才17岁。

教材用绿色油光纸印制,主要有毛泽东主席的《矛盾论》《实践论》。

莫定森和武汉八路军办事处的领导没有说错,延安的生活的确是非常艰苦。

一般工作人员每天发边币5分钱菜金,抗大因为来的都是知识分子,得到的优待是每天每人7分钱。

有时候,菜金也不顶用,因为延安老城人口3000多,大部分是外来人口(包括部队),没有菜农,也没有蔬菜市场,每个单位的司务长要牵着毛驴到

>> 延安抗大

比较远的农民家里挨家挨户去买,洋芋(土豆)、青蔓、干豆角、蓖麻子食油等,都是农民留着自己吃的,要花很多口舌才能匀出一点来。

抗大师生连同工作人员共有120多人,司务长支起一口大锅,用清水加盐煮上土豆块和干豆角,再用小勺浇点油在上面泛出点油花。

每人一小勺,菜少汤多。

到延安一个月后,天气转暖,方悴农看到营地边有不少空地,他自己先开了一块地出来,到老乡家买了菜秧种了下去。

方悴农从会走路时就在田间地头打滚,这样的农活对他来说是小菜一碟,半个多月后,菜地的菜长势喜人。

一个假日的傍晚,方悴农在菜地浇水。不远处,晚霞洒在宝塔上,使宝塔带上一层圣洁的光圈。

"小同志,你这是在种菜吗?"一个女人的声音从旁边传了过来。

方悴农扭头一看,是一个五官端正、面容姣好、眉眼中透出一股英气的女同志。

"是啊,再过几天就可以拿到食堂里去烧了。"方悴农停下手中的活儿,答道。

"这菜长得好,还真的可以自己动手呢。"

这是首任抗大校长的夫人张梅(原名刘新民)。

张梅是陕西米脂人。大西北自古有"米脂婆姨康巴汉"的美誉,张梅又是个文化人,有"陕北一枝花"的美誉。

稀奇的是,这个张梅回家后把方悴农种菜的事情告诉了丈夫林校长。

林校长是一个有战略眼光的军事家,在这样小事情上,他马上就嗅出战略信

>> 抗大毕业典礼

息。在了解了更多垦荒作业情况后,他牵头组建了抗大生产运动委员会,由他自己兼任主任,各大队长为委员,方悴农任总干事。还破例给方悴农配上一匹坐骑,让他骑着马到各大队各小队指导种菜。

到5月下旬的一个中午,刚吃过中饭,校部的队列科长和供给科长找方悴农谈话。

"悴农同志,我们知道你们投奔延安,是为了上前线杀敌报国。但你是农业建设高等人才,应该知道还有比打仗更重要的事情。"校部队列科长说。

"自古打仗靠的是军需,另外一个是军心稳定。我们部队很多家属,以后还会有更多家属留在延安,只有让她们过上安定的生活,才能确保前方将士打胜仗。你会种菜、会做木匠,正是目前急需的建设人才,你愿意留在边区工作吗?"供给科长问。

方悴农做梦都想到前线杀敌报国,但也知道大后方同前线一样重要,就毫不犹豫地答应了。

事后方悴农才知道供给科长是走过长征的知识分子,他看过方悴农的简历,知道这个青年在边区发挥所学所长,要比在战场上的作用大。

1938年5月30日,是"五卅惨案"的纪念日,方悴农当值。中餐后,他把饭桶和菜盆拿到山下厨房洗干净拿回山上,天下起了蒙蒙细雨。一个场景让他整个人愣住了：

同学们一排排站在窑洞门口，班长已经帮方悴农捆好了铺盖和生活用品。指导员带头喊起了口号：

"学习方悴农同学服从组织分配、工作不讲价钱的精神！"

"欢送方悴农同志到光荣的工作岗位上去！"

喊声震动了整个山谷，方悴农眼中的泪水和着雨水流了下来。

班长和同学们把他送到山下，方悴农接过行李，蹚过延河，直奔北门外大泛沟口的抗大校务部供给科报到。

方悴农的新职务是军实股副股长，负责部队的营房建设，这让方悴农这个半拉子木匠派上了大用场。

9月下旬，方悴农被委派在北门外山坡建第五大队，一个可以容纳600多人的女生大队营房。这以后来延安的青年越来越多，10月，营房向青化砭、蟠龙发展。

第32章　请到延安来

方悴农在抗大先后数次听过中央主要领导人的报告。

印象深刻的有两次，一次是抗大成立三周年典礼，还有一次是提前毕业后在抗大任军实股副股长以后。这两次报告对方悴农一生都影响很大，受益匪浅。

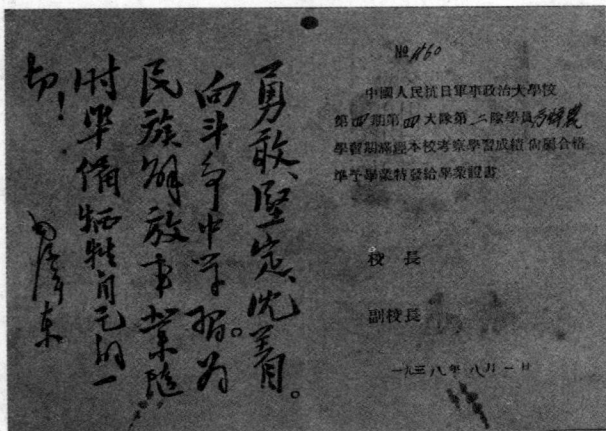

>> 1938年8月1日，方悴农抗大第四期毕业

抗大毕业前，方悴农响应毛主席"欢迎到延安来"的号召，给家乡同学、同事写信。10月，同乡蒋震凡、王星吾、徐庆丹、蒋宗琰及同学徐行绕过武汉来到延安。

他们被分到蟠龙学习。将他们安顿好后，离方悴农陶宅老家最近的蒋宗琰把方悴农约到外面。

"村里好吗？我家人好吗？"自去年春节离开家乡以后，方悴农一直没有家乡的消息。

"村里还好，你家也还好。你小妹菊如给你带了封信过来。"蒋宗琰把信交给方悴农。

是方悴农结发妻子钟秀卿病逝的噩耗。

方悴农蹲在地上抱头痛哭。

妻子钟秀卿生前的音容笑貌浮现在眼前。

她15岁从要巨村嫁给方悴农后，敬奉长辈、相夫教子，田头灶头忙碌，没有享过一天福。后来方悴农到杭州读书，更是聚少离多，一家人的担子全部压在她一个人身上。他很愧疚，很对不起这个女人。

另一个对不起的是小妹方菊如。

本来高小毕业的她可以继续学习深造的，但为了给方悴农养大两个儿子，在信中表明了等哥哥回来再结婚的决心。

她做到了！

1949年5月，解放军打过长江，浙江全境解放，离家11年，其中8年断了音讯的方悴农听到这样的消息：

方家两兄弟已经分家了，全靠小妹菊如代为照顾父母和方悴农的两个孩子。许多人托人做媒，都被方菊如和父亲方仁拒绝了。"她带着两个孩子，还是等她哥哥回来再说吧。"

"做梦吧，国共都开战了，你那个小儿子还在不在世都不知道呢。"被拒绝的人在背后说闲话。

到了11月份，又有浙江省农业改进所的两位青年在方悴农的召唤下投奔延安。一个叫郑重，一个叫奚康敏。

1939年，方悴农的这些同乡战友随抗大总校搬到晋察冀边区。

这些人后来的遭遇各有不同。

蒋震凡后来任冀西徐水县武装部部长。在1942年1月的一次战斗中，他眼睛受伤,隐蔽在天主教堂养伤时,被神父告发,惨遭杀害。

徐行1943年调回中央党校学习后,随王震将军南下,后来在中原突围中牺牲。

王星吾、奚康敏、郑重、蒋宗琰都活了下来。

新中国成立后,王星吾在首都机场担任政委多年。

郑重和奚康敏在安吴堡短期培训后,到延安光华农场工作。中华人民共和国成立后,奚康敏曾任辽宁省农业厅厅长,郑重曾任农业农村部部长。

同乡蒋宗琰在战斗中被俘,1947年逃回武义陶宅村。

他是方家忠实的"信使"。

从1941年开始,方家再次失去与方悴农的联系。蒋宗琰逃回家乡后,第一时间告诉方仁:

"你们家小山在延安,还活着!"

第33章　逃荒的人

1938年秋天,中央组织部主要领导同志出面,将方悴农从抗大校务部调到陕甘宁边区政府建设厅任农业技师。

这里正在筹办农展会。

1938年8月30日,延安《新中华报》发布陕甘宁边区主席团的一项决定:"由建设厅组织一次生产展览会。"宣布"为了办好这次展览会,主席团成员捐款1800元作为展览和奖励之用"。

国共合作时期,共产党为了抗战大局,主动将陕甘宁政府缩为省级建制,下辖民政、财政、建设、教育4个厅。

同年9月15日,边区政府建设厅公布了《筹备陕甘宁边区农产竞赛展览会计划纲要》和展览会宣传大纲。计划展览会展出农产、园艺、畜产、林产、狩猎和农产制造等几个部分,并对展览会的组织、展品的征集、运输和保管及劳动英雄评选做了安排。

方悴农和从边区文联抽调过来的汪明仁,首先对延安县政府选出的10位劳动模范进行了深入细致的采访。

他们的第一个目的地是离延安古城15里地的川口村,那里是延安县政府所在地。

他们跟延安县政府有关人员说完展品后,再说起劳动英雄的人选。政府人员给他们推荐了从河南沁阳逃荒出来的张有厚,因为瘸了一条腿,被人称为"张瘸子"。

县政府派人带方悴农和汪明仁前往中区庙沟村,访问张有厚。

延河有个昵称叫"秀延河",水从无数条山沟中流下来,奔腾到黄河、在壶口汇聚成中华民族大合唱后,再一路澎湃归入大海。

庙沟村就在河边。

村庄前面的场子上,堆着谷子、糜子、蔓豆、黑豆等一些等待脱粒的农作物,一座座小山般立着,透着丰收的喜悦。

村里都是土窑和石窑房子,布局有些凌乱,墙面上、门框上挂着一串串深红色的辣椒,墙顶和窑背上放着一叠一叠金色的老南瓜和西葫芦。高低不同的院落里,妇女和孩子赶着毛驴碾压粮食,碾子发出"吱吱"的声响,还有些妇女在扬糠箩面。

方悴农、汪明仁及县政府工作人员一行"公家人",赶着一头毛驴走进区政府院落。

同时,一个瘸腿老汉从这排房子的另外一个角落走出来。

这人左肩背着一个篓子,右肩背着一捆粗麻绳,头上包着一块土黄色的羊肚巾,眼眶深陷,两个眼珠子鼓出来,古铜色的脸上如被犁过,布满沟纹,点着藏青色的老年斑。经过孩子们身边时,老汉笑了起来,可以看到硕果仅存的两颗黄褐色牙齿。

一队放哨的娃唱着歌、打着少先队的旗子从村口回来,解散后,老汉拉住其中一个:"狗娃,再唱一个。"

孩子机灵地从他伸出的手臂下钻出去,跑走了。

老汉朝对面的山坡走去。

这块地原先只有一小块熟地,四周的坡崖上长满了酸枣和圪针。

自从老汉土地革命分到这片土地后,就当儿子般养育,收拾得干干净净,没有一棵杂草。

地上十几堆没有掰粒的玉米棒子,不远处的牛羊闻到香气往这边跑,一个赶羊的娃一边"呜—嘘!呜—嘘!"地吆喝,一边用小铲铲起土坷垃朝羊群扔去,不让羊群靠近。

区长带方悴农、汪明仁找到这块地头时,老汉正在掰玉米。

看到区长,老汉急忙放下手中正在掰的玉米,顺手拿过一把玉米秸秆放在旁边,表示请客人坐下。

两人说声谢谢,坐了下来。

"老张,这位同志是咱边区政府下来的,来看看咱们区谁的庄稼种得最好。区里讨论过了,认为你的庄稼种得最好,推选你为劳动英雄,县里也同意了。"

"老实说,我也是种庄稼出身,这么好的手艺真不多见。"方悴农赞道。

"你跟方同志说说,为什么能种得这么好。"区长说。

"俺穷老汉家靠种庄稼过日子啊!今年年成好,谷子有一人多高,两垧(一垧约15亩)地每垧打了两石(一石约120斤)还富余,"他拿起一个玉米棒子,"瞧瞧,够帮紧的吧。"

"你的庄稼种得好,连刘(秉温)县长都知道了。边区政府今年冬天要开农展会,大家把自己好的东西拿出去比一比。种得好的,还有奖励呢。"区长说。

"还有这样的好事?"张老汉很好奇,但想到要比赛,马上说,"边区种地好手多了,肯定有比咱强的。"

"大伯,我也是种地出身,这一路过来,你这片地种得最好了。一般一垧山地也就打五六斗,好的川地也才打七八斗。你这一石多是怎么种出来的?"方悴农很想知道答案。

"俺上过厚厚的一层粪,还锄了四五遍草。"

"这就难怪了,一般都锄两遍草。"区长说。

张老汉告诉方悴农,他是从河南沁阳逃荒出来的。

张有厚是家里的老大,在十几岁的时候到山上拾粪,因为又饥又累,从崖上滚下山坡,无钱医治瘸了双腿,一直也没能娶上媳妇。

前几年家乡闹饥荒,听说延边荒地多,租金便宜,就独自一人离乡背井,走了60多天才到延安。

开头两年的光景还不错,除了租种5垧薄地,还自己开垦了1垧,头一二年加肥精耕细养,第三年就有了好收成。

老二老三得到消息也赶到这边来,可是好景不长,先是地主耍赖收回已经养得很肥的地,后来军阀过来让种烟土,还有个地痞也一直敲诈农户。

日子混不下去了,两个弟弟又拖家带口回到故乡,大的第二年就死了。

张老汉这辈子再也没东渡黄河,见过这些亲人。

地球背着太阳慢慢转过身去,庙沟村对面的坡地上,有一些庄稼接力过来的霞光。

老张一边说一边掰玉米,筐子已经被装满。

说到后面共产党的部队把白狗子打跑,把土地分给农民,张老汉高兴得泪流满面:"闹红的日子早来10年就好了,我老张也不会到今天这个地步。"

"老张,你早些回来,天黑了到我窑里开会!"对面传来呼唤声。

"好!"老张的回声在庄稼地上空回荡。

了解了很多像张老汉这样的故事以后,方悴农曾经给自己定过一个《河西的原野》创作计划,第一部以张老汉为原型写了《逃荒的人》,把经过多次修改补充的第三稿交给文联主席柯仲平(即当年在武汉劝他们三个留下的人)。

1947年胡宗南进攻延安,柯仲平先把自己10年来积累的材料,连同方悴农的文稿埋在地下,"怕落到敌人手中",又叫秘书挖出来,悉数烧毁。

方悴农的心,疼了好几天。

第34章　妯娌劳模

调查中,除了"张瘸子",让方悴农印象深刻的还有一对妯娌劳动英雄。

一个叫刘女儿,另一个叫曹女子。

1936年,红军长征刚到陕北后约半年时间,有个消息在陕北地区广泛流传:"老山地广,好盘缠人。有力有使处,没吃的也有人补垫。"

老山指陕北吴堡、佳县一带,也是延安泛称。

一个能养活人的地方,一个力气有地方用的地方,一个没吃的有人接济的地方,打动了很多人,包括在佳县王家川的刘女儿、曹女子一家。

一家5口坐下来开会,60多岁的婆婆首先反对。

两个儿子和儿媳妇都想去,老大李明增说:"吃了那么多年的豆腐渣和糠枣面还没受够吗? 老山有干饭有白面不去吃,要饿死在家里不成?!"

"我们一家人租了五六垧地,不够的还要到佳县通秦寨磨豆腐卖、生豆芽卖,还要喂母猪下崽卖。一年忙到头,也只能吃糠吃点瓜菜。去闯闯不会后悔。"小儿子李明祥很想到外面的世界看看。

"很远的,怎么去?"婆婆大半辈子没出过远门,还是不愿意走。

"家里的东西都卖了吧,我们带着干粮坐车去。"老大说。

"窑不卖,先典着,万一不好还能回来。"婆婆坚持。

都是苦哈哈,找了很久才把两孔窑典了145元,一些破烂家具卖了90元,还不太够。

两个娘舅听说这一家子要去寻找新生活,帮了30元、5升麦子。

勉强可以上路了。

二月初三,老大雇了两个毛驴,一家人从王家川出发,花了120元盘缠、吃完5升麦子的干粮走了10多天,到了延安县金盆区三乡的玉家崖底村。

人生地不熟的,也不敢找政府,更不敢"惹""公家人"。就租了王元富家20垧地,家也安在后桩掌柜的新窑里。

租地太多,两兄弟忙活了一年,收成不好。

这天晚上,俩兄弟坐在炕上算账:

"今年一共打了12石粮食,交4石租,加上借的4石还8石。秋上种的瓜菜和嫩玉米也都吃掉了,已经没有吃的了。还要留些种子,还得再向王元富借1石过冬。"李明增说。

"连口酒都喝不上,这日子,也没好盘缠。"李明祥说,咕噜咕噜喝了一口茶。

"我看到边上有很多空地,没主儿。可以去淘过来,撒上籽就能出粮食了。反正我和女子都闲着,我们上山去淘吧。"大媳妇刘女儿说,之前她跟曹女子合计了几次,都有这个意思。

"我们兄弟两个,还要指着你们两个婆姨,不是让人笑话,让人指着鼻子说我们靠婆姨过活吗?!"老大不乐意,老二也连连点头,表示赞成老大的意见。

男人的面子比天大,妯娌俩拗不过,在窑里学会纺线,又给部队做了32双军鞋,才给一家5口扯了过年的衣服。

最先鹌不住的是老大李明增，没到过年就跑回老家跟舅舅过黄河做生意去了。

财主王元富看这家人没有劳动力，把地收回去租给别人，那孔窑也要收回给新佃户住。

刚满18岁的老二李明祥哭了："妈呀，光靠我一个人受苦，怎么行呢?!"他不光是年纪小，个子也矮，很多农活干不下来。

这时，他17岁的媳妇曹女子说话了："嫂嫂，大哥不回来，就我们两个上山淘地去。"

"这会儿，我们连淘地的镢头都没有，怎么淘?"

好在这个时候，县政府"按户生产计划"排查工作开始，乡长李丕义和指导员孟庆成到村里调查春耕和农贷的问题，听说了这家人的情况。

"这可是会出人命的，要尽快想办法解决。"

李丕义和孟庆成帮她们到老郭家借了一孔窑，又向别的老农调剂了一坰能种瓜菜、玉米的川地，坰半台地，借了一石粮食。

关键是，还给她们放了290元的农具贷款。

从后庄搬到前庄后，老天也挺帮忙，下了几天雨，把地给泡湿了。

春耕开始不久，李明祥为了贴补家用，到别人家去打短工。所有的家务及地里的农活，全部落在两个女子身上。

自发是动力，年轻是本钱，俩妯娌启动"白加黑""五加二"模式。

白天在租地上种瓜菜、玉米、谷子和大麻，还到山上淘地，不到三个月时间，已经淘过两架山，有六七坰。

天黑看不见时才回家，两个人吃过饭开始做针线，有时候没有灯油了，就把灶火烧起来，在灶口做，实在睁不开眼才上床。

天刚亮又上山。

到下半年，这两个女子成了种地、砍柴、做鞋、纺纱织布的能手，不仅把家里的地都种好了，还能腾出时间给别人种地、砍柴，光柴火就砍了4000多斤，买回一头大母猪。

前后一年时间，一个揭不开锅的家就让两个勤劳的女子支了起来。

过年了，婆婆跟邻居说："我家有10斤猪肉、一斗半米馍、5升米糕、升半米酒、升半豆芽，所有的欠债都还清了。"

这天下午,方悴农跟乡长到村里核实"劳动英雄"的情况。

村口,有几个娃娃在唱歌:

佳县移民走延安,

一心要开南老山。

再过几年你来看(嗬嗨),

尽是一片米粮川。

进村后,一说起刘女儿、曹女子,大家都竖起大拇指:"玉家崖底那两个婆姨可挣得大,她们白天顶汉,黑地顶姑娘,谁家男子好劳动的都比不上她们。"

到她们借老郭家的窑里没找到,原来是自己打了一孔新窑搬进去了。

来到新窑,看到一家三个女人正坐在院子里纺棉花。看到有客来,立即起身,让座倒茶。

"我记得政府给你们批过4000元的农贷,是用来买耕牛的。"方悴农说。

"是的,我们已经买回来了,这几天正在学犁地。想着还能再开垦几垧荒地。"刘女儿说。

"眼下家里的日子好盘缠了吧?"乡长问。

"养了一头母猪、一头肥猪。年前还称回10大称棉花,现在正纺着,准备织布给家人做几件新衣,余下的跟别人换东西。"

"要是明年明增回来,你们还下地劳动不?"乡长再问。

"他回不回来,我都一样靠自己。"刘女儿坚决地回答。

这时,远处传来那首后来唱响全球的《东方红》:

东方红,太阳升

中国出了个毛泽东

他为人民谋幸福(嗬嗨)

他是人民大救星

这是一个叫李有源的佳县移民,难以言表翻身后的感激之情,站在黄河边高声唱出来的。

听着歌声,方悴农的心情如壶口瀑布般汹涌澎湃。

从号称"鱼米之乡"的杭嘉湖地区而来、看过很多抛荒良田、一心想用"改良农村"来富民强国的他,从边区这些鲜活的例子里真正认识到:要彻底解放生产力,激发劳动人民的生产热情,首先要有好的政党引领,有延安政府这样开明的奖励农耕机制。他相信,中国共产党一定能够领导人民打败日本侵略者,推翻三座大山,建立新中国。

回到驻地,他向组织提交了入党申请书。

第35章　汪明仁牺牲

方悴农和汪明仁回到延安城第二天,即1938年11月20日,敌机轰炸延安。

这是个礼拜天,也是一个艳阳天。

前几天刚下过一场雪,延安周边的山坡上雪光跟阳光对接后,发出耀眼的光芒。

老城很热闹。有赶集的老百姓,有休假的军政干部、士兵,还有很多抗大学生。

抗大二大队队长曹慕尧正在开会,听到空中有飞机的声音便赶到室外高坡上去看,15架日机从延安城上空俯冲下来,炸弹跟黑萝卜一样从天而降。

延安的老百姓大部分没有经历过空袭,在炸弹落地前,都站在大街上看。

"铛铛铛! 铛铛铛!"延安塔边的警钟响起,曹慕尧和战士们一边鸣枪报警,一边高呼:"敌机! 防空! 敌机! 防空!"

没有防空炮,几架重机枪根本起不了什么大作用。敌机肆无忌惮地飞低空投弹,每批15架,前后三批。

重点很明确,党中央驻地凤凰山。

中央主要领导被警卫员提前引出借居在李建堂石窑,走后窑洞就被炸毁了。有一颗炮弹落在陈云居处旁边,好在没有爆炸。

中央军委总政部、宣传部的窑洞均被炸毁,38名干部、战士阵亡。在阵亡名单中,有和方悴农一起下乡刚回城的汪明仁。

汪明仁的爱人在新华社工作,住在凤凰山麓,不料这次的小聚成了永别。

在这场轰炸
中,省委机关勤务
员严如林被炮弹
的气浪推下山坡,
留下头疼后遗症。

当天傍晚,延
安全城军民都在
紧急掩埋尸体和
紧急疏散。

>> 敌机轰炸前的延安古城

方悴农和同
事们赶到汪明仁牺牲地,看到凤凰山麓几乎没有完整的建筑。

方悴农刚到延安时,看到延安城内有几百座相当漂亮的建筑,这一轮轰炸
后,凤凰山麓一带已经是满目焦土。

满地都是残砖碎瓦,躺在地上的木构屋柱,有些还在燃烧,有些冒着黑烟。

同去收拾残局的3位同志比方悴农、汪明仁早到农展会筹备办。

一位是建设厅农牧科科长丁仲文,毕业于天津北洋工学院水利工程系;一位是
在绥远主持多年军垦工作的李世俊,毕业于北平大学农学院农化系,负责本次农展
会筹备工作;一位是吴力永,来自西北农林专科学校,从事农田水利专业工作。

昨天还有说有笑的同事,眨眼就阴阳相隔,大家的心情无比沉痛。

"我们先把老汪埋了吧。"方悴农含着泪说。

一行4人给汪明仁买了棺木,收敛遗体,然后抬到南门外的墓地里简单掩
埋了。

一直到1941年10月为止,前后三年时间,日军对延安实施了17次轰炸,共
投弹约1690枚,古城几乎被夷为平地。此后10年,这座千年古城成了长满荒草
的废墟。

幸存的仅延安宝塔及街上的一座古牌坊。

轰炸并没有夺走军民抗日及发展生产的积极性。

掩埋了战友的尸体,擦干身上的血迹,方悴农和战友们投入紧张的农展会筹
备工作中。

先是举办劳动英雄奖励大会。

时间是第一次轰炸后的第17天，11月7日，地点是在川口县延安县政府大院内。

劳动英雄张老汉是骑着县长刘秉温的骡子被人接过来的。

到会场后，他和刘女儿、曹女子及全国闻名的劳动英雄吴满有、刘雨云等19位劳动英雄上台，由边区建设厅厅长刘景范及延安县长刘秉温等领导给他们戴上大红花，并颁奖。

奖旗上是毛主席亲笔题写的"发展农业生产"六个大字。就在表彰会前几天，方悴农磨好墨，带上纸，从南门外山沟里的边区政府机关驻地、一口气跑了十几公里到杨家岭山沟（首次轰炸后，中央机关从凤凰山麓迁移到这里），请毛主席给农展会题字。

毛主席出去开会没遇上，方悴农留了张条子请工作人员转交。两天后的一个深夜，毛主席突然到访农展会筹备现场，并带来"发展农业生产"六字手书。

方悴农把这六个大字用石印拓在奖品上，包括奖旗。

会后是聚餐。张老汉被拥坐首席，两边是边区建设厅厅长刘景范及延安县长刘秉温。

那天是张老汉60岁生日，所有人都向他敬酒。

他呆呆地坐着，感觉前面的场景不真实。他不住地去看头顶上真实的太阳，耳边回响刘县长在颁奖时夸奖他的话：张老汉没有偷懒，所以庄稼比别人种得好！

隔桌有人过来敬酒："来来来，老张！我也敬你一杯。"连叫了40多年的"张瘸子"都改为"老张"了，这个世道是真的变了。

"我喝了很多，醉了，醉了！你们多喝点。"张老汉是真的醉了。

"不行，不行。今天你坐首席，两个大领导都陪在边上呢。别人敬的你喝了，我敬的也得喝哟。"来人热情地劝酒。

"我喝，我喝。"张老汉喝了一小口，他不想喝醉后，把这段幸福时光整断片了。

"那你吃个白馍，多吃点。"看他实在喝不下去了，有人把一个白馍拿给他，他吃了半个，就吃不下了。

"你多吃点，压压酒，一会儿还有人送您老回去。"刘县长在边上说。

张老汉转身一把握住刘县长的手，泪水从深陷的眼眶里滚出来，爬过满脸的沟壑,挂在嘴角上。

"您、您把俺当人看,让俺受这么高的抬举。咱们这些受苦人,旧社会当官的拿绳子捆绑不算,还得要挨打。如今、如今你们却用牲口来接,用好酒敬俺。要不是一双老眼还看得清,俺还以为是在做梦呢!"

酒席散后,大家帮他拿上犁铧、镢头、毛巾、白布、肥皂、奖旗等奖品,送他到院外下坡。

半梦半醒的张老汉在政府工作人员的搀扶下,跨上刘县长的骡子,回庙沟村去了。

第36章　河滩农展会

举办农展会是抗日战争初期根据地经济建设的一个重大举措。

敌机轰炸停止后,南门外的高坎上还完整地留下一座庙宇,筹备办就把这个庙宇作为筹备中心,在坎下搭建临时展览棚。

从12月份开始,各县陆续把展品送到延安,筹备工作进入"还剩17天"的倒计时。

刚从广东投奔延安的陈凌风和朱明凯夫妇也加入这项工作。这两人都是岭南大学农学院出身,陈凌风是兽医(这个职业让他在后面做了一件了不起的"大事"),朱明凯是园艺师,前面我们介绍过,这次展览面很广,其中"畜产、园艺、狩猎"等是建设厅原有技术配置没有的,他们的到来,刚好填补了会展专业空白。

在展览会前两天晚上,毛主席亲自到南关视察。

前面说过,这次毛主席把"发展农业生产"六字手书带了过来,方悴农虽然在抗大期间多次见过毛主席,但像这样的近距离握手还是第一次,这让他激动万分。

1938年12月17日,延安南关高坎河滩上竖起一座高大的牌楼。

这是一座用松柏、纸花扎起来的彩牌楼,深红色的横幅上一排金黄色的大字"陕甘宁边区首届农产竞赛展览会",在阳光下熠熠生辉。

三声礼炮后,农展会和陕甘宁边区第一届参议会同时宣告开幕。在这次会议上,毛主席做了政治形势报告。

河滩广场上,2000多种从陕甘宁边区各地送过来的产品陈列在那里,与轰炸后首次露出笑脸的边区百姓一起,堆出了欢乐的海洋。

据报道记载:河滩上集聚了8000多观展群众,人山人海。展出品有三大类:一类是各种农作物,包括瓜果、蔬菜、猴头菇、发菜;一类是甘龙草等珍贵中药材;一类是三河马、关中牛、宁夏滩羊等各种优良畜禽活物。

总之,20多个县区挑选出最好的东西前来竞赛。

这个展会的举办有三大背景:

一是基于陕甘宁边区的自然条件。这个地方虽然很穷,但地域广阔,北与毛乌素大沙漠相连,南接关中八百里秦川,东依黄河,西临甘宁,有很好的农林牧基础,还有煤炭、石油、天然气及盐,储藏量非常可观。

二是基于陕甘宁边区的经济现状。不管有多少资源,比起内陆,延安毕竟是苦寒之地,很多人冲破重重封锁到延安,是为了一腔抗日热情,一旦进入,体验过一天5~7分的餐费后,一些人便产生了"边区这么穷,它的经济条件到底能不能承担得了持久的抗日战争?"的疑问。内战刚结束,农民需要休养生息,解决温饱问题是要务,而当时的军需和市场供给根本指望不上。

三是基于陕甘宁边区的信息状况。信息闭塞不仅使外来人员不了解这个地区有什么东西,就是本地农民,也不知道有些什么可以交流的东西。

基于上述三个背景,一个能够展示边区特产、激发群众的劳动积极性、巩固《论持久战》理论基础从而坚定抗战决心的农展会就呼之欲出了。

筹备办从边区征集的2000多种产品,每一种都有分布、用途、特点及产量等说明。而且,在这些说明的基础上,编绘了一套边区特产概况系列图表,并配套"怎样养猪""怎样种洋芋""怎样种棉花"等几十项技术推广教材。

没有玻璃瓶,木匠出身的方悴农就动手做了一批木格子,将形形色色的标本放进去。

主要是两类:一类是谷子,一类是豆子。

方悴农原以为边区只能产小米,但这次发现很多地方可以种水稻,关中、陇东及沿河各县有成片麦田,延长、延川、固临三县有种棉纺棉传统产业。

第二篇　延安兴农

即便是小米,有谷子和糜子两大类,近百个品种,谷穗最长的有1.6尺长,小的只有1寸多长,被农民称为"饿死驴"。但生产期只有50~60天,是灾荒之年的救命粮。黄、红、白、黑这几种糜子做饭,灰糜子蒸糕酿酒。

令人目不暇接的是豆子。陕北人将豆子统称为"黑豆",然后根据颜色分"白黑豆""绿黑豆""黄黑豆""红黑豆"。还有一些色泽鲜艳,像玛瑙般光彩夺目的豆子,方悴农在别处从来没有见过,异常养眼。

在这次展出中,起轰动效应的是"五条腿的牛"。

展会上优良畜禽很多,因为是活物,什么西蒙马、骆驼、关中骡子、绥德毛驴、花池黄牛,本来就吸人眼球,有的还别具名号,有来自盐池县孙学问的"黑紫羔种羊"、定边西宁的"菊花青走马"等。

那只被称为"五条腿的牛"是定边县送展的,因为头上还长了四只角,成为展会"红牛"。

李世俊也很会来事,每有人群聚拢过来,他就反复强调展会不是为了出什么稀奇物,是为了让大家了解边区的经济潜力,互相交换优良品种,互相交流学习种养技术,把根据地的经济发展起来,积攒力量把日本鬼子赶出中国去。

近万名边区军民观看过这些东西后,提高了对边区经济潜在力量的认识,坚定了抗战必胜的信心。为后来抗日根据地确定并实施"发展经济、保障供给"及"自己动手、丰衣足食"发展方略、赢得抗战最后胜利起到了积极作用。

最终的竞赛结果出来了,有5个特等奖:

第一个是前面提到的盐池县孙学问,这人不仅名字取得好,而且培育的"黑紫羔种羊"体形高大、毛色纯一。展品名字虽然威猛,但影响力还是没能敌过群众追捧的"五条腿的牛"。

第二个是新政县劳动英雄杨秀保,前后开荒50亩地,收41.8石粮食,打了1万多斤粮食。

其他三个分别是种出1.6尺长稻穗的延安县秦汉光,固临县种棉能手冯大品,延川县织布能手张正。

方悴农从2000多个展品中做了遴选对比,从中优选出"狼尾谷""早熟棉""多穗甜玉米"以及紫皮大蒜、洋葱、球茎甘蓝、菜豆、美国洋芋、苦瓜、西瓜、缩面南瓜、甜瓜、西红柿、丝瓜等品种,加大培植力度,并借机关、部队、学校、村落的生产运动大力推广,大大改善了边区的生活环境。

这场农展会走出了一条创造性的教育农民的有效路径,为红色农学发展立下了开山之功。

此外,方悴农本人也有重大收获:展会结束后,他被批准为中共预备党员,预备期三个月。

延安,又一副新的重担在等着这位年轻的农学专家。

第37章　红寺村农校

展会结束后,方悴农受命筹建边区农业学校和农业试验场。

红军长征到达陕北后,为培养干部,先后在延安创办了抗大、陕北公学、鲁迅师范、边区中学、鲁院、青干校、中国女子大学等,也曾想过办农校,因资金、人才、时间等问题未能达成所愿。

农展会前,边区主席林伯渠赴重庆参加国民党参议会时,得到全国农产促进会会长穆藕初1万元资助。

钱有了,人才有了,群众生产积极性调动起来了,万事俱备,边区农业学校和农业试验场筹建工作正式启动。

主持筹建工作的是边区建设厅副厅长朱开铨(1901—1993年),江西瑞金人。土地革命时期的粤赣省苏维埃政府土地部长,陕甘省苏维埃政府主席。中华人民共和国成立后历任江西省民政厅厅长、江西省高级人民法院院长、江西省政协副主席。中共七大后补代表。麾下有方悴农、陈凌风、朱明凯、杨得胜、宜瑞珍、姚作农。

方悴农为筹委会主任委员。

校址选在延安城南三十里铺的红寺遗址。

政府拨给农校一驾马车、一名车夫、一名管理员。

先到红寺遗址的是陈凌风、朱明凯夫妇。

从村口找了个农民带路，往东走3华里，爬上一道山梁，夫妇俩和马夫都傻眼了：

山梁上荒草萋萋，5孔砖窑若隐若现，走近看时，门也破、窗也破、窑墙也脱落，根本没办法住人。

学过木匠活儿的方悴农来了，他问老乡借来木工工具，就近取材割了些茅草，砍下树枝先把门窗编扎好。

"凌风，我这边挖个坑，你们去搬些石头过来，我垒个临时灶，这两天先对付过去。"方悴农边说边用铁锹在东面的窑边开挖。

"好的，悴农。"陈凌风说。

"我到附近拾柴火。"朱明凯话音刚落下，陈凌风立即出言阻拦，"柴火我们会拾，山坡有些陡，你不方便，还是在这里给悴农打下手吧。"

朱明凯下意识将手放在微微隆起的腹部，方悴农马上反应过来："对的，嫂子就留在这里帮我。"

陈凌风和车夫一起到附近找石头和柴火，一趟趟往坑边运。

方悴农就着山坡挖了个高约30厘米、直径约20厘米的土坑，先把几块比较薄的石头垫在坑底，两边用几块大石头垒起一个半圆，把一口铁锅架上去试了试，刚好可以卡住，下面留了15厘米的灶膛，再从后面挖出一个小孔烟道。

"悴农，没想到你还有这一手。"朱明凯把一堆树叶和细枯枝拿过来。

"这个，大家都会吧。"方悴农划亮一根火柴，把树叶枯枝点上，放进灶膛。

"我是说，你有一手漂亮的木匠手艺。"

"哦，我在家乡学过木匠和裁缝，一般的活儿还真难不倒我。你得空去扯块布，用大人的破衣服也行，我可以给你们的孩子做几件衣服。"

"那感情好，我替孩子先谢过了。"

说话间，临时火灶已经垒好，陈凌风和车夫也就近取了些水回来，将一些小米倒进铁锅，加了些水，开始做农校的第一顿饭。

这个毕竟只能临时凑合，方悴农跑回延安市，向市总工会要木工和泥石工人。

这两项技术工延安本来就欠缺，加上延安城被轰炸后，到处都在复建，好不

容易等到一个米脂的木匠,白胡子、白头发、白眉毛,已经70多岁了。

方悴农聊了聊,感觉虽然年纪比较大,木匠技术还是不错的。

正准备动身,安定县政府送来两名到农校学习、前来报到的青年。

"他们分配到农校,我把他们交给你了。"负责送人的干部将一封介绍信递给方悴农。

方悴农看过介绍信放进口袋里。面向两个从农村来的青年,将办农校的目的及农校将要做的事情做了简单的介绍。

方悴农看见其中一位两眼红肿时,问:"你眼睛是什么情况,沙子进去了吗?"

"是淋病害的。我身体有病,又不认识字,家庭负担也很重,是当地人强迫才过来的,我,希望你,能够让我回去。"眼睛红肿的青年低着头说。

原来是身体不好啊。方悴农想,即便学好了恐怕也干不了农活,还是让他自己找一门比较轻松的活计好。

"好吧,你先回去,以后身体好了再来。"

方悴农当即给那位青年办了退学手续,就同另一个青年、老木匠一起上马车往红寺赶。

另一个青年的名字叫石常忠,上车后他对方悴农说:"那个人骗你呢,他什么病都没有,还是个小学教师,文化程度比我还高。他是富农家庭,刚结婚不久,舍不得婆姨,这一路上走了3天,他就哭了3天,把眼睛都哭肿了。"

"你当时为什么不说?"方悴农有些懊恼,怪自己太粗心没仔细问清楚。

"我当时、当时也想回去来着,"石常忠红着脸低下头,"后来想到自己是共产党员,又是区工会主席,就不好说。再说,你真让我回去,也会挨批呢。"

方悴农没再说什么,但心里却像打翻了五味瓶,酸甜苦辣咸说不清楚是什么味儿。

他想起自己也是从农村出来的孩子,在省城读书时,就是因为看到很多从农村出来的青年,虽然身在学农、心却想着安逸,才跟恩师孙先生及同学们一起倡导"到农村去"。

延安的农村跟浙江的农村虽然自然环境不同、种养条件不同,但农民,尤其是青年农民,不想一辈子过"面朝黄土背朝天"的心情是一样的,怕讲种田、养猪、养羊会被人瞧不起的担忧也是一样的。他们远离家乡,不能简单粗暴地把学什么干什么塞给他们。

从那以后,每有新学员报到,方悴农都先跟他们交心,循循善诱、千方百计打消他们的思想顾虑,先让他们安心,再通过各种有效途径提高他们的学习兴趣。

来学校的青年再没有出现临阵退缩或半路放弃的情况。

那个曾经在心里打过退堂鼓的石常忠,后来被评为学习积极分子,建设厅副厅长兼农校校长朱开铨调任陇东副专员、问他是否愿意同行时,他没再犹豫:"没问题,只要组织上需要,到哪里都可以。"

不久后,石常忠担任专署实业科科长。

第38章　新夫人严如林

严如林18岁了,到了谈婚论嫁的年龄。

5年前,她以勤务员的身份跟蔡畅(1900—1990年,湖南双峰县人。中国妇女领袖和国际妇女运动的著名活动家。曾任全国妇联第一至第三届主席、第四届名誉主席,第四、五届全国人大常委会副主任等职务,中共七至十一届中央委员)随红四方面军经过长征到达陕北。

在长征途中,严如林与成年人一样,抬担架、背粮袋、背枪弹爬过雪山、走过草地,拥有用信念锻造出来的坚定意志。

因为有这样的意志,她成了方悴农一生不离不弃的战友和爱人。

方悴农跟严如林的婚姻介绍人是李富春和蔡畅。

蔡畅是蔡和森的妹妹,李富春的爱人,也是年龄最大的长征女红军。

严如林到达延安后,先是在陕北省委当了一段时间的勤务员,后由李富春送到人民剧社学习舞蹈,抗日战争爆发后,剧社改为剧团,她留团当舞蹈演员。

李富春非常信任方悴农,不仅委以他参与农展会及筹建农校的重任,还将小勤务员严如林送到农校学习,进而给两人做牵线"红娘"。

消息传出去后,严如林听到了一些好心人的提醒:

"这样的知识分子,不知道身家是否清白。万一哪天查出个问题来,会连累你呢。"

"还是工农出身的干部比较实在,日子会过得更踏实些。"

严如林的心情也有过不平静。

这时候,最有说服力的"红娘"出场了。

朱开铨,边区建设厅副厅长兼农校校长,是方悴农走上红色农学征途的领路人。

这个从土地革命战争中走出来的战士,对知识分子情有独钟:

"我要求把知识分子和目前不好分配工作的工农同志都安排到农业学校来。在那里我们开垦荒山,种了很多农作物和果树,有粮食、蔬菜、瓜果,还养了很多猪和牛羊。除了自己吃,还有不少富余,我们就把它交到边区政府。谷草卖给当地骡马大店,这项收入比谷子还多。除了解决我们自己的衣食外,还解决了一部分边区政府的给养。……后来,我记得是1942年,开始了轰轰烈烈的大生产运动。"(朱开铨《六十年革命生涯》,第163页)

朱开铨,在农校筹建阶段,做了大量的协调工作,所有事情安排好后,再交给下属实施。

113

方悴农转为预备党员是经过朱开铨这个书记严格考察的。他知道这位年轻知识分子的出身、抱负及才干,农校筹建时推荐他担任筹委会主任,亲自带着他去安塞、延安选校址。选定三十里铺红寺村后,两个人一起制订建校计划,为方悴农打通各类关系,然后放手让他开展工作。

这是一个能够掌控属下工作热度和心理温度的好领导。

受人信任和尊敬的朱开铨告诉严如林方悴农的一切,保证这是一个立场坚定、忠诚务实的好青年,并愿意和宜瑞珍一起给他们当证婚人。

严如林不再犹豫:"我相信组织,既然组织能够吸收他入党,他又肯在延安吃苦,不会是坏人。"

1939年8月13日是方悴农、严如林的好日子,他们到边区民政局领了结婚证,证婚人落款是朱开铨、宜瑞珍。

婚礼很简单,农校师生及教职员工做了一顿比较丰盛的晚宴,大家聚在一起祝福这对新人。

1939年是国共合作期,延安和国统区通信畅通。方悴农将两个人的结婚照及穿着八路军装的严如林照片寄回老家陶宅村。

>> 1939年8月25日,方悴农与严如林在延安结婚

全家人都很高兴,父亲方仁把照片镶了镜框挂在墙上。

1940年10月19日皖南事变后,国共关系紧张,方仁怕连累家人,将穿着八路军装的严如林照片取下珍藏。

1991年10月25日,方悴农作为农学会常务副会长去井冈山,主持召开南方丘陵山区立体综合开发学术讨论会。

会议结束后,到南昌医院看望老领导朱开铨。

"小方啊,你爱人还是那个我介绍的严、严——"

"严如林。"朱开铨夫人罗培兰插话。

"在,一直都在。延安整风时,她没有因为我知识分子出身跟我离婚,'大跃进'我没有跟着瞎说,被定为农科院唯一'右倾机会主义分子',后又被定为'谭(震林)氏小爬虫',被关进牛棚,造反派让她跟我'划清界限',她宁愿带着孩子在破房子里住了两年,也不肯离开我。"说到这里,方悴农的眼睛湿了,声音有些哽咽。

朱开铨微笑着点点头。

>> 1996年10月,中共中央组织部在人民大会堂邀请严如林(二排右一)参加"长征胜利60周年女红军签旗聚会"

第39章　农校开张

农校开学典礼比方悴农、严如林结婚日早22天。

延安办农校是关系到巩固根据地的大事,上级领导和各部门都非常重视。没过几天,来了十几个木工、石工和泥水工,学员和编制内的职员也陆续到来。

5孔旧窑和分散在四周的七八孔零星破窑的门窗都修回去了,窑内也做了修葺。

人多了,生活压力也紧跟上来。

方悴农充分利用自己学过木匠、熟悉农活的特长,指导老师和学生们一边砍伐木材、搬运石头、打土坯、烧石灰,装配木构件等建校舍;一边开垦荒地、平整土地,搬运实验设施,并着手各种农作物、蔬菜的田间试验。

他白天是教师、农艺师、木匠、农夫,忙得不可开交。

晚上也不得闲,所有教材都由他一个人编写校对,用钢板刻蜡纸,夹到油印框用滚筒油印出来。

第二篇　延安兴农

全程纯手工操作。

所谓"人心齐、泰山移",筹备工作不到四个月,成效显著:

一是校园建成了。

利用门前水沟边两棵大柳树做大梁,建起一幢长12米、宽8米、中间没有柱子的大教室;两幢学员宿舍共10间,图书室、实验室两幢共4间;5孔旧窑加新建2孔新窑,是教室,宿舍和办公室;修复10孔破窑,新建4间平房,做厨房、仓库和职工宿舍。另外,畜舍、围墙、门楼、打井等工程也都一一完成。

所有支出共1000多元。

二是垦荒和种养业初见成效。

师生们一起动手,将校门前的缓坡地平整成梯级畦地,将其中沟东面的20亩地作为试验地,从本地和外地拿回各式各样的种子(包括农展会上留的优良种子)、菜秧苗种下去。

在门前的河沟边开垦3亩地,种上水稻。

为了支持农校建设,延安县南区政府,将柞子峁的几千亩荒山,划拨给建设厅和农校作为建设用地。

除了少数几名工人管理牛、羊、马、驴、猪、鸡等畜禽外,所有的农活都是学校师生动手完成的。

这样的学习实践,让方悴农对红色农学有了进一步的认识:

在艰苦的岁月里,通过亲身参加学校的建设,学校师生们既增长了才干,也坚定了对革命事业的信念。

校舍建成了,试验场建好了,开学的时机成熟了。

1939年7月23日上午,从延安城跑出几十匹战马,往南三十里铺方向一路绝尘。

马背上依次是林伯渠、高自立、刘景范、曹力如等边区首长,还有在中央机关工作的邓发、王首道以及边区留守兵团司令萧劲光。

在开学仪式上宣布了人事任命:

朱开铨兼任校长,宜瑞珍任副校长兼农业试验场场长,陈凌风任农业试验场副场长兼畜牧股股长,方悴农任教育主任兼农艺股长,朱明凯任园艺股股长,姚作农任总务科科长,杨德胜为总务科副科长。

人事敲定后,等于将农校的每一个零部件都用链条串通,各项工作有条不紊地开展起来。

试验场里种出的黄瓜、丝瓜、甜瓜、西红柿、南瓜、苦瓜以及各种菜豆、生菜、洋葱成了机关食堂厨师们的"厨艺汇",有个大厨将多穗嫩甜玉米做成玉米汤,大有江南"冬笋汤"风味,成为一道招待嘉宾的特色佳肴。

一个秋高气爽的傍晚,夕阳从林间缝隙中穿出来,一些钻进庄稼地里,一些铺在沟中水面上。

方悴农上完课从教室出来,在新长的草皮及花卉前立了一会儿,便独自在试验田间行走。

农展会后从各地征集上来的谷子、糜子、稻子、玉米、洋芋和各种豆类的叶、茎、穗,在蓝天下泛着光。这样的环境是学校师生在党中央领导下身体力行、齐心协力完成的,在战火纷飞的年代实在是难能可贵。

方悴农想起自己在湘湖、在陶宅的农村建设实践,虽然也做了不少卓有成效的事情,但要在短短几个月里完成这样巨大的工程,自问也是做不到的。

一群羊从小路上返回,方悴农突然"扑哧"一声笑出声来。

他想到了几天前农校的一场"风波"。

陈凌风是个兽医,并参与了农展会全过程。农展会结束后,他将宁夏滩羊等一批优良品种留下来,按照不同品种、毛色、体形及公母分开圈养观察。

副校长宜瑞珍非畜牧学科班出身,他和当地一些工人、学生认为一般是30头母羊留一头公羊就可以了,其他公羊在发情前阉了可以养肥吃肉。

这天,陈凌风外出,也没跟其他人商量,在宜瑞珍带领下,几个牧羊工人和学生将几十头公羊和一只牧羊犬拉到一块大石头前,两个人摁住公羊的头和腿,一个人用锤子把睾丸砸碎,阉了。

方悴农清楚地记得那个傍晚,从外面回来的陈凌风看到那些被阉掉的公羊,脸色铁青地冲到宜瑞珍面前:

"你们这是在犯罪!我们是搞农业科研的,你这样搞法我还怎么做?!"

宜瑞珍当场愣住了,他实在没想到平日温文儒雅的男人会发这样大的火,一时又不知道该怎么说。

"好,你不说,我走,让你自己搞去!"陈凌风一对招风耳气得抖动起来,左鼻翼边的一颗肉痣变成青灰色。

"凌风,凌风,有话好好说。"方悴农跟陈凌风同年同月出生,两人在农展会时并肩作战,平日里感情很好。

"他做都做了,你让我怎么好好说?"

"你再怎么急,那羊也回不到以前了。你先到我那里坐坐,不要气坏了身体。"方悴农握着陈凌风的手,引他回窑洞。

宜瑞珍、方悴农立即向朱开铨校长作了汇报,朱开铨陪两人去见了林伯渠,因为陈凌风夫人朱明凯跟林伯渠秘书唐亮是高中同学,都是经林伯渠介绍到延安的,通过唐亮做通"枕边人"工作,"枕边人"回家吹了"枕头风",陈凌风才安静下来。

"扑哧"一声发笑的方悴农,完整回想这件事情后,长长叹了一口气。

第40章 农校发现了南泥湾

方悴农这一声叹气,是想到了发生在自己身上的另外两件事情。

在老家陶宅村及杭州湘湖农场,方悴农没有见过马铃薯,更不知道这玩意儿最早是7000多年前印第安部落从东部迁到高寒的安第斯山脉喀喀湖附近后,食用野生马铃薯后的人工培植品。

因为是外来品,延安当地叫"洋芋",是秋收冬藏、接济开春后青黄不接时的主食之一。

所以,这门课必须上。

农展会时,《怎样种洋芋》的教材分配给方悴农写,方悴农就照搬其他教科资料,写了:"种薯以鸡蛋大小为宜,大的可以切成两块下种。"

那天在农校农场上课,田间指导怎样种"洋芋",他一边讲、一边把一个个头比较小的马铃薯放进坑里,准备覆土。

"方老师,你这样整个'洋芋'放下去,芽都挤在一块儿,苗也挤在一块儿,下面的块块长得小,做菜切起来麻烦,炊事员不喜欢。"有个学生说。

"那,你们是怎么种的?"方悴农知道民间有各行各业的能人,尤其是农事,不同地理环境有不同的种养奥妙。

"我们是把薯块顶部以外的芽一个个挖出来种,这样种出来的洋芋又多又大,剩下的薯块还能吃。"一个学员边说边拿起一个马铃薯,指着一个个小坑说。

"每个坑里孕育着一个芽头。"

方悴农按照这个方法种下去,果然比原来长得大一些。

当地农民有些"经验"也是不太科学的。

比如谷子的播种方式,当地有"谷子地里卧下牛,还嫌稠"的农谚。就是用散播的方式,再把小苗拔掉一些,留下茁壮的小苗。这样长出来的谷子秆子粗、谷穗大,但是产量很低。

方悴农说:"大家都知道,咱们延安的运输靠的是牲口。现在延安牲口吃的谷草价格高过小米。所以,我建议大家改一改谷子的播种方式,将散播改为行播,套种谷草,可以提高产量,增加收入。"

大家采纳了这个建议,果然取得了更好的收成,尤其是谷草,不仅产量翻了好几倍,还在集市上卖出了好价钱,买回一些毛巾、肥皂等生活用品,大大改善了师生及教职员工的生活条件。

在教学过程中,方悴农了解到有个叫曹舒的同学,是从甘泉来的,也会做木匠活儿,方悴农就过去找他。

"曹舒同学,听说你在老家做过木匠?"

曹舒正在整理课堂笔记,看到方悴农过来,立即停下手中的活儿站起身,说:"学过一阵子,就是手艺没有方主任您好。我刚来的时候,就听大伙儿说方主任是知识分子新农民,进得课堂,下得田畈。还会做木匠做裁缝,两只手上的老茧比我们还厚。"

"我也只学了半拉子。好在不用做'千工床''百宝箱'这样的精细活儿。我思量着咱们一起盖几间暖房,种上黄瓜、西红柿等瓜菜,改善大伙儿的伙食。"方悴农看到曹舒同学脸上露出满怀信心的微笑。

说干就干,学校其他师生也积极参加,没几天就盖好了三间暖房。

这一年的冬天,学校和机关食堂不仅能够吃上"洋芋"、南瓜、胡萝卜、萝卜、白菜、洋葱等瓜菜,还能吃上西红柿、黄瓜等夏令瓜菜。还养了为数不少的猪牛羊马鸡鸭,积攒了充分的过冬物资。

秋收结束后,农校户外作业时间少了,上完课后有一些休闲时间。

一天晚上,姚作农到方悴农住处串门。

农校很安静,月牙儿已经东升,几颗星星在眨眼,远处是红寺村民居透出的灯火。

方悴农喜欢这样的安静,这让他想起老家乌溪的星河及陶宅民居的灯火,很温馨。

"悴农,都在忙些什么呢?"

"我在写一部长篇小说,取名《河西的原野》。第一部《逃荒的人》以翻身农民'张瘸子'为原型,已经改了两稿,征求了文联主席柯仲平的意见,在改第三稿。"方悴农顿了顿,"柯仲平,记得吗,那年我们到武汉找他,劝我们留武汉抗日的那个书生。"

"记得。好在那时候我们坚持走出来了,说明我们选的路是对的。"姚作农说,"想起前年春节,我和羊君度在你家过年,你家乡父老乡亲都是实诚人,积极支持我们上前线杀敌报国,了不起。"

"给我们最大支持的是莫定森所长,不知道他现在怎么样了。我昨晚梦见他给我们写推荐信了。"

"像他这样的人,到哪里都会想着报效国家的。"

姚作农没有猜错,这个时期的莫定森正率领有限的在编人员,坚持在浙江南部山区未沦陷地区推广水稻良种种植,通过垦荒、改良品种、扩大种植面积等措施,每年增产220多万担粮食,对抗战时期浙江后方军民粮食供给、增强抗战力量作出巨大贡献,被誉为"抗日无名英雄"。

"悴农,这段农闲,我考虑了几天,我们现在做的事情,在浙江不算什么,但在陕甘宁边区,还是比较新鲜的。我想办个校刊,让更多人了解边区农事,取名《边农》可好?"

"需要我帮什么,你说。"方悴农眼中露出对好友的赞赏。

"我理了一个刊物板块,你在《新农村》做过编辑,帮我看看,还有哪些地方需要调整完善的。"说着,他从口袋里掏出一张纸,递给方悴农。

方悴农认真看了两遍,从读者角度提了几条建议,姚作农点头称是。

"我还有一个不成熟的想法,想给毛主席写封信,请他给刊物题名。"姚作农说。

"很好啊。"

姚作农很快得到了回信,大致的意思:《边农》不好理解,还是《边区农业》比较好。

这是一份半月刊,蜡纸钢板刻写、油印,编印好后发各县及各有关单位。

姚作农编过几期后,被调回建设厅农牧科工作,编印工作就交给了方悴农。

方悴农在编印刊物过程中,整理了一些资料,后在《解放日报》发表了《水稻种植技术》。

可惜好景不长,皖南事变后,国民党对苏区进行了封锁,油墨和纸张都进不来,只好停刊。

农校也充实了新生力量。

唐川(湖南溆浦人,1936年毕业于北平大学农学院农学系)、乐天宇(1901年2月3日至1984年7月15日,湖南宁远人。中国农林生物学家,教育家、科学家)、林山(毕业于北平大学农学院,曾入南京中央实验所研究班)等人先后到延安,参加农校工作。

唐川于1940年2月到,接任陈凌风的副场长职务。

乐天宇、林山没有安排行政职务,便多出了不少课外调查研究的时间。

乐天宇是中国共产党早期党员,在湖南,他参与了"驱汤(芗铭)""驱张(敬尧)"运动,1924年1月任中共北农大第一任书记。在北农大学习期间,得到我国著名爱国主义林学家梁希教授器重,师生间常用"黄河流碧水,赤地变青山""四时花香,万壑鸟鸣"互勉。

1925年毕业后,乐天宇辗转半个中国从事农民运动。1927年"七·一五"汪精卫在武汉叛变后,国共两党关系彻底破裂,国民党大肆镇压农民运动,乐天宇在避难安徽六安时被捕,被押回长沙投入陆军监狱。受尽酷刑,没有透露党的机密,被判处死刑。后经组织多方营救,改判10年有期徒刑。

1930年7月,红军攻打长沙时,乐天宇与狱友成功越狱,因有腿伤未能跟上部队,只得潜回衡阳养伤。伤愈后,先后担任河南大学农学院教授、湖南农林局局长、甘肃省庆阳县县长、湖南省衡阳山高级农业职业学校主事等职务。

1939年冬天,乐天宇放弃优裕的工作待遇,告别妻儿,只身投奔延安。

1940年6月14日,乐天宇率林山、江心、郝笑天、曹达及农校一届毕业留校工作的王清华,一行6人从延安出发,顺着桥山山脉和横山山脉进发,途经甘肃、志丹等15个县,东至固临、西至曲子、南至淳耀、西北到志丹,在九源、洛南、华池、分水岭、南桥山、关中6个区,进行了为期47天的考察,于7月30日返回延安。

这次考察,共收集到各类重要标本2000多件,掌握了南泥湾、槐树庄、金盆湾一带生态环境和自然资源,写成《陕甘宁边区森林考察报告》,在报告中提出建设边区、开发南泥湾的建议。

边区农校将《陕甘宁边区森林考察报告》及开发南泥湾的建议向李富春同志作了汇报,李富春、邓兰(军委行政处处长)立即转报给中央。

南泥湾原住着回民,70年前左宗棠平回民之乱,一把火烧了民宅。从此,南泥湾人迹罕至,成了"烂泥湾"。

经过反复考察,大家一致认为南泥湾是一片可以长粮食的地方,值得垦荒开发。

方悴农等提出垦荒人招募及住宿、吃饭问题。中央决定调集部队开进南泥湾军垦,同时发动延安全体军民参与。

一场轰轰烈烈的大生产运动在延安展开。

1944年,美国驻华使馆上校武官戴维·包瑞德上校到延安访问,看到南泥湾屯垦练兵场非常惊奇,说:"这在世界上任何地方都是了不起的。"

"烂泥湾"变回南泥湾,丰收的季节到来了。

一曲由贺敬之作词,马可谱曲的歌舞《挑花篮》(后改编为《南泥湾》)出炉:

……

陕北的好江南,

鲜花开满山,

开(呀)满山。

学习那南泥湾,

处处是江南,

是(呀)江南。

又战斗来又生产,

三五九旅是模范。

咱们走上前,

鲜花送模范。

开发南泥湾是中国共产党抗日战争时期一场伟大的非军事胜利。这一壮举的深远意义在于，中国共产党不仅有能力打碎一个旧世界，也有能力建设一个新世界。

在延安党政军民大力发展农业生产，开展生产自救的期间，国民党在抗日主战场上损耗兵力60余万。而陕甘宁边区及中共所辖解放区人口迅速扩增到1.255亿，其中军队127万人，民兵288万人（摘自《中国人民解放军简史》，江苏人民出版社2007年第一版）。

此消彼长，国共力量在抗日战争结束前发生了逆转。

第41章　给老婆接生的兽医

在跟姚作农夜谈后不久的一个上午，方悴农给学生上完课后，拿着榔头、铁钉修理教室的破门。

天冷了，可不能冻坏了学生。

边上是一群从大城市新来的学生，正起哄着唱戏，有的唱秦腔"王宝钏守寒窑"，有的唱"高文举"，还有的唱眉鄠剧（陕西地方戏曲）"一双筷子是两根""女娃子长大变婆娘"。

>> 红寺村农校教员宿舍

农校以培养县区两级经济干部为宗旨，学生由建设厅通知各县区选派，每期150人，学制两年。

第一批学生9月份过来报到。学生们在农场几个月后，环境和人事都熟悉

123

了,在户外劳动或休息时经常说说笑笑、唱唱闹闹,氛围非常融洽。

这种氛围,让方悴农想起在湘湖跟同学们一起学农的日子,想起当时挑个铺盖还大汗淋漓、直喊累的同学们,方悴农觉得眼前这些学生更能吃苦耐劳。

"快来人呀!朱明凯昏倒了!"从教职员工宿舍那边传来了急切的呼叫声。

方悴农将手中的工具交给边上一位男同学,拔腿就朝呼声方向跑。到朱明凯家的窑门前,发现已经围了几个人,里屋传出园艺股股长朱明凯的呻吟。

"什么情况,凌风?"方悴农在门口冲着门内一个青年男子喊道。

"悴农,快快快!你弟妹要生了,快去找接生婆!"陈凌风从里屋走出来,一边搓着两只大手,一边冲着方悴农说。

"不是还有半个月的预产期吗?"方悴农的心提到了嗓子眼上,想起自己第一个儿子方照出生时,一家人候在门外,焦急等待的场景。

"附近没有接生婆,还是用担架抬到中央医院生比较保险。"边上有人建议。

"不行,农校离中央医院有40多里,万一半路上生了呢。路上什么都没有,大冷天的,出了危险怎么办?"陈凌风说。

"我去延安,带助产医生回来。"方悴农立马转身,两腿开动直奔马厩,挑了匹快马跨上去直奔延安城。

到了延安医院,方悴农直接找产科医生,是个穿白大褂、脖子上挂着听诊器的中年男子。

"医生同志,我从三十里铺的农校来,我们学校有位女同志要生小孩了,请你们赶快过去帮帮忙。"方悴农看到医生眼中有疑惑的表情,加了一句,"我们附近没有接生婆。"

"三十里铺这么远?医院有规定,没有领导同意不能出诊。"医生摊开两只手,表示爱莫能助。

"好,我去找领导。"

"要你们的领导跟我们的领导先说好。"医生冲着方悴农的背影说。

方悴农立即赶到建设厅,在窑洞外的一棵枣树上拴好马,跑进副厅长兼校长朱开铨办公室。

"悴农,遇到什么急事了?"朱开铨知道方悴农是个很沉稳的人,没有急事不会跑回来。

"朱明凯早产了,助产医生出诊要领导批准过。"

朱开铨立即接通中央医院的电话,跟医院方面疏通好关系。

方悴农又跑了10多里赶到中央医院。

一个从苏州新来的助产医生已经等在学校门口。

方悴农勒住马头飞身下马,把她扶上马,自己一路小跑跟着。

农场这边,陈凌风看着突然降临的夜幕,听着屋内妻子的呻吟,成了热锅上的蚂蚁。

他想起与朱明凯一起在广州岭南大学相识、相知、相恋、结婚并一起奔赴延安的过程。

朱明凯比陈凌风大两岁,1911年出生于广东台山,7岁就读于台城纲纪慎小学,后就读于广州中学,1936年毕业于广州岭南大学园艺系后留校担任图书管理员。

她就读的都是教会学校,要求学生信仰宗教、与人为善。但读书期间她也看到了英国士兵枪杀国人的"五卅惨案",知道"九一八"事变后,九龙、香港相继被日寇占领,激发了强烈的抗日报国热情。

朱明凯、陈凌风在广州岭南大学读书时相识并结成伴侣,后都在广西南宁工作。

1938年年初,陈凌风、朱明凯双双辞去广西南宁优厚的待遇,回到陈凌风家乡海南县,变卖了所有家产,收集了很多农学方面的书籍、资料,辗转广西、贵州、四川。在途中,两人有了爱情的结晶。

走走停停,到12月初才到延安,刚好赶上农展会筹备最紧张的阶段,两人立即投入工作。农展会结束后,两人第一批到达红寺村。

这个女人跟我吃了很多苦,我无论如何要保母子平安。

想到这里,陈凌风毅然走进窑内,握住妻子的手说:"明凯,我学过给牲口接生,我来好吗?"

羊水已经破了将近一个时辰了,朱明凯被一阵阵疼痛折磨着,瘦削的脸上都是冷汗。她说不出话来,只能点点头。

"快,大家帮忙烧水。有剪刀的拿给我。"陈凌风冲着屋外喊。

屋外有人答应着跑到厨房烧水。

不一会儿有人拿进来一把大剪刀,交给陈凌风。

陈凌风将剪刀放在油灯火上正正反反烧着消了毒,将一件棉袄放在炕上。

两盆热水端了进来,陈凌风抱起朱明凯,让她跪在棉袄上面。

不一会儿,窑内传出婴儿嘹亮的哭声。

方悴农跟助产医生到达农校已经是深夜。

看到学兽医的陈凌风已经用接生牛羊马的技术,用双手将自己的孩子接到了人间。

方悴农和助产医生面面相觑,医生立即投入产后救护工作。

也许窑屋密封性太差,或许是灯火消毒不靠谱,朱明凯发烧了。

第二天,方悴农找了副担架,和陈凌风一起将朱明凯及孩子放上去。

助产医生和陈凌风一起陪同到中央医院。几天后,母子平安脱险。

朱明凯出院不久,夫妻双双被委派筹建光华农场。

农场选址在延安城南郊的杜甫川,是一个以饲养奶牛供应鲜奶为主的保健农场。

陈凌风任技术主任,后任场长;朱明凯任甲等技术员,后任园艺课长。

在这里,陈凌风自己动手设计制作仪器设备代用品,主持研制出牛瘟甲醛甘油免疫苗和抗牛瘟高免血清,走村串户为病牛治疗,很快扑灭了边区牛瘟,保护了农耕生产力,成为我国消灭牛瘟问题最早的组织者和科研攻关学者。朱明凯则利用自己的专长,完成了大量的蔬菜、水果、烟草的选育工作。

第42章　屯垦专家李世俊

南泥湾屯垦之所以能够在短时间内取得举世瞩目的成效,顶层领导人的带头作用是最强引擎。

大生产运动启动后,中央很多领导人成为"种菜高手""纺织高手""肥田高手"。

在顶层领导、普通百姓之间,有两位非军功专家备受方悴农推崇。

一位是乐天宇,前面介绍过了。

另一位是李世俊。

李世俊1901年9月19日出生于山西省万荣县薛店村。1932年北京大学农学院农化系毕业后,在包头晋绥军屯垦办事处任科长,负责组织实施绥西的农业开发。

成效显著,上达天聪。

1937年,36岁的李世俊突然被授"少将"军衔,调南京国民党军政部筹备全国屯垦工作。

谁知,满怀信心的李世俊到南京后,一直坐"冷板凳",没有实质性的工作安排给他。

后来,才从别人嘴里得知这是为了削弱晋绥军实力,国民党执政者玩的"釜底抽薪"把戏。

抗日战争爆发后,他便带着老婆孩子离开南京。

同年9月,带着晋绥军屯垦时的同事江心、相里矩、高应明一起投奔延安。

到延安后,为了方便他做晋绥军统战工作,李世俊做了一段时间的"渗透"工作,赶上延安开展农业发展运动。

他与方悴农等承办了陕甘宁边区首届农产品竞赛展览会。

继乐天宇带着江心等深入考察陕西15县区农业发展情况不久,为了解决棉花自给问题,他率领唐川、姚作农、丁景才等,沿黄河延川、延长、固临三县进行长达56天的考察。

延川、延长、固临是陕甘宁边区新建县,李世俊等从农户保存的织机情况看,这个区域在清末民初应有8万亩、60万斤左右的产棉量。

洋布倾销后,植棉无利,这个产业几乎销声匿迹。

考察组向建设厅提交了在沿河三县植棉的报告,同时出台免息借贷、免征农业税或公粮等政策,农校编写《怎样种棉花》小册子和《棉花打杈挂图》发到三个县推广。

两年后,陕甘宁边区棉花实现自给自足。

在沿河三县植棉调研工作基本结束时,有丰富军垦经验的李世俊被委任为南泥湾垦殖办公室主任,兼军委总农场场长。

127

这是李世俊一生中具有特殊历史意义的任命,李世俊的名字永远种在了南泥湾。

李世俊在南泥湾做了以下几件事:

第一,制定开发规划并指导实施。乐天宇的考察报告说明这块地开发的可行性,何时开、怎么开要有统筹规划。

第二,在土地分配、河道疏浚、稻田开发、造林护林、水土保持、积肥造肥、开辟道路和市场等方面具体安排。

第三,合理安排购买耕牛、农具和种子等生产物资。

以上这些,统称为"南泥湾政策"。

政策的具体落实工作,还是要落在三五九旅旅长王震身上。

但专家也有局限,比如李世俊,做规划出计划是把好手,但要到田间地头做体力活儿,一天开垦三四亩地是万万做不到的。

部队开进南泥湾,在完成安寨扎营基础工作后,着手垦荒工作。

效果很不理想,有些田地几乎不长庄稼。

>> 陕北江南"南泥湾"

所谓高手在民间,王震听说垦区有位71岁的朱老汉,牙齿都掉光了,身体却非常健壮,是个劳动模范,种庄稼有好几把刷子,有时也会指点战士如何种庄稼。

　　他就去请过来给部队团级干部上课。

　　王震让军需处给朱老汉发了一套军衣,又联合副旅长苏进、副政委王恩茂,在一张二尺多长、一尺四五寸宽的白纸上一起签名,给朱老汉发了"朱副官执照"。

　　传为佳话。

　　李世俊在三五九旅得到了广大官兵的爱戴和尊敬。著名爱国将领续范亭(1893年11月27日至1947年9月12日,山西原平人。抗日名将,诗人。)在《杂吟》诗中有"人民爱戴李主任,计划周详多辛苦"的赞叹。

　　这给了李世俊同志极大鼓舞,同年4月24日,历来低调做人、低调做事的李世俊,在《解放日报》上发表了题为《怎样领导和执行南泥湾政策》,系统总结了南泥湾开发成功经验,并提出未来保护、发展愿景。

第43章　农校搬迁

　　朱开铨校长调走后,农校校长接任人是新任建设厅副厅长黄亚光(1901—1999年,福建长汀人。1926年毕业于台湾高等农林学校,1927年入党。中华人民共和国成立后曾任福建省委书记)。

　　黄亚光是个资深农学专家,而且字画双绝,是中华苏维埃共和国国家银行纸币图案的设计者。

　　黄校长到任后,认为战时学生要理论联系实际,就根据学员反馈的建议,亲自对课程进行了调整,减少理论基础课,邀请边区政府各部门领导到农校上课,提高行政执行能力。

　　新的问题出来了,学校离延安机关15公里,就是骑马来回也得一天路程。

方悴农给朱明凯请助产医生赶不及，如果不是丈夫陈凌风有给牲口接生的经验，恐怕母子都进鬼门关了。

所以，学校搬迁被提到了议事日程，但一边要完成教学任务并完成农场2000多亩种植任务，一边还要完成边区大生产运动的各项调研工作，一直没顾上。

这项改革措施出来后，这个矛盾突出起来，很多领导因为路远或别的什么事情，经常缺课。

每遇到这种情况，方悴农主任只能自己备课代课。

好在方悴农主任13岁就在村青年夜校当过校长，还跟观音庙的王先生做过一段时间的农村教育工作，什么文化、经济、科技、政治、时事方面的知识都能够现学现卖，没露多少破绽。

但长此以往，终不顶事。

黄校长也看到了这个问题，但搬迁需要钱，政府恐怕拿不出来。搬迁还需要时间，会耽误学生的课程。

决心难下呀。

1940年初冬的一个下午，他到农校给学生上科技课，课后走回教师住的那排窑洞，看到方悴农拿着一把锯子锯一段木头。

"悴农同志，你这是在修房子吗？"

方悴农听到黄校长的声音，立即停下手中的活儿，看着他回答："窑洞的门破了，已经入冬了，天气一天比一天冷，修好了能过冬。"方悴农一边说，一边将旁边一张自制的木板凳放到黄校长身后，请他坐下来。

自己进窑内给他倒了一杯水。

"我听说这个农场当时是靠农校教职员工双手建成的，你出了很多点子，也出了很多力。"

方悴农将水递给黄校长，将那段未锯断的木头放在地上，将凳子上的木屑倒在地上，在黄校长对面坐下来回答："当时边区工会派过十几个木工、泥水工，其他大部分是我们自己动手完成的。"

"现在场里对迁校址的呼声很高，你怎么看？"黄校长看方悴农满头大汗，把那杯没喝过的水递过来。

方悴农摇了摇手，说："朱明凯母子的事情我是亲历者，学校离城太远，不说教学是否方便，如果连医药配套都跟不上，恐怕以后会出事情呢。"

"那个时候选址,我们只关注农场的种植条件,没有考虑到生活配套。以前就我们自己上课还好,现在机关领导兼课,这个矛盾越发突出了。"方悴农猜测黄校长想听原选址人想法,就补充了一句。

"大家说七里铺那块地不错,离城近,就在光华农场隔壁,畜业农业可以合理综合利用。如果现在搬迁,有几分把握?"

"现在是农闲,学员和教职员工有比较多的时间打点。我学过木匠,可以和学生先过去挖窑建居,等格局复制好了再搬过去。"方悴农毛遂自荐。

黄校长下了搬迁的决心。

他让宜瑞珍主持搬迁全局,让方悴农、刘满海带一批学生先到七里铺开凿窑洞。

方悴农、刘满海带学生们到七里铺后,先是租借了当地老乡两间破窑洞做饭。效仿刚到三十里铺的做法,先用树枝、藤蔓搭建几个窝棚作为临时住处。

白天斩窑面、挖窑洞,晚上就睡在窝棚里。

大西北气候本来干燥,又是少雨的冬季,不到一个月时间,先挖好的几孔新窑已经能够住人。

方悴农和学生们一起把临时窝棚拆掉,继续挖窑。

参加挖窑的学生基本上都是20多岁的青年学生,其中几个刚从大后方养尊处优的家庭里出来,从来没有吃过这样的苦,但看到方悴农又上课,又做木匠,还身先士卒一起挖窑,手上结起厚厚的老茧,也含着泪水用布缠起出血的双手,继续劳动。

>> 1991年9月,方悴农(右)在延安南七里铺原陕甘宁边区农业学校旧址与离休的陕北老红军战士武忠贵(左)交谈

两个月后,他们共挖好大小土窑16个,把其中最大的一个作为教室,教职员工及学生宿舍分列两边,把红寺图书阅览室、实验室、厨房拆迁过来。

试验场用光华农场的基地,不再单设。

在筹备农校搬迁过程中,延安《参考消息》中的一则信息,让方悴农的心揪了起来:

1942年5月23日,武义沦陷,日本侵略者疯狂宣布"占领了世界独有的萤石产地"。

已经很多年没有家乡的音讯了,方悴农默默祈祷,希望家乡能够躲过一劫,希望家人和亲友平安。

1942年8月,延安农校完成三期学员培训使命后,由于生源、场地等各方面原因,与边区工业学校合并,成为边区职业学校的农科,并放弃七里铺校址,搬到宝塔山下。

方悴农调任边区银行农贷科长。

在过去的三年多时间里,他和农校同事一起培养了300多名农业技术干部,这些学员学成后被分配到边区各地成为农业技术骨干。农场开垦荒地1200多亩,共收获粮草二三十万担,还饲养了蒙古马、关中牛、三边白羊等优良品种。

那段时间,农校流传着一首集体自编自导的歌曲:

镰刀弯弯绳儿长,

扛起扁担上山岗。

糜子谷子黄又黄,

今年能收八十(石)粮。

从筹建到合并,方悴农参与农校建设全过程。白天或在田间劳作、或走县穿村做调研,晚上编写各类教材和调研报告,达数十篇。

这也为他调任新岗位打下了基础。

第44章　中国农学会

抗战初期,到延安的知识分子大多来自北平、天津、上海、杭州、武汉、广州等地,其中农林口知识分子有30多人。

农校搬迁到七里铺后,黄亚光校长调任边区银行行长,乐天宇调任自然科学院任主任,后调南泥湾屯垦,宜瑞珍调任振华造纸厂任厂长。

为了更好地发挥农科人员在大生产运动中的作用,边区政府召集乐天宇、李世俊、陈凌风、方悴农,商议如何把各单位的农业科学工作者组织起来,为发展大生产运动出谋划策。

"我们可以成立一个农学会,社团是一条纽带,可以达到较好的上下沟通效果,也便于农科人员实话实说。"乐天宇代表自然科学院。

>> 1994年,方悴农夫妇(左三、四)与延安时期部分老战友的合影

"我记得1917年国内已经成立了中华农学会,还有留法农科人员也成立了一个新中国农学会。这些我们目前都联系不上呢。"李世俊代表陕甘宁边区建设厅。

>> 陕甘宁边区政府遗址

"我看,直接点,就叫'中国农学会',以后时局好转再与其他两个社团联系。"方悴农代表农校。

"地址就选光华农场吧,有现成的会议室、食堂,聚会讨论比较方便。"陈凌风是光华农场场长,自告奋勇尽"地主之谊"。

"个人建议设在农校,悴农辛苦一点。反正我们几个单位都在附近,距离三五里地,根据课题情况几家轮流办会吧。会员的菜金和粮票都自己从本单位带过来。"乐天宇说,大家表示赞同。

1940年秋,中国(延安)农学会成立。推选乐天宇为首届主任委员,陈凌风为宣传委员,方悴农为组织委员。第一批会员30多人,有朱明凯、唐川、江心、吴力永、林山等,很多熟人。

农学会成立后,林伯渠、徐特立、吴玉章、李富春等都参加过相关活动,给会员宣讲国内外形势,并布置相关任务。

农学会根据任务要求,分课题开展调研,其中乐天宇牵头提出的开发南泥湾、李世俊牵头提出的开展沿河三县植棉、方悴农牵头提出的边区农贷意见等建议,均被党中央及边区政府采纳。在开发南泥湾、改进和改良农作物品种、发展植棉、提倡养蚕、消灭牛瘟、发展生产等方面起到关键作用,为保障边区供给作出了巨大贡献。

方悴农起草的《边区农贷问题的建议》发表于1941年11月23日的《解放日报》。

经农学会讨论通过后,以农学会名义报边区政府和中央财经委。

这份意见表达了四层意思:

一是为什么要开展边区农贷。理由是边区农民生活已经得到较大改善,需要并可以承受还贷压力。

这个方悴农是有亲身经历的,几年前家乡那场水旱大灾,如果不是有农贷蓄力,很多农民应该已经家破人亡了。

二是贷款的主要对象。意见提出来要以贫农为主要放贷对象,一句话,无论是在生产积极性还是在生产需求方面,贫农更需要提高生产力。

三是农贷是干什么用的。农贷可用来买耕牛。耕牛是当前最大的生产力,一头耕牛是一个壮汉三倍以上的劳动力,如果都能用牛耕地的话,生产力至少提升一倍以上。

四是农贷的方法。边区银行农贷盘子一共500万元,如果一个个项目去核要累死人,也不见得准确。建议建立"农贷使用小组"或"买牛小组",由这些小组作登记复核需要耕牛品种、数量,再到价格低的地方买回来。

有点浙江陶宅村农村互助组的意思。

方悴农是农学会组织委员,只要一有机会,会千方百计邀请从敌后过来的农学专家到学会交流相关情况。

国民党之所以能够对陕甘宁边区实行重重包围,有十分有利的环境条件:

周边是胡宗南30万大军,与蒋管区隔绝,黄河对岸的城镇和交通沿线又都是日占区,把共产党的华中、华北抗日根据地隔开。

现在到延安不像方悴农们那些年一样,把介绍信缝进衣领里,在关卡上撒个谎,就能顺利通过,而是要冒着枪林弹雨过一道道封锁线,日军和国军的子弹随时会招呼过来。中共在枣庄召开的第七次代表大会,从会议通知到集结开会就花了半年多时间。

农学会不是社工部,没有"情报"共享待遇,所有信息只能从《解放日报》电讯中得知。

所以,当方悴农得知陈凤桐(1897年2月25日至1980年10月4日,河南内乡人。著名农学家,中国科学院院士)从晋察冀根据地到延安学习的消息,立马找上门去。

陈凤桐是名声在外,有真材实料的专家。

1921年毕业于河北省保定甲种农校,1929—1931年赴日本留学,入日本东京农业大学专门研究农业经济。回国后曾在北平大学农学院、江西农业院工作。

这位老兄是个能文能武的多面手,抗战爆发后,他率领天津一批流亡学生在察北打游击,并参加根据地政权建设,创建"晋察冀边区自然科学界协会",到延安学习时,任晋察冀边区农林牧殖局局长。

一到延安,他就在《解放日报》上发表数篇文章,知名度又上了一层台阶。

陈凤桐跟农学会交流内容要点如下:

晋察冀边区自然科学界协会创办了一个《自然科学界》刊物,这是学员交流学术、沟通信息的平台。

方悴农在心里叹了一口气,《边区农业》停刊,太可惜了!

晋察冀边区没有设专门的实验基地,基地是到农村调研后,根据具体情况在老百姓的地里选设的,还设有室内暖房基地,便于及时控制和推广。

延安农校因为合并迁到宝塔山下,没有实验基地,才把大部分农科教育人员分流到其他部门。会后方悴农跟工业学校农科领导沟通,希望能够借鉴这个做法。

陈凤桐还谈了晋察冀边区如何控制蝗虫灾害、小麦锈病以及猪和牛的一些传染病。

延安农学会这边,也谈了办农校、组建农学会、南泥湾屯垦、提倡植棉、消灭牛瘟等一些经验和做法。

双方共同赞叹:不容易,太牛了!

第二篇 延安兴农

这是中国共产党抗日根据地建立后,敌占区和大后方区域间第一次农学交流,为红色农学发展起到了推进作用。

第45章 耕牛贷

在机械化遥不可及的旧中国农村,耕牛是最先进的生产力,方悴农在《耕牛问题》中提出了4个问题:

第一个是"一头耕牛,一年多打十石粮"。经过观察和统计,一个农民用老镢头挖地一年拼死拼活也只能种10垧地,用耕牛可以提高到30垧,就能多打10石粮。每年多收1000斤粮食,这其实用放牛娃的见识就能计算出来。

第二个是"惊人的耕牛出口和屠杀"。这里有国统区派特务组织投机倒把商人到边区高价收购的因素,也有荒地未开垦无地可耕的无奈。

第三个是"三分之一农家缺乏耕牛"。这里有贫富不均的现象,而大部分贫农买不起耕牛。

第四个是"租牛超出买牛钱"。买不起耕牛的农户就去租,但生产大开发阶段,租牛的钱有时超过买牛的钱。

那么,用什么办法来解决这些问题呢?

一是打击耕牛出口投机倒把,顺手把敌特分子也清一清。

二是禁止屠杀,并运用贸易差价原理,从耕牛价格较低的地区进口耕牛,再投放市场,达到降低牛价和牛租金的目的。

三是大量发放耕牛农贷。虽然边区政府出台了免税等"休养生息"政策,耕牛价格也已经调整下来,但还是有很多农民买不起整头牛。必须大量发放耕牛贷款。

方悴农将耕牛的农贷分成三类:一类是"政府拿身身,自家拿袖袖",即政府出大头,自己出小头;另一类是"自家拿身身,政府拿袖袖",就是大小头倒过来;最后一类是鼓励成立合作社,大家凑钱买牛,凑劳力轮流给各家耕种。

还有一招更绝的,农贷采取了"折实偿还"政策,有点类似"不变价"原理。这

招乐坏了农民,今年借了50斤粮食的钱,到来年归还时可以还钱,也可以还50斤粮食,或者是跟50斤粮食等价的棉花、种子等物资。不管市面上的粮食降了还是涨了,农民永远不会吃亏。

《我们对于边区农贷的建议》《耕牛问题》两篇文章发表后,方悴农受命带农校第二期即将毕业的部分学生做农贷试点调查工作。

碰到了许多有趣的人和有趣的事。

农贷小组长李林功就是其中的一个。

1942年7月的一个上午,延安县乌阳区三乡二行政村,农民冒着酷暑在田里除草,地里的苗还青着,但已经在找买主了。

这一现象在当地有个专用名词叫"探卖粮",就是青苗还在地里的时候,贫苦农户为了渡过"青黄不接"的难关,以不到市场价的半价把粮食卖了。

类似现在的低价推销预售,先拿到救命钱再说。

"公家人来散青苗款,晚上大家开会了。"有人带了这样一个消息过来。

"公家也很穷,哪来这么多钱,每户散个10元8元顶个屁事!"穷汉们不相信,爆粗口。

137

到了晚上,大家集中到一个窑里,乡干部首先传达散钱额度,每户可以根据青苗情况拿到200～300元钱。农户们好一阵开心。

其次核实了散钱对象,只有穷得叮当响的贫农才能享受。走了一批不合格的人。

最后,要选出一个小组长,钱要小组长散,也要小组长收回来。大家推选了李林功,并将申请书给了他。

第二天,李林功到县银行办事处取款。

办事处主任刘道容看到来取款的是个70多岁的老汉,有些不太相信:"您老人家是组长吗?"

李老汉不仅眼花,耳朵也背,加上不知道公家人会来上这样一句,自顾大声问:"今天能不能用钱?"

"糟糕,是个聋子。闹不好村里对农贷有意见,故意戏弄老人家的。"刘道容立即跑去跟李区长作了汇报,李区长也拿不出更好的办法。

刘道容只得又跑到李老汉前面,用嘴巴凑到他耳边大声说:"村里没有年轻点的人吗?要您一把年纪了还跑过来?"

这会儿李老汉听清楚了,他回答:"年轻人要种地,顾不上来。"

刘道容感觉到李老汉是个实诚人,决定把钱单独借给他:"这样,我把你并到别的组里去,把钱散给你。"

"这怎么行?别人不给借,光借给我,回去我这个组长会挨骂呢。"李老汉急了,一把拉住刘道容的手。

刘道容皱起眉头:"那些年轻人用钱,自己又不肯来,冤枉你老人家跑腿,公家的钱也不能随便搞没了呀!"

"他们没有时间来,才选我当组长。你尽管放心,公家的钱没不了,我会负责嘛。"

刘道容还是不放心,将名单上的名字一个个念给李老汉听:"这些人,你都敢担保吗?他们不还钱,要你自己顶上呢。"

"敢啊,这些都是老实种庄稼的,调皮捣蛋不干活的,村里没有让报。"

刘道容把钞票数给李老汉。

李老汉把钱包好揣进怀里,走出门外,转身团手作揖:"好,你们好!"

秋收完毕后,刘道容亲自跑到乡下催还贷。

他最不放心的还是李林功,所以直接到家里找他:"李大伯,现在庄稼都打下来了,散出去的钱要收回来,俗话说'有借有还,再借不难'呢。"

李老汉从炕上下来,把刘道容拉到炕上坐:"公家这次散钱,给老百姓顶大事了。现在一定要还给公家。你放心,有我。"他拍了拍胸脯说。

过了几天,别的小组催了几次没有动静,李林功带着他的组员把新打下来的粮食簸得干干净净,送到区上归还,不仅一颗不少,还都多交了几合(毫升的体积单位,1合约60毫升),作为利息。

"太主观,看走眼了啊。"刘道容心里暗道惭愧,并跟李区长作了汇报。

李老汉被评为农贷模范小组长,拿到大红奖状和80元钱。

第46章　在边区东南角

方悴农带农校学生出发调研途经延长县,陕甘宁边区银行办事处的主任热情接待了他们,并跟他们沟通相关情况。

"你到固临县去看看,听说那边还在使用法币。如果情况属实,要跟县长说,迅速纠正。"

皖南事变后,国民党不再给八路军、新四军发军饷,对边区采取了高压封锁政策:

首先是控制货币。国内外所有援助捐款不得汇入,法币现款也一律不得带入。

其次是斩断贸易链。边区产出的食盐不得与友区交换物资。

这两招下来,陕甘宁边区抗日根据地的法币有出无入,商业流通渠道被阻断。

1941年1月28日,边区政府发布《发行边币,禁止法币通行的决议》,同年2月以全部税收及公营企业资产作抵押,授权边区银行发行1元、5元、10元面值的陕甘宁边区银行币(简称边币)。

但边币发行后,特务又开始搞破坏,用种种手段扰乱边区金融秩序。

固临县在边区东南角,离延安城150里地。

方悴农和学生在县政府所在地赵家河招待所住下,看到接待他们的工作人员用的大多数是法币。

"你们怎么还用法币?"有个学生问。

"我们这边历来以宜川(国统区)为中心,到那边买一石小麦要80法币,在我们这边只要160元边币(安河货币交易所牌价是1元法币兑换2.5~3元边币)。"工作人员回答。

方悴农和学生又深入与国统区交接的几个村做了10天左右的调研,解开了几个谜团。

一个是为什么小麦比大米贵。

一般来说,大米比小麦的市场价高,但在延安就已经出现小麦比大米贵30%的情况,而固临是陕甘宁边区的主要产粮区,小麦占了粮食总数的60%左右,但价格反而要比大米贵上一倍。

调查的结果是"友区"用法币高价大量收购。

一到麦收时就放出各种利好消息引诱小麦输出,对将小麦输出的人车一律放行,还有好酒好肉好招待。在边区160元边币买一石小麦,到宜川卖80法币一石。

有这样的利好,小麦被源源不断运出去。

还有一些以"驮盐"为名行"运麦"之实的群众组织,大量的法币也带了进来。即便是当地政府,也不得不将边币兑换成法币,向老百姓购买小麦。

一个是商品为什么没有流通。

在宜川城里,国民党驻军禁止棉花、棉纱、棉布、纸张、文具、农具等一切日用品输出。他们对当地城市居民及进城购物的农民限量采购,对超出限量者,少则没收,多则坐牢、枪毙。所有东西一律不准输入陕甘宁边区抗日根据地。

所以,方悴农编的《边区农业》不得不停刊。

一个是牲口都到哪里去了。

国统区首先废止牲口交易税,并高价输入各类牲口。

方悴农从固临县政府了解到,在本地卖800元左右一头的耕牛,在宜川可以卖上1200多元一头,牛羊马猪等都有较大幅度的涨幅。

固临县去年一年扣留从延长、延川走私的耕牛202头、驴564头、羊7189头。

固临本地农民夜间偷偷运出去的牲口则无从统计。

一个是边区特务网是怎么构成的。

方悴农找了几个与友区来往比较密切、对那边情况了解比较多的教师开座谈会。

"张老师,你那边有亲戚,听说前几天还回去过。雷多河对岸的行政体制还跟以前一样吗?"方悴农问。

"不太一样了。"张老师说,"过去是区、乡镇及保甲制,现在是乡镇公所和保公所。"

"现在乡公所机构,比区公所还大。"头发花白的刘老师说,"有专职乡长、副乡长。乡长姓曹,30多岁,父母是乡绅。原来在县政府工作,去年七八月调来,每月支120元,3小斗小麦或一大斗米,由农民负担。副乡长是原来的区长,本地人,每月支100元,粮食同乡长一样。"

"我听说对面养了不少特务。"有位学生插了一句。

"我有个表弟就干这个。"一位年轻教师接过话题,"领头的是陕西省党部派来的指导员,叫什么忘记了,每月支150元,粮食跟乡长、副乡长一样。他的秘书叫白月桂,本地人,当过小学校长。"

"对了,还有一个姓顾的助理,说是共产党的叛徒,本地店头村人,到西安参加过特务培训,帮助指导员做特务工作。白直乡一共有5个保,每个保设保公所,有文化、30多岁保丁1~2人,都受过特务培训。乡公所有警备队。"第一个发言的张老师补充了一句。

"这个机构大概有多少人?"

青年教师说:"大概有30多人,大多数是流氓出身。每个月每人支10元,3斗麦。但实际上抓壮丁,敲诈勒索,坏事做尽。"

方悴农一边记笔记,一边思考,听到抓壮丁,插了一句:"壮丁又是怎么派的?"

"每月抽一次壮丁,有钱的可以找人代替。征兵数目每月县上临时通知,有时三四个,有时十多个。方法是先抓外地来的人,这样本地人不会找麻烦。"

"还有派劳力,每年每个劳力要百来天时间,自己地里的庄稼根本顾不上种。要粮、要草、要木头更是家常便饭。"头发花白的刘老师说。

第二篇 延安兴农

141

>> 1983年,方悴农(左三)与部分延安老战友重返延安访问时的合影

"怪不得近几年延川、延长、固临的人口多了起来。"方悴农心想,在脑海中汇集之前星星点点的"情报":

农民不堪这样的盘剥,跑到根据地的比较多,但也有些深夜被军警掳回去,受到严厉的惩罚。

至于特务的破坏活动,更是罄竹难书。

暗杀。特务有便衣和短枪队两类,便衣侦察情况、望风,短枪队暗杀,对象是党政机关工作人员。

抢劫。对象是商旅游客。不久前,有个便衣抢了一个商贩700元钱,把人毒打一顿扬长而去。

造谣。去年根据地动员农民到盐池驮盐,混进盐队的便衣造谣说:"苏联和德国打仗,命令共产党去帮助,你们去了,牲口和人都回不来了。"有人很害怕,居然上吊寻死。公粮征收前,又散布谣言:"边区今年要征几百万石粮食,刮光还要卖牛羊。"有害怕的农民就跑到河对岸去了。

更可恶的是到军队卧底,凉水岸、岭台两次部队哗变也是这帮特务的杰作。

调研组将这些情况及时反馈到建设厅,再转报边保部、社会部等部门,有关部门采取有效措施阻止敌特活动。

第47章　真武洞闹集

在离延安城80多里的真武洞,方悴农和调研组的学生们则看到了另一番情景。

真武洞是安塞县政治、经济、文化中心,已经是一个规模不小的集镇:两丈多宽笔直齐整的街道上,修起了300多间簇新的房子,还有200多间正在修建中。有200多户1400多人口。25家杂货店、5个骡马店、3个饭店、1个粮店、1个中药铺,还有15~16个比较固定的小摊贩。

方悴农一行找到集市发起人李石昌和谢洪有,了解到下述情况。

5年前,这个地方只有十几个破窑洞,住着谢洪有、刘志海、孙海有、高丕汉四户人家。

谢孙两家开小草料店,给过往延安的骡马添点脚力,这里没有其他商贸,连个茶铺都找不到。

1936年7月,内战还没停止,延安住着国民党部队,大部分人不敢到延安,谢洪有看到了商机。有一天,谢洪有带着几个乡亲去找区长李石昌。

"区长,我在这里住了几十年,我们这个地方刚好在边境与延安中间,每年来来往往数万人。以前也有人来要求住店,有人住就能做买卖,我觉得可以闹个集。"谢洪有扳着指头说。

"谢乡长,你是我们这一片的模范乡长,你们只要有心搞,我肯定支持。大伙儿也一定会支持。"

大家纷纷表示支持。

搭台唱戏,发通告宣传。来的人很少,东西卖不出去,到12月底就停了。

1937年抗日战争爆发后,这个地方成了粮贸集散地,安塞政府再次发起闹集。比第一次好,但不是很热闹,断断续续。

到1939年夏天,延安的一些机关部门搬到这里,榆林、横山、绥德、米脂等地的商人纷纷往这边汇集,集市慢慢又兴旺起来。

每逢农历四、九的集市,赶集的人超过1万,500多头牲口驮运物资。市场日常成交粮食50多石,产粮季节成交80多石。20多家店铺,每天的流水

15万~16万元,年牲畜、斗佣及货物税的收入达30多万元

在真武洞,有两件事情,让方悴农感触至深。

一件是模范乡长谢洪有修商业街。

1937年,模范乡长谢洪有提出要让集市闹起来,要修一条商业街,没有人相信这个地方会变成闹市。

"4户人家加上牲口还不到30人,怎么闹?"

"老谢,你见鬼了!这种烂地方,折腾两天也就过去了,修什么街道?"

老谢同志笑呵呵地回答:"正因为是烂地方,已经烂到透了。不信,你过几年看。"

模范乡长谢洪有跑去跟区长商量,一边是搭台唱戏,先把场闹起来,一边由区政府组织各乡派人到真武洞修街道。

他们给这条街做了个简单的规划:街道宽2丈,杂货店进深4丈5尺,骡马店进深7丈,宽窄则看地形,用多少修多少。

土地都是地主的,每年每亩交5元钱地租,现在改为每亩交一斗粮食。也可以买,给地主打一面窑,再给30元钱,土地就转让给他。

效果还是不好,往往唱了6天戏才搞到3天的钱,分派给各乡修路的任务,也基本上没有动过窑。

模范乡长谢洪有没有气馁,他还是又贴钱又赔辛苦地坚持着,慢慢大家都被感动,街道就修起来了。

一件是陈高耀发家史。

方悴农在"耀德长记"店面前看到掌柜陈高耀从外面进货回来。

这是一个中等身材、天庭饱满、脸色红润的中年男人,穿一身绸衫,着一件皮草短褂,戴着一顶皮帽,骑一头毛驴,俨然成功商人气派。

听方悴农介绍是公家人来调研的,他连忙摘下帽子点头施礼,拿帽子的手伸向大门:"稀客,稀客!里边请。"

宾主落座,上茶后,陈高耀跟方悴农及学生们说了到真武洞做生意的经过。

陈高耀是最早搬到真武洞经商的商人,说是商人,刚来的时候连个小摊都摆不起来,只能拿几十钱到乡下收一些羊皮、鸡蛋,再到几十里外换几十元一斤的棉花,赚的差价在当中街道打墙围了块地,慢慢修起三间房子。

这人不仅勤劳,还有经营头脑。1938年秋天,他向政府借了2000元,别人

又送他几幅绸帐子。

"这些绸帐子是朋友作为店铺开张礼送的，一般人都会等店铺开张后拿出来卖。但我当时有个想法，这些货太少，撑不起门面。店铺开张的时候，有些商人会借货来摆。我就把这些绸帐子低价出售，卖了1200元，连同向政府借的2000元，带到延安去进货。"

"你有三间店铺，恐怕3200元货也不够摆呢。"有个学生插了一句。

"这位小兄弟没做过生意。边区抗日根据地贸易秩序很好，我只要付一半的钱，就能进6400元的货呢。买卖嘛，讲究的是诚信，我只要在约定时间内把货款归还，下面的单子都这样盘，只要生意一直做下去，前面那一半等于一直是铺货。"陈高耀笑着说，满脸写着生意经。

有这样的盘算，"耀德长记"自开张大吉后，一直品种齐全，生意兴隆。

不久，就将米脂老家的爹妈、老婆及两个孩子接过来，又雇了个伙计。帮手好了，生意越做越大，年收入竟然达到2万多元。

"像我这样的经商户在真武洞商业街有十五六家，我只能算个中等户。"

陈掌柜说，自己虽然只是个中等户，却带出了一个最大户。

"新隆昌"是真武洞商业街最大的商号。掌柜的是横山人，来得比陈高耀迟。来的时候只有60元钱，住在陈掌柜家里，刚开始也学陈掌柜串些小买卖，后来越做越大，现在自有固定资产已经达到20万元。

经调查，旧城、招安、莱阳、高桥等地的集市，也有这样的规模。

中国共产党已经具备打江山、坐天下的经济贸易能力了！这是方悴农和调研组学生们的共同感叹。

第48章　植棉贷款

前面提过，植棉项目由李世俊带考察组完成，并向建设厅提交了在沿河延川、延长、固临三县植棉的报告，同时出台免息借贷、免征农业税或公粮等政策，农校编写《怎样种棉花》小册子和《棉花打杈挂图》发到三个县推广。

1943年,边区银行农贷科长方悴农到延川城区五乡南河一带调研植棉贷款项目实施情况。

1942年2—3月份,边区政府给三个县拨出100万元植棉贷款,到7—8月份又拨出60万元棉花青苗贷款。

两次实际放出的贷款是143余万元。

贷款的条件很简单,只要种棉花一垧以上的,都可以申请贷款,而且,与耕牛贷款不一样,没有对贫农做倾斜,不管家里是什么条件,只要种,有需求,就给。

贷款的手续跟其他项目也有点不同,各村的植棉户要先推举代表,乡政府经过协商后,从这些代表中选任组长。组长负责到银行领贷款,按照批准数据交给各村代表,各村代表再交给申请贷款的植棉户。

这就避免71岁的李老汉们巴巴地赶到银行,造成沟通不畅的情况。

这些组长的任务也比较重,除了领款、收花,还负责整个过程的督查。谁家没按时种,组长要盯牢抢种;谁家的苗长得不好,组长要盯牢施肥除草。

总之,只要不是遇到天灾,就要确保把棉花还给政府。

在乡政府,乡长赵树清叫上组长曹明亮,跟方悴农聊植棉款用途。

乡长是植棉贷款的直接受益者,他告诉方悴农:

"我家头一场(次)借了60元,称了两斤花(棉花),叫婆姨纺纱织了2丈布,全家做了一身夏衣。第二次借了200元,买了一头小猪,喂3个月卖出去,买回两头小猪,在槽里喂着,到年底可以卖1000元。"

"植棉这项怎么样?"方悴农问。

"我们种了1垧棉地,捻了70多斤皮棉,也能卖上四五千元。我原本不打算种花的,春上政府放款植棉,我是乡长要带头。没想到有这么好的收入,以前家里穿的衣服还要到外面买花纺。"

方悴农没想到棉农的经济头脑这么好,居然会多元化经营。

"我家没乡长家顺溜。"曹明亮见方悴农的目光移向他,接着说,"头一场我借了90元,花60多元到集上称了两斤好花,回来叫婆姨纺纱织布1.6丈,值300~400元,还没卖出去。第二次我又借了90元,花了100多元买了一头小猪,养肥了,前天有人出1000元,我没肯(卖),应该值1200元吧。"

"你得抓紧脱手呀。花不卖会烂掉，我没有养过猪，但在我浙江老家，能够出栏的猪都要很快脱手，多养也就多费饲料呢。"方悴农替他着急。

"是的，我跟婆姨也商量着尽快脱手。"曹明亮有些不好意思，他挠了挠头继续说，"棉花只种了半垧，我的地条件不太好，下种的时候遇到雨，有一半棉籽泡烂了，没出苗。我锄了三遍，收了26斤皮棉。就是一半收成，也比种庄稼好。"

方悴农又到延川办事处找到主任肖煌及李舒明，了解到这种多元化经营是普遍现象。

"其他植棉贷款，大部分都买了花织布转卖，或者买了小猪养。"肖煌数了几个具体家庭的情况，"我们去年底对这个村23个植棉贷款户进行调查，买花织成布的有王景玉、梁志英、王万克等10户。王景玉两次贷款都买了花，织成布后一家人够3年穿，还卖了650元。梁志英称了3斤花，织成4.5丈布。其他几家有买小猪的，也有买农具或填补家用的。"

"都用作这些东西了，棉花谁来种？"方悴农很奇怪，难道，这些人都拿钱去买来交的吗？

"这23户植棉贷款户，除了高学福将钱买了农具没种外，其他都种了棉花。产棉最多的是张明清，他自己说捡了80斤，其次是梁存义65斤，王聚才50斤，其他基本上30～40斤，最少的也10斤。"肖煌停了一下，想了想说，"这还是棉花收完以后，家家户户自己报的，实际要比这个大1～2倍。"

方悴农再次感叹陕北农民的经济头脑，没有把钱局限在"专贷专用"，而是一手抓任务，一手抓多元经营，两手抓两手都硬。

"我听说刚开始放贷时，有些人不愿意，乡长和组长都带头贷款了。"

李舒明是具体经办人，比较清楚这个情况，他说："可不是，曹家圪崂的曹腾飞，借款的时候，别人叫他开会他不到，没有借到款。春上公盐代金没有钱交，只得卖了三斗麦子。以后看到植棉户买花织布、买小猪、买农具，日子一天过得比一天好，肠子都悔青了。有一天碰见组长曹明亮，一把拖住，'明年要散钱，一定记得叫上我，我也打算种几垧花'。"

方悴农点点头，在笔记本上详细记下这件事情。

"还有那个没有植棉的高学福，平时对政府工作牢骚怪话很多，这也不是，那也不行。借了90元植棉款，却跟别人说'今年种棉花一定会倒霉'。把钱使了，花却没有种上。第二回借款又来报名，谎称家里棉花已经长一人多高了，组长当面揭穿他是高粱长了一人多高，没有借给他。后来他看到种的棉花给政府，政府没多要一分,他才后悔了。"

1942年春边区政府给沿河三个县拨出143余万元植棉贷款,散给1.6万户,仅贷款部分就新增植棉地5.15万亩,到秋收增收棉花80余万斤。按当时的市面价35元1斤计,增收2800万元。

"丰衣足食"是大生产运动的终极目标,边区政府在日寇、汪伪顽军、国军的重重包围下,巧妙运用金融杠杆原理,通过耕牛贷解放生产力,通过植棉贷、种子贷、农具贷、青苗贷等解决农民生产困难,并吸纳了大量的民间资金投入农业和畜牧业,使边区的生产资料日益丰富,生产关系日益融合,生产能力大幅度提升。

延安不仅能够养活从前线下来的伤病员,还能养活一批干部的家属。前线部队完全没有了后顾之忧,为抗战及解放战争胜利提供了有力的后勤保障。

第49章　轧工队秘诀

方悴农在延安县金盆区三乡玉家崖底村看见指导员孟庆成的时候,大有他乡遇知音的激动。

"说说,你们的轧工队,怎么建成的。"

方悴农从李区长那里得到一个数据:大前年,村里组建了轧工队,全村淘了80多垧荒地,多打了70多石糜子。去年没有轧,各家自己干,才淘20多垧荒地,多打10多石粮食。今年还是那些人,我们组织起来轧工,淘了100多亩地,多打90石粮食。还给别村淘了17天,锄了10天。

不是一般的牛啊!

"去年春上,区里派给我们乡10400亩的开荒任务,我一想,村里虽然有刘女儿等模范,但光靠一家一户去搞,肯定是不成的,就动员干部和群众成立轧工队。"

"我先请教一个问题,同样是这些人,劳动工效为什么会相差这么大?"

"这个轧字呢，在我们这里就是轧堆的意思。您想啊，淘地基本上都在春秋季，那个时候太阳暖暖的，一个人到地里没淘几下就犯困，躺下去就不想起身了。"孟庆成搓了搓两只长满老茧的手，"一个人淘地，总感觉淘了老半天淘不完，十几个人一起淘，大家嘻嘻哈哈，一垧地没多大工夫就淘成了。"

笔者读高中时，特别崇拜陈学昭小说《工作着是美丽的》，这本书的主人公李珊裳两度出国后放弃优裕的生活投奔延安，体验并发出"只要生活着、工作着，总是美丽的"感慨。

知识分子是这样，农民也是这样，只是农民不会发出"美丽"这样有文采的感叹而已。

方悴农及学生们是在大田里跟孟庆成聊，这时候也聚了十几个轧工队的农民过来。

一个今年刚参加轧工队的青年说："开工那天，我们大家一起到孟大哥家里吃饭。他们家那天割了肉，发了豆芽，蒸了馒头，还买了粉条，倒了两斤烧酒请我们第一天到工的8个人喝酒吃肉。大家推举李掌才领工，乐生堂管账。吃完饭，大家一起去淘了一下午地，半垧，不算工钱。"

方悴农了解到，开工有一个简单的仪式。

发起轧工的工主请大家吃完饭，会说："大家接下去要跟我受苦了，今天下午出工应该给你们记工钱。"但来参加轧工的人，知道这是一句客气话，自己不止今天白吃一顿饭，以后都要这个领头的关照，尤其从外面来的，下雨开不了工，还是要在这家吃饭，有时还要帮衬盐米衣服什么的，所以都会说："给工主淘半天地应当，不该算工钱。"

"今年本村参加我这个轧工队的有13个人，也有几个外村的，来几天就走了。我们先轮流着给自己家里淘。好淘的地一天能淘3垧多，不好淘的也能淘2垧。没轧工时，一个劳动力一满（'一满'，延安方言，语气词）才淘3～4垧地，轧工后，平均每人能够淘10垧。"

"顶上耕牛了！"方悴农赞叹。

因为这个轧工队功效高，很多掌柜的自动寻上门来，都顾不过来了。他们只应了金家屯、老沟、龙王庙、麻洞川去淘，到7月底解散。

也不是所有的轧工队都能够取得这样好的业绩，调研组经过几天的了解、比较，找到了孟庆成取得成功的秘诀。

关键在领工。

孟庆成第一大优势是肯吃亏,乐于助人。刚成立轧工队的时候,他不仅仅是请大家吃顿饭,还拿出 1000 多元,买了布、水烟、农具等,这个不白给,工人要用,按原价在工钱里扣。遇到工钱收不上来的时候,就先垫着,从来没有算过一分钱的利息。

有些人缺粮,他会先出借;别人生活上有什么困难,他也会主动帮忙。

人心都是肉长的,大家都记着他的好,乐意先帮他家里干活儿,从优先用工、提高工效上让他早打粮、多收粮,不吃亏。

在大家的帮助下,孟庆成这一年开了 10 多垧荒地,打了 8 大石糜子,熟地锄了三遍,不仅多打了粮食,碾出来的米品质一流。

也有一个反面例子:本村的王占福也轧了一班锄工,不仅不肯垫钱,还要先用工钱。买把 30 元的镰刀,要向工人收 50 元。队员不满意,劳动情绪低下,出工不出力。他自己有短处,也不好批评别人,不到半个月就散伙了。

孟庆成第二大优势是破陈规,与时俱进。过去轧工的老规矩,是 9 个人上山收 10 个人的工钱,多出来那份是领工、工主及管账的酬劳。比例是工主拿三分之一大头,领工和管账因为还拿一份出工的工钱,就拿三分之一小头。

孟庆成只拿三分之一,把另外三分之一给了领工和管账。因为他非常清楚,自己不在淘地一线,这两个人是开源节流、提高工效、增加收入的关键。

这等于增加了中层干部的分红比例,大大提升了两个"高管"的工作积极性,他们工作上格外上心:清早先起身做准备工作,淘地时以身作则,难淘的留给自己去淘,工人劳动情绪高,就能多淘地。多淘地的待遇是家主好吃好喝好招待,劳动成为工人的乐事。

孟庆成第三大优势是有谋略,统筹兼顾。领工是个技术活儿,不仅要接单,还要合理安排出工及作息时间,更要兼顾每个工人的家庭情况。有些工人自家地顾不过来时,孟庆成会让他先回家帮忙。工人有时遇到困难、劳动情绪不高的时候,他会了解情况,解决问题,让大家恢复信心。

管账的乐生堂是从北面下来的难民,一家 4 口没饭吃。孟庆成先给他解决一家人的吃饭问题,还安排第一个给他家淘地,把自己家里的牛借给他犁地,还让工人们帮衬他 10 垧地下种。

乐生堂当年就打了 10 多石粮食,拿了 500 多块工钱,把家立起来。第二年借了农贷,帮助兄弟种地养家。

最近几天乐生堂身体不太爽,方悴农和孟庆成去看他。方悴农问孟庆成:"今年李区长是要大家保证能够完成任务的。我算了一下,得有你们这样16～17个轧工队才能完成。你还要组队吗?"

"我一个人恐怕不行,我们家的钱给兄弟娶媳妇用了。我想跟王占福合起来轧一个。真的不行,借农贷轧。"

"会超过去年吗?"方悴农问。

躺在炕上的乐生堂支起身,兴奋地说:"今年比去年有经验,又有年轻劳动力加入,当然会比去年好!"

第50章　大后方的农贷

1943年1月至3月,边区银行农贷科长方悴农在《解放日报》上先后发表了《真武洞》《延川南河的植棉贷》《孟庆成的轧工队》。

还有一篇《农贷发放中的几个实际问题》于1943年1月2日写成,边区银行将稿件发给各有关单位,没有公开发表。

方悴农在稿件的开头写道:

"陕甘宁边区农贷,从去年开始原计划发放500万元,到年底发放418万元,今年增至2000万元,贷款地区也从延安直属各县扩大到全边区。现在农贷正要开始发放,为使这笔巨额的贷款获得预期的效益,关于贷款的对象、手续及方式、折实归还、自筹资金、发扬民主、抓紧放贷等一些实际问题,需要每个办理农贷工作的同志弄得清清楚楚……"

在大量调查研究的基础上,方悴农分析并提出解决问题的办法。

不能将贷款对象简单定位为"贫农户"或"移难民"。

陕甘宁边区的成分划定,是土地革命时期的产物,经过几年的发展,很多张老汉、陈掌柜已经完成从"贫农户""移难民"到"地主"或"富商"的华丽转身,根本不需要贷款。

即便现在还是"贫农户"或"移难民"身份,除了劳动力很弱,或因病致贫,还有一些本来就是好吃懒做的人。这些人你把农贷的钱散出去,没有能力或不会好好干农事,起不到扶贫效果。

所以,农贷发放对象,不能"谁要借就借"(不审核)、"摊得叫众人都用些"(平均分配)、"谁家没办法,叫谁用"(扶贫)、不能"自己借不上,也不叫该借的能借上"(打击报复)。要看具体项目及具体实施人。

农贷对什么样的人起作用呢?方悴农举了一个例子:

四乡马洞川的施宝德,过去租丈母娘一头牛,跟别人合起来用一犋(牵引犁、耙等农具的畜力单位,能拉动一种农具的畜力叫一犋,有时是一头牲口,有时是两头或两头以上)牛,只种30多亩地。今年散农贷他借了700元(公家拿身身,大头),花1200元买了一头好公牛(自家拿袖袖,小头),租了一头牛合成一个犁、耙畜力组合。除了种好原来那30多亩地以外,还开垦了30亩荒地,年成好,秋后能够多打五六石粮食,一年内归还农贷根本不成问题。

施宝德逢人就说:"今年农贷可给我顶了大事!"

农贷要发放给需要并且能够用好、出效益的人和项目。

在放贷手续的办理上,不能因为存在下面报的情况不实就"一刀切",或者在没有掌握真实情况的前提下把钱借出去。

方悴农举了安塞四区五乡的一个例子。

这个乡三村有个叫侯振祥的农民,租了别人的两头牛,雇两个劳动力耕作,抽大烟,能说会道,是个二流子。农贷工作组到村里放贷开座谈会,侯振祥在

>> 1991年9月20日,方悴农应邀回延安参加陕甘宁边区银行纪念馆开馆仪式

会议上呱啦呱啦吹牛,跟工作组套近乎。村里人知道这个人品行不端,看他跟工作组走得近,都不说话。

工作组不了解情况,问乡里干部,乡干部也不实事求是反映,就借给他200元。这样一来,其他人也不实事求是申报,到最后发现整个乡都带起了这样的风气,又"一刀切"了贷款额度,每个人只有10元、20元。等钱用的农民看到不顶事,干脆就不借了。

方悴农提出,贷款发放要走县区政府审核程序,这样既能够克服直接下拨的主观主义,也能克服乡干部做老好人的思想。而且,还能调动农业合作社的积极性。

折成实物归还在前面耕牛贷款里已有说明。方悴农在这里枚举了"贷出货币,折成农产品归还""贷出实物,折成农产品归还""贷出实物,折成货币归还"及"贷出粮食,归还粮食"四种方法。

可见,边区农贷执行了因地制宜、品种和样式都有创新突破的特惠政策。

方悴农认为根据项目设定适当比例吸引农民自筹资金,是比较可行的办法。在执行过程当中,不能简单地设定"自己能出多少借多少"。要本着帮助群众发展生产的初衷,通过广泛宣传发动,让群众自觉自愿投入开源节流、增产增收农贷工作。

按照这样的思路和原则操作,效果非常明显:1942年,边区各县150万元农具贷款,吸引农民自筹资金100多万元,8000多个农户增加了2672头耕牛、4980件农具。不仅把农贷真正用到生产上去,还通过鼓励节约,将部分流入消费资金转入扩大再生产中。

在民主监督这一块,方悴农举了一个可以同时作为正反面教育的例子。

安塞六区四乡民兵连长尚福玉、建设主任白先海、村主任阎安生商量好,由阎安生当组长,将借到的1210元扣了210元三个人分了,1000元散给组员。

组员马俊章发现了这个问题,就责问阎安生:"那210元到哪里去了?"

"领款的时候,开支掉了。"阎安生的意思是在领款过程中有误工、误餐等。

"那这些钱谁负责归还?"马俊章又问。

"那总是我们三个人还咯。"

马俊章想想还是不踏实,跟其他组员说了,其他组员都不同意,就将这件事

>> 陕甘宁边区银行遗址

情报到区上,马区长立即派人查明确有此事后,召开全村居民大会,严厉批评三人的做法,并当场叫他们将钱退出来,给其他需要的组员使。

"只有发扬民主,农贷才能发挥更大作用。"马区长说。

农贷有很强的时效性,耕牛贷必须在年前,买来的耕牛要有跟主人、跟水土磨合的时间,必须养上一段时间,如果等开春买了就用,牛不给力,生产效率很低。还有青苗贷,一定要在快揭不开锅的时候放出去,否则等熬过去或饿死了人,人家也用不上了。

所以,通过各方面努力,边区政府今年一次性筹备2000万元农贷,方悴农所在的农贷股加大了审核力度,已经全部发放到各区县乡政府。

方悴农呼吁:农贷必须抓紧发放!

这样的筹谋,有力配合了边区大生产运动。

第51章 "方山归来"

严如林与方悴农结婚后,在农校图书馆工作,照顾方悴农饮食起居。

1940年3月,身怀六甲的严如林被安排到延安女子大学特别班学习。

也就在这个月,严如林入了党。

这一年8月,一个男孩出生了。夫妻俩很高兴,尤其是严如林,初为人母,对未来充满希望。

方悴农给孩子取名方曦,寄托抗战胜利曙光早日到来的希望。

消息报回老家,爷爷方仁又是另一种希望,取名"嵘"。从字面的意思理解,是希望"方山归来",还以这个名字入了族谱。

因为两个人都忙于工作,就把这个孩子寄养在农校一个家境比较好的职工家里,每个月按期将生活费拿过去。

快到年底的时候,寄养方曦的那户人家赶到农校,说孩子死了。

方悴农带着有6个月身孕的严如林快马赶到那户人家。

孩子包裹在襁褓中,静静地躺在炕上,小脸发紫,已经僵硬了。

"前几天我来看时还好好的,怎么突然就没了?"严如林哭喊着。

"前几天就有点拉肚子了,昨天晚上我们喂了点玉米糊糊,今天早起就没气了。"那家婆姨说。

"玉米糊糊?这东西怎么能养这么小的孩子。上次我送钱过来时,让你帮忙买点牛奶什么的,孩子是没营养!"严如林心如刀割,忍不住责备。

寄养户夫妇知道孩子在自己家里出事,不管是什么原因都感到愧疚,没有作声。

方悴农将严如林揽进怀里,轻声安慰:"是这孩子跟我们方家无缘,为了肚子里的孩子着想,你别太伤心了。"

方悴农进窑洞的时候,看到这家人桌子上吃剩下的东西都不太好,大家的日子都不好过。

最为关键的是,既然人都已经没有了,再怎么说都没有用,不能在这个时候影响与老百姓的关系。

严如林也知道事已至此,不能挽回。他们在寄养户夫妇的帮助下,含着眼泪将孩子埋了。

1942年1月9日,严如林产下第二个孩子。

是个女孩,既有老爸方悴农的俊气,也有老妈严如林的秀气。

这是方悴农的第4个孩子,也是第1个女儿,取名"晖",希望这个孩子能够沐浴天地阴阳的光辉,茁壮成长。

接受了方曦夭折的教训,严如林不敢将孩子寄养,一把屎一把尿,咬着牙自己带。

毕竟是从雪山草地上滚过来的红军,她白天背着孩子去上课,晚上精心照料孩子。

组织上考虑到她的具体情况,女子大学毕业后,于1942年8月安排她到陕甘宁边区银行托儿所当保育员,可以更好地照顾家人。

方晖出生之时,是皖南事变后三个月,国共两党关系非常微妙。方悴农与家乡的关系完全中断。

这一年,武义还没有沦为敌占区。但《左传》里有句话,叫"匹夫无罪,怀璧其罪"。

因为觊觎武义得天独厚的萤石资源及林木资源,在1941年4月13日,日军27架飞机在城郊白溪口投下10数枚炸弹,造成数十人伤亡,300多间民房被毁。

紧接着的15、17日(不知道为什么选单数日),日机对武义又进行了两次空袭,死伤十数人,200多间民房被毁。

就在方晖出生后三个月,日军的铁蹄步步紧逼武义,1942年5月22日,武义沦陷,县政府撤往岭上乡(现新宅镇)新宅村下祠堂避难。

第二天,日军从永康入侵武义,县城首次沦陷。这次日军没做过久停留,又窜到金华去了。

7月6日,已经做好一切掠夺准备的日寇再次窜入武义,并在武义盘踞下来。

日军在城郊童庐设司令部,修碉堡、架机枪,并分兵驻防县城、履坦等地,继而占据12个乡镇,修建碉堡20座。

枪炮后面是无耻的经济掠夺。

日军到武义第一个掠夺目标是萤石。

萤石即氟石,物理学称氟元素。萤石来自火山岩浆,在岩浆冷却过程中,被岩浆分离出来的气水溶液内含氟,在溶液沿裂隙上升的过程里,气水溶液中的氟离子与周围岩石中的钙离子结合,形成氟化钙,冷却结晶后即形成萤石。萤石存在于花岗岩、伟晶岩、正长岩等岩石内。多数结晶为八面体和立方体,色泽鲜艳、五彩缤纷,被誉为"梦幻宝石"。广泛用于炼钢、航天及摄影镜片等产业。

因为萤石来自火山岩浆,伴生了丰富的地热资源。在武义,这种水一直成为矿工地下洗浴用水,直到1984年被引上地面,继"中国萤石之乡"后打造了"中国温泉名城"。

武义萤石开采历史比较早,1921年,武义履坦范村范乃藩在北乡大通寺后、楼宝丰在南乡开采萤石。尔后,有日本商人跟他们商洽转让采矿权,被拒绝。

日军盘踞武义后,第一时间设立华中矿业公司武义氟石采矿所,并抓捕矿工,掠夺萤石资源。

接着,白木公司、株式会社相继设立,掠夺武义的木材和土特产。

在武义境内,抗击日军掠夺武义资源的有三支队伍。

一支是中共武义区委负责人颜金元组织的抗日游击队,成立于日军盘踞武义后的1942年7月。

一支是成立于1938年3月21日的抗日自卫队,属县政府领导。1943年12月1日上午11时,这支队伍化装混入日军塘里矿区,破坏日军采矿设施和军用物资。

一支是国军79师。

这支国军部队的师长叫段霖茂,是追击从松阳窜回武义的日军来到武义,并移防武义的,师部驻上坦村(红色诗人潘漠华、中国工笔画家潘絜兹的家乡)。

1942年9月,日军侵犯西乡(方悴农家乡),在大斗山遭到这支部队236团伏击,击毙日军50人。次年,236团某连夜袭西乡岩山日军炮台,歼灭日军数人。

除了这三支武装,坚持抗战的还有武义历史上唯一没有进过县城的蔡一鸣(1902—1969年)县长,1942年5月到武义赴任,可谓是临危受命。这位抗日县长领导军民在岭上(现新宅镇)一直坚持到1945年3月离任。

百姓也非常英勇。1942年6月26日下午1时,8名日军窜到后陈村(今全国民主监督示范村)抢掠,有位名叫程大熊的英勇少年偷偷将日军的枪藏起来,招呼全村200多人用锄头、柴刀将8人砍死在溪滩上。

笔者曾想,400年前戚继光如果在武义看到这幅场景,招收的戚家军应该不光有"义乌人",还有"武义人"。

远在延安的方悴农这个时候正带领学生挖窑洞搬迁。

他从报纸上仅知道日军为掠夺萤石资源盘踞武义,中华人民共和国成立后,他回乡才知道日军在武义熟溪桥上架了铁路,在熟溪桥头南端修了碉堡,在北端建了发电厂。到1945年5月17日撤离时,日军将铁轨拆除。

第52章 "用一个延安换回全中国"

从1931年9月18日开始,到1945年8月15日日本天皇宣布无条件投降,中国人民经过14年的抗战,终于取得了最后的胜利。

全国人民都沉浸在欢乐的海洋中。具体到方悴农一家,直接把送给别人的儿子要了回来。

严如林第三个孩子于1944年8月22日出生,是个男孩,取名方昕,这个孩子曾有另外一个名字:刘双喜。

1945年8月初,方昕快周岁了,方悴农和严如林准备过完生日就把他送给农场一个当地刘姓职工,刘家名字都已经取好了。8月15日,日本投降的消息传来，夫妻俩被胜利的消息鼓舞，决定自己抚养。

等到8月22日，方悴农夫妇到刘家"要"人，刘家虽然惋惜，但也顾念骨肉情深。这是这对无产阶级革命者一生中唯一一件"失信于人"的事情。

一家团聚后，方悴农带着全家去拍了一张"全家福"。

摄影师让一家人坐在一张长板凳上。

严如林留着短发，将头顶那把头发用一块绸布扎起来，刘海下面的圆脸有些严肃，坐在左边搂着旁边的女儿方晖。方晖有些好奇，她睁大眼睛半张着嘴巴望着前面的摄影师。

方悴农坐在右边，将方昕抱坐在右腿上。他很高兴，满脸笑容，与之前在吴兴那张照片比，瘦了很多，尖尖的大鼻头几乎遮掉半个人中。方昕估计正在长牙齿，右手握成小拳头，塞进自己的嘴巴中。

时隔75年，75岁的方昕已从中央音乐学院退休多年，当回忆起这段往事时，风趣地说："如果那时候父母不去'要'回来，估计到50年代末，头上扎着羊肚巾、挑着小米和红枣的少年'刘双喜'，会巴巴寻到北京农科院认亲。"

"然后，我将门打开，问你是从哪里来的野孩子。"方悴农68岁的小儿子方敏在旁边风趣地插上一句。

然而，好日子刚刚开了个头，就被残酷的战争夺走了。

卧榻旁边岂容睡狮。

1946年6月26日，国民党撕毁停战协议，在美国援助下，集结193个旅158万兵力，向各解放区发动了全面进攻。

解放军中原部队为保存实力，分成三路，右路越过平汉铁路进陕甘宁解放区，左路越过平汉铁路，在武当山地区组成鄂西北军区，东路突围后达到苏皖地区。

>> 1945年8月，方悴农、严如林与女儿方晖、儿子方昕在延安

国民党迅速占领解放区105座城市,但在8个月的歼击仗中,军队折损71万人。

城市是收复了,战线拉长,兵力也分散了,补给也更加困难。

为了在3月10日莫斯科召开的苏、美、英、法四国外长会议上捞取政治资本,1947年2月初,蒋介石召胡宗南到南京耳提面命,要他拿下延安。

胡宗南统辖40个师40万兵,一直在钳制陕甘宁青地区,号称"西北王"。

3月4日,蒋介石授予"天子第一门生"胡宗南西安绥靖公署主任职务。

3月11日,胡宗南召开洛川会议,决定以刘戡的整编第29军和董钊的整编第1军组成左右两个兵团,采取钳型攻势,围歼陕北解放军,占领延安及整个边区。

同日,中共中央军委发布关于保卫延安的作战命令:边区部队迅速调整部署,组成3个防御兵团。第1纵队和警备第3旅7团组成右翼兵团,教导旅和第2纵队组成左翼兵团,新编第4旅为中央兵团兼延安卫戍部队。

同时,发出"用一个延安换回全中国"的号召,要求中央机关及全体军民迅速撤出延安,给胡宗南留一座空城。

"我们很快就会回来的。"

3月12日上午,严如林带着两个孩子在建设厅职工宿舍(窑洞),一边收拾东西,一边焦急地等丈夫回来。方悴农平时再怎么不顾家,这种关键时刻总该回来帮帮妻子和赢弱的孩子吧。

枪炮声越来越近,正当严如林失望的时候,方悴农果然一阵风冲进窑洞,将一股寒风带进来后,又用脚后跟踢上门,把寒风挡在门外。

他那又高又大的鼻子已经冻得通红。

"我的那些书和资料呢? 怎么不帮忙收起来?"他一边说,一边急急忙忙将那些书籍和资料规整好,放进皮箱里。

严如林的泪水"哗"一下涌了出来——这是个什么丈夫啊,书籍和资料的安危看得居然比老婆孩子还有他自己的性命更重。

严如林让8岁的方晖背着铺盖,她自己牵着6岁的方昕,与中央机关一起向西柏坡转移。

方悴农扛着一大箱书籍和资料跟在后面。前面的严如林拖儿带女,让他想起10年前在兰溪的河滩上遇见王鹤年一家的情景。

这该死的战争!

途中,严如林打摆子走不动,一个老中医一直跟着,临别时将最后一颗奎宁给了她,才将她从鬼门关前救了回来。

严如林知道丈夫做得对。她听过丈夫当年两度潜入杭州城、在敌机疯狂的扫射下,一路躲避枪林弹雨抢救农科技术资料和设施的往事。

把农科资料看得比性命更重要,是方悴农作为一名农科人的基本素质。

1999年元旦,病重的严如林知道自己大限已到,弥留之际,她握着方悴农的手,提起了延安撤离"顾书不顾人"这件事情:

亲爱的丈夫同志,感谢你一辈子对我这个目不识丁女人的不离不弃。可你知道,作为一个农科人的妻子,我也尽了应尽的义务啊。

87岁的方悴农泪如雨下。

延安保卫战于3月13日开始,西北各野战军和地方武装在延安以南地区,利用既设阵地,对胡宗南部进行顽强狙击,歼敌5000多人。1947年3月19日,西北野战军完成掩护撤离任务,主动撤出延安。

胡宗南进延安后,经常被西北野战军袭扰,并牵着鼻子团团转,在运动战中屡战屡败。群众转移前坚壁清野工作也做得非常到位,胡宗南部最后到了缺水断粮地步。

第53章　城庄尉家老宅

方悴农夫妇随中央机关从延安转移后,转到晋察冀边区首府埠平工作,方悴农任晋察冀边区行政委员会农林处推广科副科长。华北人民政府在平山成立后,任政府农业农村部农业技术推广队总队长。

主要从事土地改革和恢复农业生产工作。

严如林也在农林处推广科工作,带着两个孩子一直跟在丈夫身边。

长期的农田劳作和伏案笔耕,加上营养不良,方悴农在前往支援浙东根据地途中倒下了。

经诊断,得了严重的肺结核,组织安排他在山西临县城庄蔚家老宅养病。

这是一座建在黄土高坡上的夯土独门小院子。

院门进去10多米是正房,朝南,面阔约8米、进深约4米,主人房、客厅、厨房连在一起。

用餐在中间客厅。

正房两边是附房。朝东一间是房东孙子的住房,这个房间原来还住着孙子的父母,父母被战争夺去生命后,孩子成了孤儿。

正房与附房之间,堆满了柴火。

朝西附房其实是个用松木和稻草搭建起来的棚,养着几只山羊、几只鸡,其中两只是生蛋母鸡。

方悴农来了以后,住在朝东那间附房,孙子搬到正房同奶奶住。

奶奶60多岁,个子矮小,高度上离方悴农肩膀还有10多厘米距离。头上包着一块羊肚兜,黑布衣外套着一件羊皮背心,腰上围着一块棉麻大围裙,拖到膝盖下面。黑色的裤管在脚踝处扎起,包裹白布袜的是一双黑色棉鞋。瘦削脸呈菜色,爬满沟壑,双手呈黄黑色,像黄土高坡上的土地,一根青筋从土地上鼓出来,几乎可见血液的流动。

孙子8岁,叫黑蛋。虎头虎脑,是村儿童团员。黑蛋没有上学,白天到外面捡柴火、拾粪,或跟在大孩子后面站岗、放哨,也帮祖母放羊。

方悴农来了以后,开始几天祖孙俩悉心照顾,杀了一只鸡给方悴农炖了一锅鸡汤,每天舀一碗给他喝。等他身体好转些,又每天蒸一个鸡蛋给他补身子。

半个月后,方悴农已经能够下地走动,也帮祖孙俩干家务活儿,晚上整理资料。

有天晚上,黑蛋推开方悴农房间的门走进来:"方叔,俺奶奶让你吃枣,好补身子。"

给方悴农拿了些红枣。

方悴农从豆油灯前抬起头，笑着说："黑蛋，谢谢你，谢谢奶奶。"

"方叔，俺奶奶有件事求你。"黑蛋的两只眼睛乌溜溜地转，"她说，你能不能教俺认字？"

"当然可以呀。可是黑蛋，我听说村里有个私塾，你为什么不去读呢？"近几天方悴农晚饭后都会出去转转，有人问起，只说是孩子的远房表叔。

虽然是解放区，必要的警惕还是要的。

"读书要好多钱，我家里没有。还有，我如果去读书，奶奶一个人干不了许多活儿。"黑蛋说出了很多贫困农民孩子失学的原因。

方悴农想起自己的童年，如果不是有一所全金华最早、可以免本村孩子学费的小学校，恐怕自己现在已经是个"面朝黄土背朝天"的地道农夫了。"好吧，叔每天教你认几个字，你要好好学。"

从那天以后，方悴农每晚教给孩子2个字，到他离开的时候，孩子已经能写自己的名字、村民、中国共产党及牛羊马、蔬菜农作物了。

50天后，方悴农要归队了。

前一天晚上，他找到房东大娘："大娘，我明天就要走了，这里有点钞票，还有两本我手写的识字本，留给你们。"

"这可使不得，你刚来的时候，部队留过票子。你帮我干活，还帮黑蛋识字，我不能再要你的票子。"大娘摇着两只手，"你这一路上还要用呢。"

方悴农想想也对，从中抽回几张："好吧，我留一些，剩下的你帮我烙一些饼，带着路上吃。"

大娘接过钞票，又让黑蛋谢过方悴农再接过识字本。

这天晚上，方悴农在院子里独自坐了好长时间。

厨房里飘出烙饼的香气，让他想起远在家乡的父母孩子及兄弟姐妹，不知道现在的情况如何。

他想起在陶宅、在县城、在杭州湘湖那些日子，感觉烙饼的香气里夹杂了这些地方泥土的芬芳。

他脑海中浮现出村民欢送他们到前线杀敌报国的场景。

"始终，我还是没能上战场。"他在心里叹了一口气，为自己这场病，失去回家乡工作的机会而惋惜。

他不知道，自1940年10月皖南事变与家里断了音讯后，方家包括族人一直都以为方悴农已经死在战场上了,是前不久同乡蒋宗琰在战斗中被俘后逃回陶宅,才给方家带去"方悴农还活着"的消息。

"老开明"方仁老泪纵横,母亲汤秀英给全家做了一桌好饭菜庆祝。

1954年,方悴农到晋西北考察水土保持工作时,专门绕道山西临县城庄蔚家老宅,去看望这家祖孙二人。

"大娘!黑蛋!我回来了!"方悴农推开院门,边往里走,边大声呼唤。

黑蛋先从朝东那间附房里冲出来,一把抱住穿一身白色中山装的方悴农:"方叔,可想死俺了。"

方悴农让他抱了一会儿,拉开他的手,自己往后退了一步。

14岁的黑蛋已经高过奶奶,他头上戴着一顶没有徽章的军帽,腰上扎了一根皮带,俨然一副儿童团长的样子。

"黑蛋长高了,长结实了。"方悴农夸道。

"他叔你别惯着他,"奶奶边说边从正屋走出来,方悴农上前几步握着她的手,奶奶继续说,"要不是你帮他认了几个字,他这会儿还不知道野成啥样子呢。"

"大娘,我这次是专门过来看你们的,你们好吗?"方悴农拉着大娘的手,在院子里的板凳上坐下来。

"你看看我,没啥子变化吧,能吃、能干活,好得很呢。"方悴农仔细看了看她,模样和装束依然是当年离开时模样。

随后,方悴农和祖孙俩说了一会儿话,主要是问了黑蛋的学习情况。

黑蛋后来到私塾旁听了三年课,已经把方悴农留下的两本识字本都认全了,能够写一些通知等简单的稿子,还学会了记账。

>> 1945年12月,方悴农(左一)在支援浙东根据地途中因患肺结核滞留山西临县城庄蔚家老宅。1954年秋天,方悴农回去看望祖孙俩

这时,考察团随行记者走了进来,看到方悴农和祖孙俩融洽地交谈,提议给他们拍张合影。

于是,黑蛋站中间,大娘和方悴农站两边的样子,在蔚家老宅前定格。

第54章　割除盲肠

在城庄养病期间,方悴农写了《华北解放区农业技术推广的组织形式与工作方法》。

到1948年春天,从"蒋管区"来的农业科技人员增加,研究设备也不断改进更新,中华人民共和国成立后,石家庄还接收了一批善后的DDT之类的新农药和一些农用药械。

华北解放区农业推广主要围绕县级农业推广场、自然农业区工作站及农业技术推广队三个平台展开。

县级农业推广场从1948年开始建立,到当年部队南下前,已经建成繁峙、灵邱、孟县、平山、平定、行唐、正定、唐县、易县9个地方。

方悴农带人在完县城南建立农业推广场,主要开展水稻种植试验及推广工作,并新建或复建了12个县级农业推广场。

1948年5月16日,边区政府颁布了县级农业推广场的工作方针。

首先是领导体制。行政上属专署和县政府双重领导,技术上由所在专区农业试验场领导。

其次是编制及待遇。规模大的5~10人,其余不超过5人。待遇与行政机构人员相同,实行供给制。

最后是工作任务。每个推广场都有数十亩地,从场长到普通员工,一律参加劳动。多开老农座谈会,多联系学校和生产合作社,利用集市、庙会举办展览会。

这样的安排,推广场的员工大部分时间被困在田间和展会具体事务中,没有更多时间开展调查研究,沟通交流。

方悴农建议边区政府联合其他地区,每年举办一场农业技术推广大会,促进农业科技交流及发展。

农业技术工作站按自然农业区域划分,任务专一重点突出,完成后可以转到别处或启动下一个推广任务。

方悴农重点介绍了乐天宇及其爱人徐纬英推广的甜菜制糖项目。

乐天宇离开延安时,带出一批甜菜种子。到晋察冀边区两个月后,筹建北方大学农学院并出任院长。

他将甜菜种植先在太行山长治地区推广,边区召开土地会议时刚好甜菜成熟,他让人熬制成红砂糖给参加会议的人品尝,引起了各层领导的重视,在会上就布置了年度18000亩甜菜推广计划。到1948年又突破白砂糖制作难关,并用从结晶中分离出来的糖蜜制成酒精。

在会议期间,乐天宇还在会场附近开了一个临时兽医站。做了大量的宣传工作,但没多大反响。

有一天,军区司令部首长的马病了,不吃不喝,站不起来,马夫不知道马得了什么怪病,看着马快要死去的样子,急得直跳脚。

兽医站的王老师过去了,给马扎了几针,那马立即起身,又吃又喝,欢快地跑起小碎步。

这一扎引起了轰动效应,晋察冀边区政府杨秀峰(1897年2月27日至1983年,河北迁安人。杰出的教育家、法学家,我国公安战线杰出领导人)主席和参加会议的各级领导在会上表态支持兽医工作,每个军分区选送15名战士培训兽医技术。

农业技术工作站做的是阶段性工作,要使项目迅速推广成功,要选对时机、选对人,关键是要引起"一把手"领导高度重视。

农业技术推广队类似"消防队",主要是扑灭病虫害、推广优良品种帮助农民增收。

共50人,由新老技术人员和行政学院毕业分配学生组成。

因为担负着突击任务,边区政府拨出1亿元专项经费,集中了石家庄解放时接收过来的救济物资,350多架缴获来的各式喷雾器,还配备了各式各样的农药。

这个推广队是一路"杀"过去的。

第一站灭"曲步梨"病。这是一种果树虫害病,以前都是靠农民用手拍打,这次发动100多个农民参与药物喷杀,结果因为技术掌握不到位,还有很多毛毛虫(当地人称小老虎)没有杀掉,农民只得又手工去抓。

梨树的问题解决后,转为枣树"曲步梨"歼灭战。5月中旬,埠平枣树"曲步梨"虫害严重,害虫2~3天就把枣树上的花蕾和叶子全部吃光。

这次推广站吸取上次教训,先派一个小分队在宋家沟大沙沟试点,掌握了枣树对农药在浓度、分量及时间上的要领后,再派出人员全面推广。

很成功。关键负责现场推广示范的特利斯同志高超的技术赢得了群众的信任,群众自发组建互助组,用效果数倍于手工捉的喷雾器,三天完成灭杀,枣树下害虫尸体堆积了厚厚一片。

6月,转战平汉铁路两侧灭棉蚜虫及火蜘蛛。由于效果立竿见影,得到群众欢迎,纷纷请工作队去灭虫,用好酒好菜招待。

在华北解放区农业技术推广过程中,方悴农建议晋察冀边区专署拨出病虫害防治农贷,又成立了几支20~30人的农业推广队,帮助群众"灭虫"并推广优良品种和技术。

曲阳农场利用庙会举办农产品展览和良种推广。

华北农民每年春耕期间都会举办庙会,传统文化搭台,农贸经济唱戏,农民可以用自家多余的粮食、牲口交换需要的日用品。

曲阳农场在展会上陈列各种喷雾器和农药,分发图册普及农业技术并开展"换种"和"配种"服务,无偿赠送水银制剂等拌种用药。

病魔再一次扑向方悴农,急性盲肠炎把他滞留在一个临时卫生所,没有止痛药,他已经痛得满地打滚,嚷着让立即动手术。

苏联专家带着助手出诊了,留守的是两个从大后方来的知识青年。没有麻药,青年拿手术刀的手一直在发抖。

"别怕,你只管用刀。"已经让人把手和脚捆住、满头冒着冷汗的方悴农忍着钻心的疼痛说。

"我,我——"拿刀的青年把刀塞到另一个青年的手上。这个青年手一抖,手术刀滑到了床上。

"你们两个磨磨蹭蹭要人命呀,走开,我来!"一个到卫生所换药的老红军走过来,拿起刀在酒精灯上正反面都烧了几下,拿一根小木棒让方悴农咬住,举起

167

来一刀就下去了。

方悴农大叫一声,昏了过去。

"我的妈呀,肠子都出来了。"这个场面让久经沙场、杀敌无数的老红军也吓出一身冷汗。

还好,这时候苏联专家和助手都回来了,立即接手将手术做完,并做了消毒处理。

自此,方悴农的盲肠如病虫一般被"绞杀"干净。

第55章　石家庄的骨肥厂

1948年9月4日,方悴农访问了石家庄两家化肥企业。

一家是裕农骨粉厂,另一家是运输工会骨质肥田粉厂。两家的产能都是2000斤骨肥,除了有个高压蒸汽锅(当地人叫汽包)外,其余都是手工操作,属劳动密集型小工厂。

在裕农骨粉厂,厂长周子余给方悴农讲述了这个小厂的"发家史"。

骨粉的制造设计者是叶城40岁的田肇丰。

这位田先生山西农业专科学校毕业,曾任叶城县农场技术员和场长,1947年7月份失业,就到石家庄来了。

田肇丰开始想做"人

>>1948年秋,严如林和一双儿女在石家庄

造木耳"维持生计,没有成功。

后来看到石家庄市很多角落里堆着抛弃的兽骨,兽骨商积存的货卖不出去,他就去找一个名叫周子余的兽骨商,商量一起做骨粉。

"我在学校里学过这个,也在叶城骨肥厂考察指导过,你有原材料,我们可以一起试着办一个骨肥厂。这个在外面很受欢迎。"田肇丰说。

"我库存骨头很多,市面上也很多,原材料不成问题,场地也不成问题,现成用着就可以了。可我不懂技术。还有制粉设备,总不会都用手工做吧?"周子余也觉得是个好行当,又感觉把握不准。

"制粉要先把骨头脱水蒸酥,需要一台蒸骨机。"田肇丰迟疑了一下,接着说,"一个新锅200元,周老板——"

"你也看到骨头堆积如山了,我也快揭不开锅咯。"周老板摊开双手。

两个人沉默了一会儿,田肇丰告辞往外走,听到后面"啪"的一声,回头一看,周老板一只手从脑门上落下:"我看到这条街后面有户人家,有这玩意儿,我们过去看看,能不能借来用用。"

两个人找到那口锅,找到主人,商量借锅的事:

"老乡,这锅,您还要用吗?"田肇丰当过场长,举止说话保留了行政工作人员的气质。

"儿子参军去了,我一个老头子,用不着哦。"物主是个年约60岁的老人。

"我们能先拿过去使使吗? 好使,我们就给钱,不好使我们原物奉还,坏了,修好赔给你。"

老乡眨巴眨巴眼睛,点点头。

7月10日开蒸,成了。因为当时"肥田粉"很受欢迎,刚开始销售时也叫"肥田粉",农民一看是"骨头粉",没人买。

后来做了大量的宣传工作,加上石家庄农田缺肥现象很严重,才慢慢打开销路。

"开始,我们用25斤小米换100斤骨粉,后来生意好了,改为30斤换100斤,还是供不应求,5万斤骨粉全部卖出去了。"

"赚到钱了没?"

周老板笑了："当然，生骨只要50法币1斤，这年头其他物价飞涨，9000法币才能买1斤米。到年底蒸锅的钱就还清了，还得了不少钱。"

"怎么没看见田先生？"也许是同行的原因，方悴农对这位没有谋面的农业科技人员心存感激。

"他回老家过年，我欠说一句让他节后回来。他3月份被搬运工人集资建的骨粉厂请回来，月薪60万元法币，包吃包住，许了5%的红利。"

实际情况是，周老板自己已经掌握制骨粉技术，能够独自经营，所以对请田肇丰回来也不太上心。

但科学技术是第一生产力，你不去请，人家请了就是竞争对手。这个，从他那句"我欠说一句让他节后回来"的话里，已经体会到个中奥妙了。

"我们下厂看看。"方悴农说。

方悴农来到运输工会骨粉厂，在车间里找到田肇丰，握着他的手："你很厉害，很为我们农业技术人争脸。"

"我也听说过你，方主任身体力行，是我们这一行的楷模。"田肇丰戴着一副眼镜，文质彬彬，给人饱读诗书、满腹经纶的感觉。

他们到场外找了条板凳坐下，听田肇丰介绍这个骨粉厂的情况。

这个厂筹建花了30余万元边币。

700元买了一口3.2尺口径的大蒸锅，一口4尺高3尺口径的蒸锅，一个6尺多高的锅炉。盖了两间房，安装了几盏电灯，买了一批骨头和煤炭。

"投资虽然大，但不到三个月就回本了。"田肇丰说。

工厂3月开业到上个月底，已经制售骨肥10余万斤，还有2万斤订货在赶制。现在工厂已经有上亿元固定资产，准备扩建，添置新设备提高产能。

"了不起！"方悴农竖起了大拇指。

"这是一个非常有利的事业，农民能够捡骨头卖，工人有职业，大田得肥后能够增产。这是解放区非常需要但没有的产业。"田肇丰自豪地说，习惯性地往上推了推眼镜。

从两个骨肥厂返回后，方悴农很快写出调查报告，并提出如下建议：

在化肥不能进口，农田亟需的情况下，小型骨肥厂能够大量制造骨肥对发展农业生产有着重大意义。

制造一批高压蒸汽锅,供给各地的农业推进社,同时增设设备和原料贷款项目,引导建立小型骨肥厂。

除了像石家庄市这样交通便利的城市,其他地区可以采用一个专署配套一个蒸锅、一个技术人员的模式,采用轮转方式到各地制骨肥(有点像水泥搅拌机现场作业模式)。

石家庄骨肥业,需要以政府订货的方式加以扶持。

在这条里,方悴农专门提到了运输工会骨粉厂:

"运输工会骨粉厂的资本都是由黄包车夫和挑夫集股办起来的,他们都盼着分红,没有力量搞库存。麦子下种后,冬闲时期,骨肥没有销路,又没有能力做每月四五千万元的投资的库存,所以冬季就停止生产。这个合作社还不太相信公家贷款,开办半年后曾经借过1000万元,出去一周就转回来了,怕公家插进去受了限制。因此,我们建议农业农村部或生产推进社采取订货的方式,让他们继续扩大再生产。"

1948年12月,方悴农任北平军事管制委员会农林水利处军代表、党支部书记。

严如林三个月前到石家庄华北农业试验场学习棉花育种技术,1949年9月到北京华北农业科学研究所棉作研究室工作。

第56章　大兴黄村农校

1949年7月,即中华人民共和国成立2个多月前,方悴农受河北省人民政府教育厅委托,前往大兴县黄村农业职业学校考察。

同行的还有河北省教育厅副厅长谌厚慈及郝涤心。

一路上,谌厚慈向方悴农介绍这个学校的基本情况。

黄村学校离北平30余里,位于平津铁路线黄村站右侧。

校址原来是八国联军进犯北平时意大利军营,清宣统元年(1909)改设"顺天中等农业学校"，"中华民国"成立后先是改为京兆第二中学，1934年改为京兆乙种农业教员养成所，随后又改为省立黄村初级农业职业学校。

1937年七七事变日军占领北平后停办，1946年1月国民党接管后与通县农业职业技术学校合并，改为河北省立黄村职业学校，增设高级班。

当时，农场有90多亩地作为育种试验田，还有20多亩果园、16亩菜园，简易温室10间、玻璃温室2间。畜牧场有引进大摩斯、巴克夏及中国养的猪40余头、家兔100余只、各色鸡鸭2000多只、蜜蜂60多箱。

显微镜20架，其他仪器配备齐全。图书馆藏书1万多册。

现有学生361人，五年制农艺科、园艺科，招收完小毕业生，三年制高级农艺科、园艺科招收初中毕业生。

"现在的情况很糟糕，所以请您这个农学专家过来帮忙把脉开方。"年近50岁的谌厚慈说。

"校长客气了，我们一起努力。"方悴农知道，谌厚慈校长既然能够将学校的历史和基本情况掌握到这个地步，已经花了不少心血，请他这个"专家"，也是因为"外来和尚好念经"，提交出去的报告建议能够尽快落实而已。

到了地头，方悴农的心凉了半截，明白教育厅请他过来，是真的要把脉开方甚至动刀的。

学校到处散发着腐朽的气息。

那些方悴农在延安心心念念的设备，基本上不见踪影。教室、校舍的门窗破破烂烂。

校长说："这些东西，被两帮人毁了。黄村1937年7月16日进鬼子兵，学校做了临时医院，除了房屋土地及少量理化仪器，其他仪器设备全部被破坏。1938年，日伪维持会接管后添置了设备，还扩充了十几亩试验田，育成一批高产庄稼在附近县区推广。1945年日军投降后，国民党迟迟不派人接收，日伪治安军两个团住进校内，把门窗、家具、院内大树砍了当柴火烧。"

方悴农在笔记本上认真地记下这些情况，正想开口问一些情况，听到外面传来学生的声音：

"黄农强，黄农强，黄农有个'王大娘！'"

"要想人民把头抬，先把'麻壳'拉过来！"

"走，看看去。"方悴农站起来，一行人往声音发出的方向走过去。

食堂边上,一群男同学,围在几个洗衣服的女生旁边,正在起哄,看到校长带人过来,一下子都走光了。

方悴农本来想问几个女学生一些问题,看到她们一个个满脸委屈,就打消了这个念头。

"我们先住下来吧,有些情况慢慢了解。"谌厚慈说。

三个人在教师宿舍住了下来。

第二天,方悴农三人四下察看了校区、试验田及农场。在学生宿舍里,看到不少生病的学生。据反映,还有一些急重病号被送到北平医院去了。

第三天,三人分别找了校长、副校长、教务主任及部分老师谈话,综合了以下情况:

"现在因为不能对学生进行处罚,学校的学风很坏。努力学习的学生只有三分之一,还有三分之一是捣蛋鬼,其余的混日子。"

"我看有些学生酗酒、抽大麻、说脏话、欺负女同学。学校有制度,为什么不执行?"方悴农问教务主任。

教务主任年纪很大了,眼神不好,还耳背,连问了两遍,才听清楚方悴农的问题。

"以前学生不听话,老师可以训诫、扣分,甚至开除。现在新社会,提倡师生平等,谁敢处罚学生。一处罚,怕被扣上'反革命'的帽子。"教务主任一脸无奈。

第四天,他们又分别问了一些学生。

"这个学校毕业后大多数人回家待着,没有工作,读书也是白费劲儿。"这是大多数学生的想法。

每年300多名学生毕业,能就业的还数不满十个手指头。

"我们也想搞好试验田,在学校种些花草树木,但会被人说是资产阶级。"这是比较上进学生的说法。

"老师讲什么,我们听不懂。老师自己也说'我们混碗白面,你们混两个窝窝头'。就这两个窝窝头,我们附近走读的学生要自己带饭,还混不上!"这是捣蛋学生的说法。

第五天上午,他们在学校交流了相关情况,对相关建议达成共识,商定回城后由方悴农起草考察报告,报省教育厅。

两天后,方悴农将考察报告提交给省教育厅,其中建议部分大致内容如下:

第一,班子要大换血。撤换现任校长、副校长、教务主任、事务主任、农场主任及训育主任。这些人的责任心、专业能力都不足以撑起这个学校。要组建有能力、年富力强的领导班子。

第二,撤换部分职员。现有教职员中有很多没有农科专业知识,只会"照本宣科",聘请学有专长并有丰富实践经验的教师。各科设专职主任教员负责具体管理事务。

第三,调整并改进学习课目,取消英文,强化理化、数学、生物等基本课程,由教师带队到农村或农场实践,让学生学到有用的东西,提高毕业就业率。

第四,改进学制。取消五年制初等学制,做强三年制专科,培养真正掌握农业科技知识并为广大群众欢迎的干部。增设附属初中班,招收农家子弟,以普通初中课程为基础,增加有关农学基础课程。

第五,改造教学环境。增添设备、图书、农机、文化娱乐、无线电收音机等配套设施。修建礼堂、教室、办公室、宿舍,改善办学条件。实施教育、生产、试验三位一体教学方式,培养身体健康、热爱科学艺术、善于劳动、有为人民服务精神的学生。

第六,改进供给制。取消走读生不管食宿的制度,所有在校生,食宿一律执行公给制(公家供应)。

1949年7月14日,谌厚慈任黄村农业职业学校校长。9月,改校名为"河北省黄村高级农业学校",郭沫若题了校名。

考察结束后,方悴农调中共北平军事管制委员会农林水利处工作。

第57章　三探"九爷府"

方悴农任北平军事管制委员会农林水利处军代表、党支部书记期间，承担中轴线以东国民党农林部棉产改进处北平分处、中国农业机械公司北平分公司、国防部修械所、官厅水库筹备处、渤海湾农垦办事处及华北农业科学研究院（中国农科院前身）等10余个农业单位的接收工作。

在接管双桥农场时，碰到了一块难啃的"硬骨头"。

一批高产奶牛和贵重科研设备下落不明，据可靠消息，藏匿者躲进了"九爷府"。

这个地方在朝阳门（现内大街北137号），原来是弘晓的怡亲王府。后道光皇帝封住在这里的第九个、也是最小一个儿子奕譓为孚郡王，府邸改称孚王府，民间也称"九爷府"。

弘晓是雍正皇帝的第十三个弟弟胤祥的第七个儿子，他老爸当年力

>> 1979年春节，方悴农（前排右一）与原中国人民解放军北平市军管会农林水利处军代表陈凤桐、负责接管河北省的军代表祖德明及原军管会部分工作人员的合影

挺四哥坐上龙椅被封为"铁帽子王"并"世袭罔替"，所以他也是怡亲王。

这座王府是"铁帽子王"去世后，雍正给弘晓另外修建的。弘晓是曹雪芹的好朋友，他给世人抄录了一本《红楼梦》，因抄本题有"己卯冬月定本"，红学界称"己卯本"。

方悴农第一次找到那个地方时，感叹中国古建文化的博大精深。

院门坐北朝南，院落分东、中、西三进。中路有正殿、配楼、后寝、后罩楼。西路跨院为王府居住区，东路跨院是府库、厨厩及执事侍从劳作和居住场所。

这些是方悴农后来了解到的。

他进去的时候，看见王府内大门比外大门大，门前的石狮子比天安门还大，雕刻壁画异常精美。

他的重心是找人，找失落的高产奶牛和贵重物品。

"没见过这个人。"问了很多人，都是这个答案。

方悴农这才发现有点不对劲，他马上退出来，回头通过北平民主党派人士及中共地下党的关系，查明以下情况：

现在的"九爷府"是国民党"励志社"场所，在民国时期做了较大规模的扩建，所以内大门比外大门大。

"励志社"1929年1月成立于南京，社长蒋介石，实际负责人黄仁霖（1901—1983年，江西安义人。国民党高级将领，曾任国民政府新生活运动促进总会总干事、联勤司令等职），主要是为国民党首脑及高级将领提供后勤生活及娱乐服务的场所，也接待重要外宾。在一些大中城市均有设置。

说白了，就是国民党军政委员的高级宾馆。

北平"励志社"边上是双桥农场，负责给"励志社"提供新鲜的肉禽蛋奶，场长姓李。

这位李场长，在敌伪统治华北时担任北京大学农学院院长。抗战胜利后，被国民党贬到双桥农场，屈就场长职务。

解放军兵临北京城下时，这个场长和那些奶牛、设备都失踪了。

有活牲口，东西不可能藏在"九爷府"，但人应该还在里面。

"还是要回去找找。"方悴农说。

"你前面闯进去没出事情，已经是万幸了。那个地方目前军队没接管，鱼龙混杂、三教九流什么人都有。听说前几天还发生了打黑枪事件。"那个北平民主党派人士说。

"东西如果找不回来，中国的农业科学技术会落后好几年。民以食为天，吃饭的问题不解决，以后会出乱子。"

"这样啊，我给你找个帮会的人陪你进去。你不要误会，现在这个时候，办这类事情，还是帮会比较管用。"

方悴农点头并致谢。

只要能够找到东西，谁的关系都可以。

有帮会人带着，对方知道藏不住，这次直接回话"不想见"。

人在就好办。

方悴农回去后，又做了很多功课，掌握了更多李场长的资料，让人带了一封信，再次约见。

李场长终于答应见面。

这是方悴农第三次进"九爷府"。这一次，他也不着急，沿着中路往里走，边走边观赏这座金碧辉煌的古代建筑。

门前东西两侧是高大的西府海棠，两人多高的石狮子就矗立在花丛中。敞开的朱漆门扇上，排列着63颗门钉，横七纵八，典型的亲王标配。

上青石台阶往里看，一条高出庭院地面一米多的甬道直达正殿。

正殿是银安殿，7间约40多米，有四五层楼高。

正要往里走，有人告诉他人已经到月台上了。

估计所有的思想斗争，都在"见与不见"中完成了，看到方悴农，李场长开门见山：

"你要找的东西，我会送回去。"

"光送回去还不够，你得跟我办理交接手续。"方悴农目光炯炯地盯着他。

"我来的时候，没人跟我做过什么交接手续。"李场长低下头避开方悴农的目光说。

"我跟你不一样，我需要一件件都清清楚楚，以后来接管的人，也能清清楚楚。否则，少了东西，算谁的？"方悴农又补充一句，"我是在你们的档案资料里，看到这些东西的。"

"档案资料？不会让我承担责任吧？有些东西我来的时候就没有了。这段时间没人管，应该也会少很多东西。"李场长又补充了一句，"我也是农业科班出身，知道这些东西的贵重，我就是怕这些贵重东西被抢、被偷走，才藏起来的。"

"所以，前几天我才写了一封信，让人转交给你。"方悴农说着，向李场长伸出手，"你知道，做完这件事情，你也彻底解放了。"

李场长迟疑了一下，也伸出手握住方悴农的手。

方悴农走后，他从口袋里掏出那封信，从头到尾又看了一遍，目光停在最后一句：

"人民会感激您！"

1949年9月，完成接收任务的方悴农任华北农业科学研究所秘书副主任，与严如林同一个单位。

几天后，夫妻俩参加了天安门开国大典，并合影留念。这是方悴农一生中第一张彩照。

新中国成立后，开始组建政务院和各部委机构。吴觉农任农业农村部第一副部长，方悴农的老上级莫定森，延安农学会的乐天宇、李世俊、陈凌风陆续到农业农村部工作，成为方悴农的同事。

听说老朋友王寅生调任中央财政经济委员会任编审室主任，方悴农抽出时间跑去看他。

巧了，办公地点就在"九爷府"。

第58章 回乡 进京

在紧张的接收工作中，方悴农一直希望能够随大军南下，回到家乡工作。他向组织提出申请，也写信告诉家人即将回家团聚的消息。

但接收工作实在繁重，在50天时间里，每晚只能睡2~3个小时。

1950年3月，接收任务全部完成，结束那天，军管会宣布放假一天，让大家洗完澡休息。

方悴农拿着脸盆和换洗衣服刚进浴室,被迎面而来的热气一冲,当即昏倒在地。

"快,快来人,悴农同志昏倒了!"一位走在他前面的小青年听到后面有声音,转过身,大声叫了起来。

几个同事从浴室里迅速跑出来,有的衣服齐整,有的穿着短裤,有的围着浴巾。大家都围在方悴农身边。

"大家都走开,来个人搭把手把他放到我背上,人得先背出去。"一个曾在部队当过医生的中年壮汉说。

人背到门口通风处,平放在地上,中年壮汉拿了方悴农的脸盆,打了半盆水跑回来,喝了一大口往方悴农脸上喷。

又掐了掐人中,没反应。

又喝一大口喷过去,还是没有反应。

"这样不行,得送医院!"有人说。

中年壮汉犹豫了一下,又喝了一大口水喷过去。

"哎哟——"方悴农呻吟着醒过来。

随后送去医院,他被确诊是劳累过度肺结核病复发,并安排住院。等他走出医院的时候,已经是1950年的8月。

最后一批南下干部已经走了,方悴农失去最后回家乡工作的机会。

出院后,方悴农调华北大学主持招生工作,次月,调华北农业科学研究所直至1954年10月,历任该所副秘书长、秘书主任、党支部书记、工会主席,农作系副主任等职,终生留在北方工作。

方悴农给妹妹菊如写信,告诉她自己不能南下的原因。并叮嘱妹妹照顾好家人,支持解放军南下。

妹妹菊如回信,告诉方悴农家里的情况:

父母和两个哥哥都好。

方菊如本人因为在家乡积极组织妇女运动,当选武义县第一届人大常委会委员,并出席金华市人代会。

由方菊如一手带大的方悴农大儿子方照,已经报名参加志愿军,即将开赴抗美援朝前线。

1951年2月15日,方悴农的小儿子方敏出生。

179

满月后,方悴农回乡探亲。

军用吉普车到武义县城后,他让车子继续前行,自己则从南丰门出城,沿着熟溪河边徒步回家。

这条路,方悴农从10岁开始走,一直走到25岁,每一个弯、每一道岗他都清清楚楚。

春寒料峭,溪水已是暖了。一路上桃柳吐蕊,水声潺潺,一如当年。

水中,白色的鹅、灰色的鹅、麻色的鸭唱着田野之歌,不时一个猛子扎进水里,追逐水中的鱼;牧童依然在牛背上端详天上多变的云彩,构思童年的梦;扛着锄头、挑着栏肥的农夫不时迎面过来,方悴农侧身让过,让那股熟悉的粪土味熏上衣襟,心中说不出的欢喜。

到乌溪附近,河两边的桃花夹在柳树间,红绿相间的缝隙中,露出村姑花花绿绿的衣裳,以及嘻嘻哈哈的笑声。

然后,乌溪桥就在眼前。方悴农停下脚步立在溪边沉思:

13年前,25岁的方悴农抛妻弃子、背井离乡投奔抗日战场。走时虽然热闹,

>> 陶宅村乌溪桥亭

但经过这里时,也曾心生"风萧萧兮易水寒,壮士一去兮不复还"的豪情,对乌溪的诀别。

"我回来了,乌溪,你的儿子回来了!"不知不觉,两行清泪挂在双颊上。

"哥哥!哥哥!"从远处跑来一个妇女,边跑边喊。

是妹妹菊如来接他了。

"方山回来了!"

消息不胫而走,所有的亲戚都赶了过来,所有关心的乡亲都赶过来。

回家见过父母,与大哥短暂交流后,方悴农在家三天大部分时间都在跟乡亲交流。

第四天上午,方菊如带方悴农到钟秀卿坟前。

"秀卿,我回来了。"方悴农蹲在坟前,轻声说。

"嫂子临走前跟我说,如果你能活着回来,让我告诉你,嫁给你是她一辈子的福气。"方菊如哽咽着说。

方悴农的眼中含着泪花:"是我负她太多。"

"我们全家、全村人,都以你为骄傲的。"

方悴农闭上眼睛在坟前站了一会儿,然后深深地鞠了一躬,拉了拉妹妹的衣袖:"走吧。"

一路上,方悴农详细地问了家里在土改中的情况,知道一切安好,心里放下一块大石头。

家里有房产、有田有地,父亲还是个不算富裕的乡绅,方悴农一直很担心。

"菊如,要不,你跟我到北京工作吧,也可以帮你嫂嫂带孩子。"方悴农希望能够给妹妹最好的照顾。

"好啊!"自钟秀卿去世后,方菊如含辛茹苦地拉扯两个侄子,每天都盼着能够在哥哥身边,"可是,我什么都不会做呢。"

"你经历了土地改革,积极参加解放斗争,政治上肯定是过硬的。专业技术方面,我先送你到农业机耕学校学习,再到农口单位出力。"方悴农看着妹妹,"你年轻、能干,又能吃苦,我们需要这样的人参加农业建设。"

"我走了,父母亲谁来照顾?还有,我是县人大常委会委员,出去要办理辞职手续,要县领导先同意过呢。"

方悴农先做家里的工作,父母亲看到女儿有好去处,虽然不舍,但答应了。

两位哥哥嫂嫂也答应会好好照顾父母,让方悴农放心。

方悴农到县里找主要领导商量,领导知道能够进京工作是一件很光荣的事情,很爽快地同意了。

方菊如到北京后,正赶上华北农业科学研究所新农药666试制成功,决定建厂生产,人事部门动员她到工厂当工人。后来,这个厂划归化工部统一管理,农科所认为方菊如人品好,政治可靠,工作勤勉,便让她留在所里做收发工作。

>> 方悴农(后排右二)与母亲、爱人及六个儿女合影

1953年,方悴农父亲到北京探亲,方悴农带父亲到故宫游玩,"老开明"方仁看到那些大殿上需要几人合抱的柱子,惊得只会说一个字:

"大!大!"

鞠躬悴农

第59章　张德友的小麦高产法宝

　　方菊如到北京工作的前三年，方悴农在华北农业科学研究所工作时，兼任山西省农业科学工作委员会副主任，大部分时间率领农业科学工作队在山西蹲点，开展农业区域化调研和技术推广。

　　1953年5月28日，在山西晋南赵城二区下纪落村，来了4个省城派出的农业科技专家。

　　领队的叫方悴农，同行人称"老方"，长着一个高高大大的鼻子。

　　另外一个叫徐叔华，是土壤专家；一个叫祁占魁，是临汾专区农业试验场技术主任；还有一个叫李翔一，是赵城技术指导站的技术员。

　　是一个国家、省、区、县"四合一"标配专家团队。

　　他们想弄清楚的，是这个村有个叫张德友的农民，居然在普通的麦地里，种出了双倍麦子。

　　有点不可思议！

　　张德友看到来了这么多专家，心里很高兴。他装上一锅烟美美地吸上一口，慢悠悠地告诉他们高产的第一法宝是烧草增肥。

　　"在前作玉米收获后，将地里的杂草落叶搂净烧毁，灭了虫害，增加土地肥力。随即每亩送上120担土杂肥，再加上100斤大麻饼，然后引水浇地，待三五日渗干后，把粪扬开，即用犁翻地。"

　　高产的第二法宝是催芽密植。

　　"寒露前，要把种子撒下去。我种的是'关中白麦'，临汾的农技员帮助我将种子用温水浸泡拌了赛力散和王铜，也有部分666毒谷。平均每亩播麦籽23斤，这个方法我们这边一直都在用。"

　　高产的第三大法宝是"不怕头水晚，就怕二水不跟"。

　　"我自己的麦地，冬天向来不浇水。因为麦芽发得早，容易被冻伤。第二年春分过后才锄地，锄后晾几天再追肥。到清明跟前才开始浇水。浇水后，麦根会加速延伸。到立夏前,一定要浇第二遍水,施第三次肥,水肥一起使劲,麦子的秆矮、茎粗、穗大,容易丰产。"张德友抬起一只脚,把烟灰磕到地上,"第三遍水浇不浇,要看地皮干湿做决定,因为小麦抽穗后,浇水容易倒伏。"

方悴农来之前看过这个村的地理资料,灌溉用汾河水,村东北边有高山环抱,村庄和麦田都处在崖底下面,是一道挡风避寒的天然屏障。

别的地方不行,但在这个村,如果霜冻前浇水,可以防止小麦晚霜冻害。

陪同考察的李翔一说话了:"张德友同志是省劳动模范,他领导的下纪落村农业社也很好呢。"

"对哦,下雨天,明天我们有个社员大会。"张德友一拍大腿。

"我们去听听社员怎么说。"

社员很兴奋,七嘴八舌抢着说话。

"组织到一起啥都有,下雨天也停不下来。"社务主任张金成抢着说,"我家4口人,过去不依靠庄稼,自己跑点买卖,地换给别人种,4亩多地合起来才400多斤收成。一参加农业社,1亩地就能收500多斤。组织起来的确比单干强。刚组建的时候,有些人不愿意,有老婆骂老公的,有觉得不自由不愿意的。那些人退出去后,大家都齐心生产。"

"从前我们妇女从不下地,"张金成的妻子是女副社长,夫妻俩在这个社挑着大梁,"农业社组织起来以后,妇女下地劳动和男人一样挣工分。有小孩的,交给老人带,星期天都能下地干活,把工分划点给老人。没有小孩的,收工早也能做点饭,一家人高高兴兴过日子。"

方悴农看到有个小年轻张了好几次口,没抢到话题,就用手指了指他。

张德友连忙介绍说:"他叫彦生,官名叫张无恶。他爹在赵城当副县长。"

"无恶,好名字。你想说什么呢?"方悴农笑着问。

"我家里孩子多,只有我一个劳动力,10亩多地一双手忙不过来。种棉花别人每亩收100斤我家才收50斤,劳动力缺,支不过来地都荒了。每天吃不上一顿舒心饭!听说张德友组织农业社,我是非入不可。自从入了农业社,地整得干干净净,庄稼都丰收了,谁从边上走过去都说好。"

接着就有人抢着说:"我做过小买卖,当过兵,压根儿我就不爱种庄稼。刚入社的时候,我也是马马虎虎,又看到开始闹哄哄的,就没指望靠社,也想退出去。

朋友劝我'你不会过光景,有两个钱就想着花三个,得有人给你撑着点'。我想想说得有道理,就安下心了。现在,你打死我也不退了!"

"农业社可以把收麦、治棉铃蚜虫、果树间苗分工做好,不会耽误事。"张德友说。

这些朴实的语言,方悴农一字一句都记录下来。他想起在延安组建轧工队的孟庆成,也是同样的朴实。

因为5月30日还要赶回临汾开会,一行4人在张德友的带领下,冒雨到庄稼地转了转,看到张德友种的麦子,有不少可以收到600~800斤一亩。

回去后,方悴农将张德友的三大法宝写成调查报告,在5月30日的工作组会议上通报。

会议决定:

麦收前再派出专门的调查组到下纪落村,进行田间调查,深入分析总结张德友的小麦密植高产经验。

麦收结束后,再派专门的调查组了解6个退社农户的情况,包括退社原因、退社后的生产及生活情况,以及当前对农业社的想法等。

鼓励社员发展畜牧业植树造林。1953年,下纪落村在政府的引导和帮助下,漫(围垦)了400多亩滩地,已经可以耕种。还有很多地边、沟沿、滩地,剩余劳动力也不少,可以种一些林木、药材,发展畜牧业同时可以压绿肥。

同年8月,华北农业科学所的《农业科学通讯》第八期刊载了方悴农的《保证全苗、缩小行距、培养地力是小麦增产的三大法宝》调研文章。

这一年的9月18日,方悴农最小的女儿方芬出生,她是一个骨骼清奇、貌美雅致的女孩。

第60章 问粮黑土地

1954年10月1日,中华人民共和国开国5周年庆典,赫鲁晓夫应邀率苏联代表团参加。

在宴会上,他向中国领导人介绍了苏联开垦生荒地情况。

垦荒计划组建国有农场实施,地点在东部西伯利亚和哈萨克斯坦共和国等地。

成效卓著,从1953年开始,短短一年多时间,开垦生荒地28485万亩,刷新了人类垦荒史纪录。

得知中国也有扩大垦荒面积的打算,赫鲁晓夫立即开出5周年国庆礼物"清单":

苏联可以系统传授这方面的经验;代表苏联政府和人民赠送中国人民组织30万亩谷物生产的种子和大型机械设备;派出专家前来建立垦荒农场。

毛泽东主席代表中国人民收下了苏联这份珍贵的礼物。

说干就干,10月30日,苏联派出以尼·谢·马斯洛夫、谢·也·瓦辛科为首的15人专家团,有水利、土壤、土地开发规划等方面的专家。

一行15人先到北京,随即驱车到黑龙江以北的佳木斯以东集贤县三道岗考察。

这里是中国东北边缘,松花江、黑龙江和乌苏里江在这里汇合,形成了辽阔的三江平原。

平原西起集贤县境,东至乌苏里江苏联境内,南至完达山,北抵黑龙江,长达300余里,可开垦面积达60万亩,被人称为北大荒。

中国开发北大荒不是心血来潮,两年前就派出中国科学院林业土壤研究所副所长宋达泉教授率领考察组对这片土地进行考察,黑龙江省也正着手筹建"国营三道岗农场",并已经开垦出30亩生荒地,建了几十间"拉哈房"(当地对房子的称呼)。

11月5日，苏联派出正式农场顾问团，有场长总顾问马·巴·尼科连科、总农学家顾问彼·谢·克鲁奇科夫等，共35人。他们随即赶往现场共同勘察，并达成项目在三道岗落地的共识。

同行的，还有方悴农。

1954年12月7日，国务院发布《关于建设"国营友谊农场"的决定》。

将"三道岗"改为"友谊"，是为了纪念中苏两国人民通过项目开发结成的伟大友谊。

方悴农任农场农业副总技师、场党委委员。

12月的黑龙江室外温度零下30多摄氏度，江水结成厚厚的冰墙锁住江水流动，江面上不仅可以溜冰，还能赶集唱大戏。

据说在野外，鼻子冻下来不自知，撒个尿可以结成弧形冰柱，在阳光下熠熠生辉。

但苏联老大哥毕竟是从更冷更苦的西伯利亚过来的，又充满为中国人民无私援助的热情，坚持要在冬季全部完成规划勘测工作，喝下几口"伏特加"就甩开膀子干了个热火朝天。

"现在整好了，明年开春就能下种。"场长总顾问马·巴·尼科连科说。

苏联老大哥这种"一不怕冻、二不怕苦"的精神还是深深感动了中国科技人员及附近的老百姓。大家一起热火朝天地干了起来。

经过20多天连轴勘测和反复研究，确定由国家划拨给农场5万亩地。

整个农场呈马蹄形，约50万亩，总面积10万平方公里。

>> 1955年冬，方悴农（右二）在北大荒友谊农场与苏联专家研讨机械化运作问题

一场消灭"北大荒"的战役打响了。

从1955年到1957年,农场业绩如下:

配套基础设施。"要致富,先修路。"修筑砂石公路102.5公里,每天有公共汽车通往福利屯火车站;修建数百里能行驶大型拖拉机和康拜因收割机的田间公路;新架48公里的电话线路。

固堤修河。在南边加固了七星河堤,北面延长了扁石河身。挖通分场与分场之间的水沟,修建了一个面积达2万多公里的蓄水池,把附近低洼上的积水收储进来,用来灌溉种水稻。

修建14万平方公里砖瓦厂,安置1200余户职工眷属,总、分场都建有规模巨大的畜禽所,完全机械化的粮谷加工厂、面粉厂、榨油厂、机械修理厂、有X光机的现代化医院,200马力的发电厂、技工学校、完小和幼儿园,百货商店、银行、邮电局、俱乐部等。

从全国各地迁进5000多人口,加上当地原有的,达1万多人口。

1955年1月4日,苏联政府赠送的首批设备到达福利屯车站。

有拖拉机、汽车、摩托车。

整个农场沸腾了! 人们像迎接新时代到来一样,不论白天黑夜,不管雨雪漫天,只要听说新机器到了,就立刻跑到车站站台来参加卸货。

除了几吨重的大机器借了吊车,其他东西都靠人力装卸。

装卸完成后,大家回到"拉哈房"摘手套、口罩。

"瞧,方副总手上又结了血冰块!"有人说。

方悴农低头一看,左小指果然有个小冰块,"刚才搬东西的时候撞伤了。没事,鸡皮狗骨了。"他讲了一句家乡话,看到大家不解的神情,笑了。

此时室外温度零下37摄氏度,戴在脸上的口罩遇到热气凝成冰块贴在脸上,手冻麻木了,撞到机械上鲜血立即凝成冰,也不觉痛。

"瞧,大胡子又流泪了!"有个小青年指着一个大胡子的脸说。

果然,在胡子上的冰粒化了,顺着胡须往下流。

"哈哈哈哈哈哈!"

"方副总,给我们讲个故事呗。"闹够了,小青年想听故事。

"杭州的、延安的,你们都听过了。今天给大伙讲讲我们家乡武义,有种叫'板栗'、可以当饭吃的果子。"方悴农将帽子摘下来,"在我们家乡,这种果子也叫

'大栗'。生出来的时候全身带刺，鸟和虫都吃不到它。到10月开始，外壳自动裂开，里面棕褐色的果子就一个个从树上蹦下来。"

方悴农吞了口口水，继续说："我小的时候，家门前种了两棵板栗树，每当果子掉到地上时，就捡起来，放到土灶的火塘里煨，或者约上几个小伙伴到田畈点起稻草烧。烧熟了，外面这层棕褐色的硬壳会自然裂开，再把里面那层果衣剥去，一口下去，香、甜、粉，那真是神仙也吃不到的美味！"

"哇，口水都流出来了！"

"可不，端午节的时候，我妈会裹'大栗粽'；过年的时候，我妈会炖'大栗鸡'。我在延安的时候，就拿些'精神食粮'给农校的学生鼓劲，光听这些名字，大家都口水直流了。"

苏联的援助设备到了，在车站附近5万平方米的机器停放场，集中了300多车皮大大小小农业机械设备。因为从来没有经历过大面积耕种，有很多机器设备，方悴农以前见都没见过。

巨型斯大林-80号拖拉机可牵引2台五铧犁，一昼夜可翻耕300亩土地。可以连接6～7台播种机，一天可以播种1050亩地。

64台德特-54链轨式拖拉机，是大面积开荒最高效最方便的拖拉机。还有4台"别洛露西"轮式万能拖拉机。

居然还有20台宿营"房车"，车上有12辅床，有取暖和卫生设备。办公桌、文件柜、煤炉和开水箱、暖水箱及淋浴，晚上有用电瓶供电的照明设备。

1955年5月1日，国际劳动节，举行隆重的开荒典礼，上百台拖拉机一齐出动，向黑土地吹响了进军号。

沉浸在欢乐海洋中的方悴农，脑中闪过那300多车皮的设备清单，还有那些或大型或精致的设备，陷入另一种沉思：

中国的农业机械化，真的太落后了！

1959年苏联在中印边界冲突问题上偏袒印度，并以突然袭击的方式撤退了所有专家，中止了一切援建项目的合同，两国关系交恶，苏军不断在边境制造摩擦。

万幸的是,北大荒的开垦工作,在苏联撤出专家前顺利完成。那35名专家,在短短的两年多时间帮助中国培养了2000多个农机专业人员,是农场中国专家、干部、农民敲锣打鼓欢送离开的;那300多车皮农机设备,在短短的两年多时间里,取得了中国之前40多年开垦生荒地的业绩。

三道岗国营友谊农场2000名职工,在农场建成第二年就达到了20万人粮食、肉、蛋、奶的供给产能。

"北大荒"成"北大粮仓"!

1957年11月,方悴农在纪念十月革命胜利的文章《苏联帮助我国的国营友谊农场》最后写道:

我们感谢苏联政府和人民对我国人民的无私援助!

中苏两国人民伟大的牢不可破的友谊万岁!

>> 1984年,方悴农(左四)回黑龙江友谊农场考察,与30年来一直坚持在农场工作的农业技术人员合影

1984年5月,方悴农到黑龙江友谊农场看望了在那里坚守了30年的老同事。

第61章　三江平原的水稻种植

从1955年到1956年两年时间,方悴农在工作之余,对三江平原的农业基础、开发及发展前景进行了考察。

对生荒地的特点和农场具体情况、开荒前烧荒的具体做法及播种问题做了详细的阐述及分析。

对种植大豆、小麦、荞麦取得的经验和教训也做了客观分析,并提出相关改进意见。

方悴农的家乡是浙中粮仓,投奔延安前他与水稻打了十几年交道,在延安红寺也躬耕了两年,熟悉西部和南方水稻习性,所以,对北大荒种水稻就有比较性,认识也更加深刻。

关于播种时机。

在有灌溉的条件下,开荒当年播种水稻,可以得到很高的产量。

他举了个例子。

1956年,五分场十三生产队种水稻有这样一些先天不足:一是播种时间迟,一般是5月中下旬播种,但到6月上旬才完成,头水灌完已经是6月20日;二是稻种非(选留)种,是临时从粮食局调来的口粮,没选过,品种混杂,植株高矮不一,穗子至少有8种形态,成熟有早有迟,有的还倒伏;三是收割操作不熟练,损失也很大。

但就是在这样的情况下,121公顷水稻,平均产量还达到3486公斤,每公顷成本是377元,每公斤稻谷成本只有0.112元。如果能种早熟品种,成熟一致,又不倒伏,播种和灌头水的时间稍微提前,再降低收割损失,产量完全可以再提高。

有灌溉条件而耕作力量不足时,朝鲜族农民有把地上野生植物烧掉后,根本不耕翻整地就撒上稻种,进行灌溉,而获得收成的经验。因为灌溉可致使大部分多年生植物如小叶樟等自己死亡成为田肥,水稻进而得到有利的生长条件。

关于烧荒。

头年秋天进行烧荒,冬季积雪少,春天解冻快,地皮干,障碍少,给开荒造成有利条件,翻地质量也好。

烧荒是友谊农场根据苏联专家、总农学家顾问彼·谢·克鲁奇科夫的建议操作的,比山西下纪落村的张德友的规模更大,综合利用功效更强。

关于精耕。

先把地彻底整好,耕深20~22厘米,翻耕后用重耙顺耙两遍,再对角线耙一次,翻垡不严的地方采取重点多耙,播前轻耙两遍,并用Ⅴ型镇压器镇压1次的方法,使地面平坦溜光,做到每平方米植570~600株,播种均匀。

关于播种量和除草。

每公顷的播种量,是采用千粒重26克,清洁率99.42%,发芽率97%的种子190公斤。有芒的稻种,先放到桶里用铁锹擦去顶芒后,再用谷物精选机以慢速细致地汰除混杂其中的稗子、秕谷及其他杂物,采用福尔马林消毒。

关于播种方法。

用48行播种机,把24个开沟器卸去8个,留下16个,成为净行距15厘米的双苗眼,再拿掉开沟器上的弹簧和后面的复土环,单留排种管和开沟器,使种子在开沟器的掩护下,均匀而笔直地撒播在地表上。

播种机先在地边地头转几圈,把边缘和枕地播好,再在中间采取棱形播种。

机车在拐弯处减速慢行,农具手在容易漏播的地方用手补撒种子,以提高播种效率。

关于灌水。

初灌只要湿润地表、保证种子发芽即可。这样既省水又提效,出苗早、整齐、粗壮;出苗后,为控制杂草生长,再加深到6厘米左右;用水位控制分蘖,初期控制在10厘米以下,促使分蘖加

>> 1973年,方悴农(右一)随金善宝院长在山东莱阳县良种场考察千斤麦田

速,后期加深到15厘米以上,减少分蘗。拔节和抽穗期,需要水分多,应经常保持在15~20厘米,开花后逐渐降到12厘米。乳熟中期须迅速进行排水,促进早熟,并保持收获前地面排干,便于康拜因拖拉机作业。

关于控制分蘗。

比较理想的控制方法,是把握分蘗系数和成熟度的关系,把分蘗控制在一个,最多不超过两个。而播种均匀、密度适当、分蘗期灌深水,以及采用不多分蘗的品种等,都可以达到这个目的。

关于除草。

生荒地在整地良好的条件下,种子又经过精选,灌溉以后大部分旱生的野草都可被淹死,头年的杂草很少,每平方米内只有1~2株,主要还是小叶樟、苇子和稗草。应该提前割稗时间,并把水沟里的稗草在开花结籽前清除干净。

关于施肥。

生荒地在开垦前自带养分,当年种水稻不用施肥。

这个有过"吃力不讨好"的教训。头一年7月上旬,农场看小苗瘦弱,在36.18公顷的土地上,每公顷施过44.8公斤硫铵,结果养分都给青苗"贪污"了,植株因过于繁茂倒伏,反倒减少了产量。还在29.94公顷生长较好的水稻用了过磷酸石灰,无效。

在得出生荒地开垦头一年适合种水稻的同时,方崒农认为其他各种作物,在三道岗这样的条件下,都不适于大面积栽培。

种黍子就有血本无归的教训:

1955年,三、五分场播种在地势较高的土地上,生长期间水分供应情况良好,52.9公顷地上,平均只得到965公斤产量;

1956年,二分场播在比较低湿的8号土上,经过多遍重耙,整地质量较好。但雨水不顺,苗期少雨土壤水分不足,出苗不齐,后期多雨干脆不长了,叶子变成紫红色,慢慢枯萎死亡,颗粒无收。

黍子生长条件较好的时候也是空欢喜,又出现分蘗过多消耗养分、成熟期不一致的情况。

按照三分场六队大田得出的经验,种黍子远不如种大豆。在同样的条件下,大豆达到平均每公顷1519公斤,而黍子只有731公斤。收割以后的处理也很能说明问题,黍子的根茬很难腐烂分解,第二年秋天翻出来还非常新鲜,这就使它的后茬作物生育不良,产量很低,远比不上大豆茬。

第62章　大豆丰收秘诀

种大豆比种黍子好处多,方悴农对这款作物进行了更深层次的分析。

在北大荒生荒地,农场最需要的是一块干干净净的土地。因为在这种自洪荒年代以来未经开垦的处女地,能够生存生长的植物都有一股蛮力,尤其是杂草,所有"外来客"都不是它的对手。

当然,所谓人定胜天,办法总比困难多。

水淹有效,所以掌握分寸,水稻能高产;火烧也行,还多了肥料,但烧荒毕竟是个技术活儿,一不小心会引火烧身,殃及池鱼(边上老百姓的庄稼)。

再就是除草,机耕翻土会伤及小苗,得不偿失。为了弄干净土地,农场要雇用大量临时工给大豆中耕除草。

种大豆产量是比黍子高,但每亩人工费加上去后的成本是200~240元,效益却好不到哪里去。

那么,能不能向种高产小麦的张德友学习,在大豆田来个密植不中耕,集中大豆苗的优势,并把杂草守在大田门外呢?

经过实践,答案是肯定的。方悴农将这一成果撰文《大豆15厘米窄行密播不中耕能获高产》,并于1959年3月5日发表在《中国农垦》第五期。

解决这个问题,也不是一帆风顺的。

1955年秋天的一个晚上,三道岗上空星光灿烂。

友谊农场几位技术人员聚集在一堆篝火旁边,探讨大豆中耕问题。

"农场已经开垦了22900公顷土地,可大豆才种了762公顷,平均每公顷产量1300斤左右。如果可以多种一些,产量会更高。"场领导说,"请大家想想办法,如何破题。"

"不能用机耕,只能用人工除草。但这里原本是荒地,人烟稀少,本土农民数量少,临时工很难雇到。要扩大种植面积,难啊。"一个戴眼镜的农机员边说边摇头。

其他人七嘴八舌说了一些看法,但拿不出切实可行的方案。

"方副总有什么高见?"场领导看方悴农沉吟不语,问了一句。

方悴农见其他人都在看他,想了想说:"我有个不太成熟的想法。前年我在山西考察时,到过赵城二区的下纪落村,访问了省劳动模范张德友,他采用密植不中耕的办法,使小麦获得高产。"他看到大家都竖着耳朵听,接着说,"大豆和小麦生长习性差不多,这里的自然条件虽然比山西差一些,但前期农场可以用拖拉机翻耕,省了很多工。如果也用密植不中耕的办法种大豆,开垦的生荒地基本上能够下种。"

"这个办法不错,我们四分场可以先试试。"四分场场长主动请缨。

四分场选了块地势比较高的土地反复试验,得出15厘米窄行密播不中耕的大豆,比采用传统45厘米行距进行两边人工除草的产量高的结论。密植不中耕的每公顷产量2080公斤,人工除草的每公顷产量才1860公斤。

毕竟除了方悴农,这种又省力又高产的好事大家都没有见过,农场还是不敢大面积推广。

必须到低洼地也试试。

试验的地点有两个:一个是一分场饲料轮作区第一区,另一个是二分场大田轮作区第一区。

大豆收成后,比照数据出来了:

一分场同一地号15厘米不中耕的亩产225斤;45厘米中耕2遍的亩产168斤,中耕3遍的亩产214斤。

二分场因为地势太低,被雨淹,只收了三分之一,没有比对。

各试验点拿出了一些比照数据,大家到现场开会总结经验教训。

"大家先把各试点的工作汇总一下,说重点,前面有人说过的不重复。"场长说。

"我说一下产量比对,"一分场负责观察记录的同志说,"15厘米行距条播,最好的数据是：每平方米36株、630个荚、1434粒，每公顷亩产可以达到2523.8斤。土壤要求是低洼地不积水。60厘米双条播最高产量是每公顷亩产1827.5斤。”

方悴农一边听，一边认真记笔记。

“我这边是10平方米内的产量对比数。15厘米行距的每公顷4065斤，45厘米行距每公顷3025斤。”二分场观察员说。

“15厘米条播不中耕，明显省工又高产，场里可以下决心大面积推广了。”有人建议。

七嘴八舌地说完后，大家都看着场长。

场长在看方悴农：“方副总，你是农技师，最有发言权。”

“嗯，我很赞同大家‘大面积推广’的建议。”方悴农停下笔，抬起头用眼巡了下场，“前面大家说了很多成功经验和失败教训，都很宝贵。这段时间我也到大田实地观察了，情况跟大家说得差不多。我归总了一下，提以下几个方面的意见供大家参考。”

“首先，耕作层要加深，”方悴农将笔记本翻到前几页，“窄行条播的好处是庄稼受光面积大，植株不会往上疯长，壮健不会倒伏，分枝和结荚都多。这跟种养水仙花的道理一样，见光和不见光差别是很大的。前面大家都提到大豆采取15厘米窄行条播不中耕，无论刚开垦的生荒地，还是熟地，都比宽行条播或穴播进行中耕的植株长得更好。但据我观察，光窄行条播还不够，要深耕。如果能够把耕作层加深到25~30厘米，并经过精细整地，施用底肥、种肥，完全可能得到更高的产量。”

听的人有点头赞同的，有低头“唰唰唰”做笔记的。

方悴农站起身，用一只手遥指前面的空荒地：“这几年，我们每天都在跟这些杂草斗争，它们很顽强，因为我们的水稻、大豆都是外来‘入侵者’，它们也是‘守土有责’。”

大家笑了起来。方悴农坐下来，翻开笔记本继续说：

“所以，窄行条播的第二个好处，由于封垄早，可以抑制杂草成长。当然，在头一年生杂草过多的地上，也会影响大豆的生长，但是可以采取适期晚播，并在播前及苗期采用耙地灭草的方法，消灭刚发芽的杂草。还有，要把握除草时间节点。据我观察，在大豆播种较深而又不超过两片真叶前，要晴天，中午或下午，这个时候土壤疏松不会结块，而杂草正在萌动发芽的时候，用特制的轻型钉齿耙进行耙地，是大面积消灭杂草最有效的方法，而对大豆的伤苗率却极其轻微。”

"掌握这个时机,要有丰富的气象和农作经验。"有人插了一句。

"说得对!建议大家向旁边的老农学习,他们是大自然培育出来的农事气象学家,也可以向动物、植物学习。"方悴农说,"选用适当的品种也很重要。在耕深20厘米左右的情况下,采用'满仓金'品种,每平方米留35~45株苗是比较合适的,超过50株有结荚稀、粒数少、串蔓的趋向;但是株形紧凑的'黑龙江41'大豆品种,每平方米50~60株还是合适的,这个品种还适于晚播。在深耕多肥条件下大豆密度究竟多少合适,还没有成熟的经验,依我看50株左右,危险性是没有的,不过也还要看播种迟早和品种类型来决定;一般说早播应比晚播稍稀些,株形紧凑结荚较稠的品种密度可以略为大些。"

……

1957年3月,中国农业科学院成立,方悴农调回北京负责筹建作物育种栽培研究所,由国务院任命为副所长、党支部书记、总支书记。

再见,黑龙江!再见,三道岗!

在前面,一道更大的"岗"在等着这位已过不惑之年的农学家。

第63章 沙漠里的千斤沟

1958年1月底,中共中央书记处书记、分管农业的国务院副总理谭震林召集方悴农等农科院有关领导及科研人员谈话。

2月8日,农历腊月廿日,方悴农一行从北京往陕西榆林市进发。

途经西安、宜君、洛川、延安、延长、绥德、米脂。重点了解了南泥湾、临镇川的水稻生产情况。

在延安过了春节。

大年初一,方悴农独自上了宝塔山,想起当年党中央"用一个延安换取全中国"的豪言壮语,想起这句话在短短的三年时间里实现,想起北大荒大面积开发的成功,有望在不久的将来解决全国人民温饱问题,不禁心潮澎湃:"敬爱的毛主席,敬爱的党,我会将自己的一生献给伟大的中国农业发展事业!"

3月3日到花园沟,方悴农一行正赶上榆林地委和专署召集全区各县先进生产单位代表在这里现场交流。

现场上,两根竹竿插进大田泥土里,支起一块红色横幅:

创出千斤亩,赶上花园沟!

有位老农代表说:"我们种了一辈子粮食,原以为一亩地能够打上300斤、500斤的已经很了不起。他这旮地比我们那里差了好多,回去后拼了老命也要搞个'千斤'出来。"

花园沟的成功经验如下:

单田变双田,一亩种出两亩田。

单肥变双肥,一亩种出两亩田。

在现场,方悴农与子洲县三堰渠同兴农业社主任郭生祥进行了交谈。

"我不识字,来的路上心里一直嘀咕上级是不是夸大成果。我那里都是好地,花了九牛二虎之力也没打出1000斤。他一个沙漠能打,实在不敢相信!"郭生祥说。

"我们来的路上也在琢磨这个事情,但我是相信的。只要掌握科学种田的方法,亩产超千斤不难。"方悴农说。

"进了这条沟,"郭生祥按照自己的思路继续说,"首先看见韦家楼,地整得平平整整的,地上的粪堆像小山一样,留在地里的茬口又均又密,没有一点闲地,就开始吃惊。又看到男男女女、老老少少,没有一个闲人,开始佩服这里的领导能力。但我还是不能相信能够打'千斤粮食'。"他停了下来,感觉自己一口气说得太多了。

方悴农笑着看他:"现在信了吧?"

他憨憨地摸了摸自己的头,说:"听了他们的介绍,才知道他们套种了洋芋,留的二茬收成也很不错,才真信了。这趟花园沟没有白来,真是高兴。"

会议结束后,方悴农和调查组在榆林住了10天,看过每条小沟,走过每条沙漠,和农业社干部及社员反复开座谈会讨论,还跟两个社员到10里外背沙炭(草炭),解开了沙漠"千斤沟"的秘密。

最早成为"千斤沟"的不是韦家楼,而是花园沟。

花园沟是无定河上游榆林河一条东西向的小沟,南北两道沙梁挡住了风沙,沟窄弯多,窝风的地方多,形成温湿的小气候。白天太阳把沙漠晒得很热,气温比一般地方高,晚上太阳落山后,气温很低,这样的温差对农作物生长非常有利。

>> 20世纪90年代,方悴农(右二)考察苦蕒科研项目

在韦家楼,调查组跟社员座谈。

"我听说你们这里有个石泉寺,旁边的向阳坡地上,牡丹花能够安全过冬,花园沟名字也是这样来的。"方悴农开始启发式调查。

"是的。你不要看这里沟窄,哪怕比川里夏田晚种10天,还要比它早收10天。秋田晚收10~15天。"有位老农兴致勃勃地说。

所谓天赋异禀,自然条件还是起了关键作用。

这个现象在方悴农和调查组离开时得到了验证。

3月12日(现在的"植树节"),方悴农从桃红柳绿的花园沟出来,外面的桃柳才发芽。

花园沟高产在旧社会就已经很出名。

1930年,富农徐建华每亩收了8200多斤洋芋。

1933年,富农陈建业出过亩产1300斤水稻,另一个富农陈随元收了900多斤。

有过这样的先例,中华人民共和国成立后,县委把打造沙漠"千斤沟"的光荣任务交给归德堡乡党总支。

打造的道路不平坦,在乡干部带领群众花了九牛二虎之力刚整出点意思的时候,一场冰雹把所有的希望打碎了。

"惹恼龙王爷了!"不想变天的人开始散布流言蜚语,并怂恿群众将一口农业社用来集合、报时的铜钟送到庙里。

这时候,花园沟农业社的共产党员都站出来了,他们带领120多名社员及时在受灾的大田上进行扶苗、移栽、补种、锄地、培土、施肥、浇水,终于"人定胜天",

收获平均亩产1018.5斤的好成绩。

花园沟农业社取得这样的业绩，立马成为韦家楼农业社比学赶帮超的对象，他们层层召开班子、党员、社员、群众座谈会、发动会，通过忆苦思甜、对比找差距统一思想，在第二年同样创造了"千斤沟"的奇迹。

1958年3月，调查组回北京后，向谭震林副总理和农业农村部领导汇报了调查情况，领导让方悴农把调查资料整理出来，作为研究陕北低产区改造的参考。

方悴农在《榆林千斤沟调查》中，总结了以下几条主要经验和措施：

第一，充分发挥党员群众的创造力。不管自然条件如何眷顾，这两个沟也是无霜期短、风沙侵袭的苦寒之地。没特别出奇的"能人"，都是平凡的"苦汉子"，能够取得"千斤沟"奇迹，是乡党组织能够不断总结成功的经验，不断鼓舞发挥群众创造力的结果。

第二，采取了一套很有效的灌溉方法。他们采取富农陈随元、陈克钧父子的成功经验，摸索出"大畦改小畦""苗期不浇水""浇回头水""中午不浇水""专人看水"等一套具有很高科学价值的浇水方法。

第三，翻越沙梁背沙炭。打造"千斤沟"不是一次性买卖，但周边的宁条、青蒿、烂泥等资源都用完了怎么办？男女老少都到10里外的谢家楼背沙炭。这些很久以前压在地下1米多深的植物尸体，是天然肥料。背回来加骨粉、驮圈粪、茅粪"沤"一段时间，发酵后成了农作物的"香饽饽"。

第四，就是"人心齐，泰山移"。在提倡社员"爱社如家"的前提下，要关心社员生活，充分发挥社员劳动潜力，提高收入，改善生活。

第64章　冰火两重天

1957年5月下旬，非洲刚独立不久的突尼斯共和国总统布尔吉巴，向中国派出了第一个代表团。

团长叫斯拉哈西。

农业农村部命方悴农全程陪同考察北京、西安、上海、杭州等地高校和相关科研单位。

也就是在这次,方悴农在杭州拜会了那位在陶宅老家住过的比利时太太。

方悴农以饱满的热情投入工作,但是,时局却给他泼了盆冷水。

在方悴农到花园沟调研前,中央提出"大跃进"口号。

这一年,有科学家用植物光合作用原理,提出粮食"亩产万斤"的可能性。为"大跃进"和粮食产量"放卫星"作了科学背书。

这个理论如果在现在,人类登月带种子亲密接触外太空后,再加培植、加"立体农业"等,也不是天方夜谭。但在当时,这是绝对不可能的。

农学家们最了解中国的地力及农力,一片唏嘘。著名的物候学家竺可桢及植物生理学家罗宗略都撰文反对。

包括方悴农。

1959年秋天的一个上午,杭州某会议中心一个小型会议室里。

这里正举行全国水稻丰产科学技术交流会领导小组成员会议。

方悴农是领导小组成员兼秘书长,在会议之前仔细看过提交大会发言的材料,心里憋着一肚子的话。

大家对拟纳入议程的议题一一讨论,大部分议题都按照原先的方案列入了,轮到湖南醴陵议题时,方悴农说:

"我不同意把这个议题放进去。"

大家都很诧异,用不解的眼光看着方悴农。

"我记得不久前北京市市长彭真同志曾经说过这样一件事情:市长亲自在团河农场做了一个实验,将59亩已经成熟的稻子移到一亩田里,亩产也不过36000斤。(出自方悴农《情系三农七十年》)"方悴农看到大家一副心知肚明的表情,却没人做出反应。他接着说,"醴陵县要将明年的目标定到亩产2万和10万斤并向全国挑战,这跟毛主席'实事求是'的作风背道而驰,不可取。"

有人马上反对:"从鼓舞群众革命斗志上看是值得提倡的,"他看着气鼓鼓的方悴农,"你的想法太右,跟中央精神不符。"

其他人你看看我、我看看你,没有作声。

轮到院长表态了,丁颖说:"依我看,千斤稻还要好好试验、研究。"

那年头,"一把手"的话也不够分量,那位"人有多大胆,地有多大产"的典型发言还是被安排上去了。

方悴农很郁闷。

1959年8月27日下午2点10分,方悴农和农科院两位同事从北京首都机场乘飞机,当晚抵达莫斯科。

他们过去的主要目的是从莫斯科转布达佩斯参加国际农展会。

一行3人在莫斯科我国驻苏大使馆参赞处住了6天,到红场瞻仰了列宁、斯大林的遗容。

当时,莫斯科正在开全苏国民经济成就展览会。

这样的学习机会方悴农是不会错过的。他和另外两个伙伴花了三天时间,在展览会上了解了苏联各加盟共和国农业生产与农业机械化情况。

9月2日,从莫斯科飞往布达佩斯。

飞机抵达布达佩斯上空,穿越云端开始盘旋。

方悴农从机舱窗口往外看,见阳光毫不吝啬地洒在这座城市的宏伟建筑和多瑙河上。

100多年前,这里是茜茜公主最钟爱的王国,对这座拥有王子贵气的古城,那位传奇王后促成奥匈帝国的诞生,为人类和平奉献了自己的大爱。

迎接的规格很高,有匈牙利农业农村部第一副部长巴普洛夫斯基、农业合作局局长、农业合作局劳动司司长海尔切尼和中国驻匈牙利使馆路秘书。

这是一次社会主义阵营各兄弟国家农业代表团盛会,大部分国家都派出农业农村部副部长级别领队参加。

在方悴农看来,匈牙利的农业展览会有点像延安的"骡马大会",展馆以外,有来自本地及欧洲各国的农产品和农机具。

开幕了,首先进行的是赛马,然后是以游行和表演的方式展示各地国有农场的优良种畜,包括高产奶牛,大喇叭高声叫着出场奶牛的名字及交易情况。

"匈牙利刚在前年平息反革命叛乱,"中国驻匈牙利使馆路秘书说,"非常重视社会主义改造和农业生产发展。耕地面积从叛乱前的11%,提高到现在的50.3%,并已经连续两年获取农业大丰收。"

一个跳舞的匈牙利小伙子从方悴农前面跑过时,碰到了方悴农的肩膀,他收住脚步回头朝方悴农笑笑,继续往前跑。

"我只知道这里的玉米、葡萄及种畜都很有名,没想到屯垦也这么厉害。"方悴农边说,边向回头的小伙子挥了挥手。

"这次,有安排你们到农场和畜牧场考察,相信你们会有收获。"路秘书说。

在巴达沁葡萄试验农场,方悴农看到了一个葡萄童话王国。

葡萄还没有到成熟采摘期,一垄垄绿色和紫色相间的葡萄架排列在广袤的大地上,架子下面一串串紫绿色的果实在阳光的照射下,晶莹剔透,发出玛瑙般的光泽。

"这里临近费尔特湖,属于喀尔巴阡盆地。气候温湿,土壤里有带着独特酸度的单宁(鞣酸)和神秘的矿物质,使这里的红葡萄带有独特的香气。"路秘书介绍说。

这样的地理地貌、这样的土壤条件,新疆也具备。方悴农想起火焰山,突然冒出一句古诗:"葡萄美酒夜光杯,欲饮琵琶马上催。"

"什么?"路秘书没听懂。

方悴农笑笑。

9月12日,方悴农一行从布达佩斯起飞,经莫斯科,于15日返回北京。

北京正在刮批判"右倾机会主义"风,有任务,每个单位要定性一名"右倾机会主义分子"。

这个"任务"就落在杭州会议上思想保守、直言不讳的方悴农身上。

领导征求过方悴农本人意见,也说是为了完成"任务",方悴农也没提反对意见——运动来了,总要有人顶雷。

几天后,他被撤销党内外领导职务。后来,他改任院办公室副主任。

第65章　中国稻谷说

被撤销党内外领导职务的方悴农,反倒多了一些自由支配的时间。

在1960年到1962年这段时间里,他查阅了大量的资料,潜心我国稻谷的研究。

1962年2月3日,腊月廿九,礼拜六,下午,大部分人都回家准备年货了。

方悴农没走,在等一个人。

"您好,方老师。我是《中国建设》的编辑,前段时间给贵单位打过电话,也给您打过电话。"来人瘦高个,戴眼镜。

方悴农从办公椅上站起来,伸出手:"周编辑,上次稿子不是您拿去的,怎么转到您手里了?"

握完手,方悴农马上请他落坐,上茶。

对方拿出笔和笔记本。

"上次向您约稿的同志可能没跟您说清楚,您这篇稿要发在英文版,所以,有些学术性的细节,还得当面请教。"这位编辑同志估计练过直播,说话语速很快,"抱歉,这大过年的,还打扰您。"

"哪里,您这种实事求是的精神,值得我学习。"方悴农说着,也将笔记本摊在桌上,翻开拿起笔。

"我国水稻种植历史、面积、分布地域这一块,我想再核实一下。"

"中国是世界上栽培水稻最早的国家之

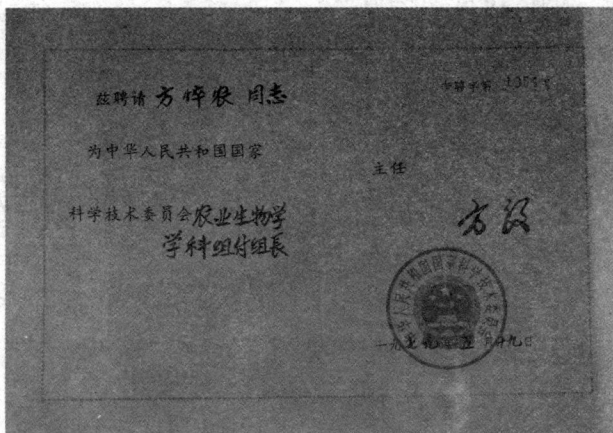

一。相传在4700多年前,我国南方就有水稻栽培,世代相传,遍布全国。当然,这个时间有待考古发掘论证。所以用了'相传'这个词。"

4700多年前这个时间点,随着后来考古发掘不断刷新,到2001年,浙江浦江发现了"上山文化",将中国的水稻栽培历史上溯到1万多年前。

"我国的稻米品种,1956年从全国各地收了27000多种。从稻米品质和生理、生态特型来分,有粒型细长的籼稻、粒型短粗黏性较强的粳稻,黏性最强的糯稻。在南方,农村的夯土墙用糯米糊作为黏合剂,很牢固。"

编辑停下"唰唰唰"的写字声:"这个真新鲜。"他抬起头,将下滑的眼镜往上推了推,看了方悴农一眼,又低下头。

"我国水稻主要分布在华南和长江流域,目前占了94%左右。当然,如果西北部再多开垦一些'北大荒'这样的种粮基地,这个数据也会更新。从全国范围讲,从北纬18度、一年能种三季稻的海南岛,到北纬53.29度的黑龙江漠河高寒地带,都能栽培水稻。"

"对哦,贵单位领导说您在黑龙江开了三年荒。"他抬起头,拿水杯喝了一口,"水稻的生长习性这一块,请您再说说。"

方悴农说:"从生长习性来讲,有深水稻、浅水稻、旱稻。籼稻主要种在纬度低、温度高的地区。生长期根据气温有90~180天不等,所以,分早、中、晚稻。"方悴农从抽屉里拿出另外一个笔记本,找到要找的那页,"中华人民共和国成立前,我国南方的广东、广西、台湾和福建南部地区有双季连作稻栽培,就是早稻种后再种晚稻。在福建省的中部及长江以南地区,种双季间作稻。就是在早稻抽穗前,在行间插种晚稻。"

"连作稻、间作稻两个词,得括号注一下。"编辑没抬头,自言自语地说。

他把记录从头到尾看了一遍,说:"您在稿子里,写了土地改革、耕作制度变革及农业增产八字宪法。我想多了解这些方面的情况。"

"土地改革将极大地解放生产力。农民原来是为别人种田,虽然也有缴纳租金杠杆调节,但受到天时(是否风调雨顺、有没有自然灾害等)、年成(就是民间说的大小年,很神奇,这个跟地力、气候等相关)、租地使用权(收成好第二年会加租,不加会租给别人)的影响,所以,农民对大田的用心、用力还是会打折扣。"

一只花猫跑了进来,跳到方悴农膝盖上,蹲了下来。方悴农用一只手挠了挠它的头,接着说:"我国第一个5年计划(1953—1957年),对南方的耕作制度进行了调整,主要是'三改',即单季改双季,间作改连作,籼稻改粳稻。"

"喵——"花猫叫了一声,从方悴农膝盖上跳下,跑到外面去了。

"这样的改变,"方悴农将手放回桌面上,"使我国双季连作稻的栽培区域,从原先的北纬28度以南,扩展到江苏、安徽、湖北的北纬32度以北,再将优选的'南特号'大面积推广,使长江流域的双季稻面积,从中华人民共和国成立前的500万亩,扩展到1957年的4670万亩,整整9倍多。"

"耕作制度和稻种革命,对粮食生产的发展起到了关键作用。"编辑抬起头,把眼镜往上推了推,发出了由衷的赞叹。"今年,毛主席提出了'土、肥、水、种、密、保、管、工'农业增产'八字宪法',依您看,哪项最重要?"

"都很重要。我先给你解释一下这'八字方针'。改良土壤、合理施肥、发展水利、合理灌溉、改良种子、合理密植、作物保护、田间管理以及工具改革。"方悴农掰着指头说,"工具改革,我在黑龙江友谊农场见过,效率很高。但在南方不太适合,南方适合用拖拉机、犁耙耖、插秧机等小型农具。"方悴农起身给编辑换了一杯水,继续说,"我在稿子里把'密植'作为单独一项措施提出来,是因为八字法中,只有这项可以通过合理利用'地力'增加产量。但密植需要在播种和收割上投入大量的人力,所以,南方各省加快了研制插秧机的速度。在前年的一次插秧机评选会上,从84款插秧机中,优选了7种在全国推广。"

方悴农说完后,编辑又问了一些文字及术语方面的问题。发现外面已经下雪了。

"今天学到了很多,打扰您这么久,再次感谢。"编辑握着方悴农的手,准备告辞。

"我也只是写了些我观察到、实践过的体会,算不上'学术'。"方悴农握着编辑的手,"有时间,建议您看看《中国水稻栽培学》,去年出版,有77万字,是中国农科院丁颖院长带领50多位全国著名科学家、花了两年时间打磨完成的。"方悴农边说边将编辑送到门外,"这部巨作对我国水稻的起源和演变、稻作区域的划分、栽培稻种的分类等,都作了详细的科学论证。"

"谢谢方老师,我一定抽时间学习。"

三个月后,方悴农的《我国稻谷生产的发展与科学研究的成就》被译成英文,发在《中国建设》1962年4月号上。

第66章 柬埔寨农业

方悴农《我国稻谷生产的发展与科学研究的成就》文章发表前,中国的"大跃进"浮夸风已经逐渐开始纠正,毕竟有三头六臂也整不出2万、10万的亩产来,到1960年底,已经少见风风火火的场面了。

对人的平反慢了一些,1961—1962年是一个"甄别"期。在甄别期,人也陆续开始起用。

方悴农先被派往重庆筹建柑橘研究所,1961年9月27日,八届十中全会公报提出"特别要重视农业可续技术研究"后,被邀请主持北京郊区农业发展规划、天津荒地开垦设计等一些临时任务。

在这期间,有一件事情让方悴农记忆尤深。

1960年10月,基于国民经济遭受了前所未有的困难,国家计委提出"调整、巩固、充实、提高"的八字方针,对机关部门来说,就是精简机构。

农业农村部将中国农科院的编制一下减掉70%。

人走了,遭殃的是项目。那些刚建起来的大豆、畜禽、沼气等项目,能停的,也都停掉了。但一些重要的老课题不能停,有个从美国回来的农学专家,由于没有助手,只好在三楼实验室里,自己喂猪、取粪便、做实验。

1962年9月,中央宣传部和国家科委派出范长江(1909年10月16日至1970年10月23日,四川内江人,中国著名记者)、于光远(1915年7月5日至2013年9月26日,上海人,中国著名经济学家)带队到农科院调研,回去后将整个研发系统濒临瘫痪的情况反映上去。

"农科院,已经被精简成皮都包不住骨头了。"院长丁颖是著名的水稻专家,他无奈地发了一声感慨。

范长江、于光远将调查情况汇报上去,被反映到正在北戴河召开的中央政治局工作会议上。国务院主要领导很快就解决了农科院的编制问题。

方悴农平反了！

1963年，平反后的方悴农被派往柬埔寨，进行农业考察。出发前，方悴农详细了解了这次外派的背景。

1954年日内瓦会议，结束法国殖民主义者在印度支那的统治，柬埔寨王国宣布独立。

但前脚刚赶走狼，后脚就来了老虎。美帝国主义打进越南，对旁边的柬埔寨虎视眈眈。

西哈努克愤怒了，将国内所有美国专家统统赶走。

专家被赶走了，活也干不下去了，就向邻居中国求助，希望派专家顾问到柬埔寨帮助。

出于政治方面考虑，国务院同意了。

从1964年8月5日美军借"北部湾事件"出动军用飞机对我国海南岛、云南、广西投掷炸弹及导弹开始，中国的抗美援越战争打了7个年头。

俗话说，远亲不如近邻。柬埔寨与中国、越南都是邻居，即便不能形成统一抗美阵线，只要保持中立对时局也是有利的。

当然，真要打，我们也不怕。随着抗美援朝、珍宝岛自卫反击战胜利及"两弹一星"升空，中国的国防实力，连世界两大超级大国也不敢小觑。

专家组由国家工商管理局副局长管大同任组长，从各部门抽调10多位专家，组成经济专家组赴柬埔寨。

刚平反的方悴农也是这个小组的成员。

方悴农和这个经济专家组在柬埔寨工作了5个月，基本摸清了柬埔寨工农业和国民经济发展情况，包括存在的问题。

临回国前，柬埔寨政府及有关部门专门听取了经济专家组各条线上的汇报，并提交了一份书面综合报告。

1970年3月18日，柬埔寨内阁首相、武装部队司令朗诺，在美国中央情报局密谋和策划下，趁西哈努克到苏联治病兼国事访问之机，发动政变，宣布废黜西哈努克亲王柬埔寨国家元首职务，成立高棉政府，朗诺出任总统。

苏联人不肯收留西哈努克，中国政府将这位老朋友留在中国住了多年，直到1975年4月17日金边解放、朗诺政府垮台后西哈努克才回国。

在柬埔寨5个月的考察，让方悴农掌握了当地农业大量的第一手资料。回国后，写了《得天独厚的柬埔寨》《柬埔寨的粮仓——马德望省的稻谷生产》《柬埔寨的土地农民问题》等文章。

>> 1963年12月至1964年5月，应西哈努克亲王邀请，参加国务院组织的中国经济专家组去柬埔寨对农业情况进行全面考察时，方悴农（右一）与柬埔寨农业专家合影

第67章　赴越考察

1964年5月，回国后的方悴农被委以重任，分管研究、计划、情报、外联4个处工作，并负责院刊《中国农业科学》终审。

由于劳累过度，方悴农在一个凌晨因胃出血在办公室休克过去，被送到同仁医院做了胃切除手术。

在医院养了半年病，其间，带严如林回陶宅住了十多天。

1968年，方悴农被挂上"谭氏小爬虫"的牌子，拉上台批斗，在牛棚里关押了一年零一个月。

其间,那位差点成为别人家"刘双喜"的方昕偷偷去看了一趟老爹,老爹正被摁着脖子打耳光,他没有靠近,到牛棚去看了看。

床上的薄被叠得整整齐齐。

由于被长期虐待,营养不良,方悴农的视力越来越差,几乎看不见东西了。

家人不能见,说了也白说。方悴农只能靠自己。

他记得小时候读书时,老师让一边读,一边摇头晃脑,说是有利于血液循环、平衡脑细胞。

所以,他也每天做"摇头晃脑"运动,向左120转,向右120转。

这个动作让他保持了现有视力,不致失明。

非常时期,从雪山、草地上滚过来的女红军发挥了关键作用。她不但没有听从劝告跟方悴农离婚,还到处奔波为丈夫申诉:"方悴农是从延安走出来的革命战士。他如果是反革命,我也是反革命!"

申诉有效,方悴农被国务院指名赴外公干。

方悴农提前脱离苦海,不久,视力恢复正常。

>> 1996年12月,严如林在红军军旗上签名

方悴农赴外公干地是越南。

在朗诺掌控柬埔寨军权、政权的时候,越南也发生了一件大事——

1969年9月2日,一直带领人民坚持抗击美帝侵略者的越南劳动党主席胡志明,因心脏病逝世。

1970年,越南领导人黎笋(1907年4月7日至1986年7月10日,越南中央委员会第一书记。胡志明逝世后,越南不再设主席,等于最高领导人)、范文同(1906年3月1日至2000年4月29日,越南政府总理)来华访问,毛主席、周总理接见了他们,高度赞扬了越南人民的抗美斗争精神。

范文同邀请中国代表团到越南考察。

同年12月，国务院派出12人专家组赴越考察。

6日晚上，国务院领导人在人民大会堂接见小组成员并一一做了指示交代。

了解了其他工作后，国务院领导人对专家组提出要求："你

>> 1970年1月，越南总理范文同会见我国国务院派赴越南学习组人员（第二排右四为方悴农）

们这次到越南，一面要虚心学习，一面要尽心帮他们把粮食产量提高，把高产品种提供给他们，让他们自己去选。"

"大麦只能勉强糊口，我们正在争取种小麦、水稻两熟。"方悴农说。

"不能这样说，大麦也很好嘛！"

一个月后，学习考察组回国，国务院安排一个晚上听考察组汇报。

而后，方悴农根据在越南的所见所闻，写成《越南抗美救国战争期间的农业生产》《越南人民反对美帝使用化学毒剂毁灭农业的斗争》。

第68章　浙江的矮秆水稻

1970年6月，正值水稻扬花、蛙声一片的季节，方悴农从北京到杭州，参加浙江省农业科学实验和矮秆水稻示范现场会。

在会议召开前，方悴农随同参加会议的代表用8天时间，到温岭、临海、绍兴、杭州、嘉兴等市进行实地考察。

小苗带土移栽是浙江农民的创举,说得再具体一点,是浙江永康县的农民的创举。

　　"我们这里1958年就开始做这件事情了,当时没有引起重视,还曾经被作为'不正之风'扼杀了。"永康代表拖着又软又长的当地口音说。

　　"这样做有什么好处呢?"方悴农其实知道,小苗带土移栽,不是一次简单的农业科技革命,而是一次质变,一次飞跃。

　　但既然是交流,他希望有更多人知道。

　　永康代表看方悴农关心,介绍得更来劲了:"以前不带土移栽小苗,要有秧田,有多年移栽小苗技术的地道农民。实施带土移栽,就不一定要在秧田里育苗,明堂、场院缝隙上都能够育苗。"他看到听的人多起来,吞了口唾沫。

　　"这样子呢,场地多出来了,面积也多起来了。关键是,带土移栽不用技术,老爷爷、老嬷嬷、妇女甚至连8岁的孩子都能做,功夫又省了下来。"

　　"原来是'精'出来的,难怪都叫你们'永康精'呢。"方悴农打趣道。

　　武义、永康两隔壁,大多数武义人都有永康亲戚。方悴农是武义人,开了个小玩笑。

　　大家都笑了起来。

　　"其实,永康老大哥做得真不错。"方悴农看那个永康代表不好意思说下去,就接着说,"他们有个后项生产队,做到晚稻秧田、秋萝卜田、秋大豆田'三不专用',产生了新的'四熟制',这是实现'千斤省'最好的方法。"

　　"小苗带土还便于插秧机操作,我们试过,很成功。"天台良种场的代表说。

　　"这个方法应该大力推广出去。"方悴农说。

　　"我们省现在已经有70%推广成功了,"陪同考察的省农科部门领导说,"这是一项除老弱病残外,人人都能够参与的劳动,而且可以早育、早播、早收,所以,我们也到全国各地推广,每到一个地方都取得成功。"

　　这一路上,方悴农记住了几件比较特别的事情。

　　一件发生在平湖新仓公社东风一队。

　　这个队繁植了3000多斤"一品红"新糯米,大家都等着分到户尝个新鲜。结果没吃成,都给兄弟大队做谷种了。

　　这件事是发扬风格,也属于平常。让方悴农吃惊的是另外一件事情。

　　去年4月,农科院作物所给他们寄了"京引3159"稻种,只注明生育期115天,其他什么都没写。

大家琢磨来、琢磨去,决定将种子分成两批种,结果证明这个品种在高温期不能种,只能在早期、晚期种。

另外一件发生在武义隔壁的义乌大陈村,去年下半年大陈村从农场得到一穗"京引47号"糯稻,如获至宝,采取单本插、瓣分蘖栽,一季就收获9斤新糯种。先送1斤给兄弟生产队。这个生产队如法炮制,再分给别的生产队。现在已经种了3.2亩,还留下7斤做糯种。

"高手在民间啊!"方悴农感叹道。这些成绩,在北京农科院得用上多少科学家、花上多少功夫才能获得。

浙江农民,谈笑间就解决了!

大会在嘉兴开,在会议结束前,方悴农作了热情洋溢的发言:

"49年前,这里诞生了伟大的中国共产党。回忆过去的艰苦岁月,看看现在取得的成就,我心潮澎湃,情不自禁跟同志们一起高呼'中国共产党万岁!毛主席万岁!'"

方悴农跟大家简单回忆了30多年前,日军从金山卫登陆,自己从嘉兴死里逃生,后来抛妻弃子、背井离乡投奔延安的经历。

也跟大家分享了这次实地考察途中所见所闻所想。

然后,拿两件"他山之石"阐明自己的观点。

一件是山西忻县生产大队的科技组织。

"这个地区70%的生产大队都有科技组织,生产队都建有种子田、丰产田,为农业生产高产更高产提供良法。"方悴农环视了一圈全场,"这个地区的群众,已经掌握了高粱雄性不育系和玉米自交系的繁种制种技术。去年山西全省还发动了5万人次,从小麦、谷子、莜子(燕麦)、穈子等大田作物中,找到了近3000个自然变异的雄性不育株,各自在观察研究,要为农作物利用杂种优势打一场'人民战争'。"

一件是山西昔阳县的全国劳动模范陈永贵。

插入介绍一下陈永贵,这是一个在短短23年时间里,从一个普通农民走上国务院副总理、在中国农业史跟"大寨"一起扬名海内外的风云人物。

1952年,37岁的陈永贵担任大寨村党支部书记,他带领农民用扁担挑土上山造田，制定并实施十年治山治水计划，取得首战白驼沟、三战狼窝掌全胜等奇迹，用汗水在大地上烙下"大寨精神"四个字。

1963年，大寨发生"七灾八难"，特大洪灾、冰雹、台风、霜冻、干旱，反正老天爷能使的招儿都齐活儿了。

牛人的业绩是：大寨粮食亩产达704斤，总产量56万斤。不但没有向国家要一粒米，还交了24万斤商品粮。

而且，还让全寨人永远结束土窑"穴居"生活，一口气统统搬进崭新的石窑。

这样的牛人，方悴农很喜欢。在这个会议前，他专门跑了一趟大寨，把看到想到的事情也在这个大会上说了："昔阳县1968年以陈永贵同志为首的革命委员会成立以后，组织群众掀起了一个'农业学大寨'的高潮，批判懦夫懒汉'听天由命，无所作为'的世界观，树立了'重新安排昔阳河山'的雄心壮志。动员全县农民进行基本农田建设，不到三年彻底改变昔阳县贫穷落后的面貌，使一个平均亩产只有300斤的县，一跃而成为亩产800斤大寨式的高产县。"

一阵阵热烈的掌声。

陈永贵于1975年担任国务院副总理，其间，曾与方悴农多次接触并讨论农事。"没有架子的副总理。"这是方悴农对他的印象。

第69章　向水稻科研进军

1970年7月，中国农科院建制撤销，30多个专业研究所下放给地方，另外成立农林科学院。

许多同事都被"精简下放"了，方悴农作为"方博士""活字典"被留在农林科学院，任科研管理部主任。

1938年，那场在延安宝塔山下、河滩上的农展会，经常会进入方悴农的梦中。

总要干点正事，干点有益于国家和人民的事。

秋天的一个午后，他在院子廊道上翻晒书籍。

阳光从廊前海棠树枝的缝隙中钻出来，在树底下幻化成婆娑的树影。

方悴农捧起一本书，坐在树边的石头上看了起来。

"秋起了，石头也凉了。"感觉到屁股落石时的凉，他在心里嘀咕了一声。

"哟，是'方博士'又在用功了呀。有个问题要请教你一下。"有位年轻的军代表看到方悴农，笑嘻嘻地说。

方悴农知道他们对知识分子不太看重，问话中有一半是真心、一半是调侃，也笑着说："还是猪的问题吗？"

"不是，你上次说猪有杂交优势，是不是牛也有？"

"当然，当然。还可以混交。"方悴农看到有几个人聚拢上来，干脆舌头再大一点，"比如，用印度的摩拉水牛与我国的南方水牛杂交，生出来的牛体形更大，又能耕田、拉车，又能产奶呢。"

"真的?!"大多数人表示不信。

"方博士，又侃上了？"一个带南方口音的男声从后面传过来。

方悴农听声音就知道是农林部兼工军宣部领导沙风（1918年9月至2013年12月25日，浙江新昌人。曾任中国人民解放军装甲兵副司令、农林部部长）。

"沙司令！"方悴农叫了一声。

"都散开了，我找'方博士'有事情。"沙风朝围着的人挥挥手。

人群散开，廊道上只留下沙风、方悴农两个人。

"我在想，咱们这个单位，既然叫'农林科学院'，整天猪啊，牛啊也不是个事，总得干点正经事。"

方悴农心中暗喜，他早有这个想法，但不知道怎样开口才合适，怕"祸从口出"。

"沙司令，猪啊，牛啊，也是科学技术呢。"他想再探探这位军人的真实想法。

"你少来，我们都从浙江来，在老乡面前，你那点小九九我还看不出来！"沙司令将一只大手往前一挥，貌似要赶走对方的虚言。

"还是沙司令了解我。"方悴农有点不好意思，大鼻子的鼻翼动了动，"这几天，我又梦见延安，梦见那场在河滩上的农展会。就是那场会展，将延安的农林牧带上了产业化发展的道路。"

"后方稳固了，军民不愁吃不愁穿，生产和军事同步发展。这也是抗战胜利后，我军能够打败国民党部队的一个重要原因。"沙风1937年参加革命，中华人民共和国成立前从一个普通士兵一直干到副师长,大小战斗经历过上百场,深知后方稳固和部队给养的重要。

停顿间,他眉毛往上扬了扬:"你是说,我们也搞一场展览会?"

"不光是展览,还有学术研讨。据我了解,湖南等几个省市在搞水稻雄性不育系研究。这个课题如果能够突破,不光是中国,全世界的吃饭问题都解决了。"方悴农一口气,把前几天憋在肚子里的话,像倒大豆一样倒了出来。

"这个提议好,你先做个方案,我看看,可行的话,我们再动手实施。"沙风边说,边拍了拍方悴农的肩膀。

方悴农所说的"湖南等几个省市在搞水稻雄性不育系研究",湖南主要是指袁隆平团队。

1960年7月,袁隆平30岁,在湖南安江农业学校当教员。有一天,他下学校试验田发现一株特殊性状的水稻,就将雌雄株同蕊的雄花人工摘除,授以其他品种花粉,尝试水稻杂交试验。

经过6年多努力,1966年2月28日,袁隆平在中国农科院主编的《科学通报》半月刊第17卷第4期上发表第一篇论文《水稻的雄性不孕性》,彻底推翻了米丘林(1855年12月27日至1935年6月7日,苏联卓越的植物育种学家)、李森科(1898年9月29日至1976年11月20日,苏联生物学家、农学家)的"无性杂交"学说。

后来,这项研究因为种种原因断断续续,没有取得突破性进展。

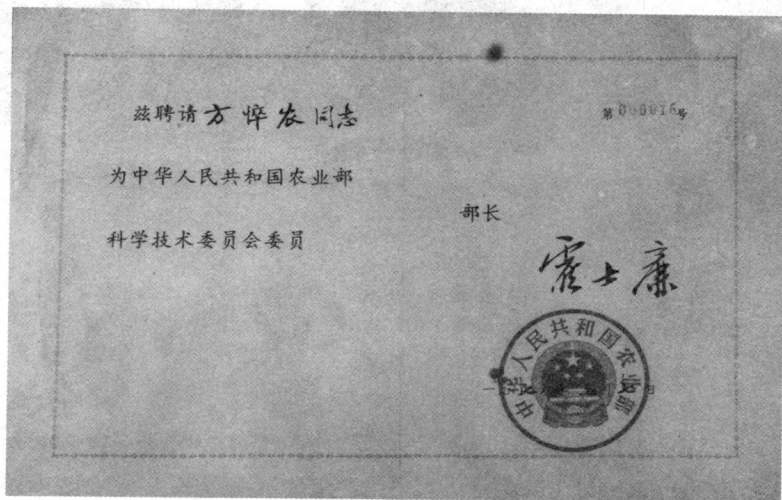

1970年，袁隆平的学生和助手、黔阳农校科研小组的李必湖在海南岛海崖县发现雄花花粉败育的野生稻(简称野败)，为研究打开突破口。

但依然没有达到预期"少劳作少施肥达高产"的效果。

这些情况，方悴农一直关注着。

三天后，方悴农将首届全国农林科技成就展览会的方案摆在沙风的办公桌上。

这个方案主要由三大块组成：一块是农林科技成就展览，有实物，有图文介绍；一块是农林科技成果学术交流；一块是通过展览和交流，选出重点课题，组织专家团攻关。

沙风部长同意了，立即向国务院主要领导汇报并得到了肯定，指示方悴农牵头做好各项筹备工作。

在筹备期间，1971年秋天，由沙风带队，中国政府代表团考察了阿尔巴尼亚的农业发展情况。

1972年2月，经过紧张的筹备，首届全国农林科技成就展览会胜利召开。

在这次会议上，湖南、安徽等地展出了用两系法试验成功杂交的杂交稻。其中安徽芜湖农科所的做法是：把自花不育尚有分离的不育品种作母体，利用叶枕紫色的品种作恢复系，第一代秧苗叶枕紫色的杂交稻利用，不带色的

>> 1972年7月，方悴农参加中国政府代表团访问阿尔巴尼亚和罗马尼亚。团长、中国农林部部长沙风(前排左三)、阿尔巴尼亚劳动党领袖霍查(前排左四)、方悴农(三排左一)

秧苗为不育系繁殖，取得优势显著的杂交稻。

在此之前,经过方悴农多方努力协调,全国农林科技座谈会也同步召开。

会议由国务院办公厅主持。在这个大会上,确定组织16个全国重大科技项目的协作攻关。

其中全国马铃薯实生苗利用、马传染性贫血病防治等项目的牵头单位,由农林科技学院负责。

方悴农担任序列4——水稻雄性不育系和保持系协作攻关组的组长,在国务院的支持下,整合全国数十家相关科研单位,群策群力,乘风破题。

大协同攻关机制建立后,研发的脚步加快,全国各地科研单位捷报频传,到1973年,顺利攻破三系配套难关。

第70章　加拿大的农科温度

1973年9月28日至10月19日,应加拿大政府邀请,中国农科代表团一行5人对加拿大的粮油作物进行考察。

因为在延安时知道这个国家有个国际共产主义战士白求恩大夫,白求恩为中国人民的解放事业,将生命奉献在了延安,所以,方悴农本人对这个国家心存好感。

到了加拿大后,这种好感一天天加深。

代表团到过首都渥太华及萨斯喀彻温、马尼托巴、安大略、纽布伦瑞克4个省的30多个科研单位、企业和农场参观访问,会见各单位负责人、科学家、教授、农民等130余人。

每到一处都有相关单位的科研负责人陪同考察。

10月1日是中国的国庆节,代表团在萨斯喀彻温省会城市里加纳访问,这座城市的两家科研单位负责人连同8位科学家分别从外地赶过来,跟代表团进行了一天的交流。

第三篇　鞠躬悴农

219

参加完中方代表团的国庆晚宴后，双方继续进行友好交谈，直到深夜才告别。

第二天，代表团到全国科学委员会所属的化学研究所参观，一位印度籍化学家当场为代表团展示一种新型的塑料薄膜。

"这种薄膜利用反渗透原理来净化污水。"化学家说。

"有什么特别的功效吗？"

"现在，我把这种薄膜放到海水、石油、污水、牛奶和果浆里，"他一边说，一边将几块10厘米见方的薄膜分别放进这些玻璃罐中，"请大家看一下效果。海水淡化了，石油分离了，污水、牛奶、果浆都干净了许多。"

"对呀，真是个好东西。"大家感叹道。

"这项技术，能够传给我们吗？"方悴农问，"当然，如果不保密，我是说分析资料。"

"当然，这本书已经公开发行了。你等一下。"他跑进隔壁办公室，几分钟后抱了一本资料出来，"这个，送给你们。你们不用花钱去买，你们回去以后可以翻译出来，在全国发行。"

"真的，太感谢你了！"方悴农先伸出一只手握着他的手，另一只手接过资料。

"中国有8亿人口，能够读我写的书，我很高兴，应该我谢谢你们。"印度籍化学家脸上写满了诚恳的笑容。

这个愿望，方悴农回国后就帮他实现了。

加拿大在北纬41°～63°，西经52°～141°，国土面积9984670平方公里。是一个高度发达的资本主义国家，人民的生活水平相当高。

9月30日，方悴农考察团到萨斯喀彻温省考察，陪同人把他们引到一个农民家里，介绍说："这位是

>> 1973年10月，方悴农（左三）率领中国农业科学代表团赴加拿大访问。著名小麦育种专家赵洪章（左二）、著名玉米育种专家李竞雄（左五）

我们的市长。"

方悴农一看,傻眼了,前面明明是个如假包换的农民嘛!

市长大人伸出手:"很高兴认识您!"

方悴农握住那双长满老茧的手:"抱歉,市长先生,刚才没看出来。"

陪同人员说:"我们所有的市长,都是兼职的。履行职责是分内事,关键是有一技所长。"

"市政府也就三五个官员,每个月抽点时间过去料理一下事务就可以了,不影响种庄稼。"市长大人乐呵呵地说。

在玛登,考察团访问了农民巴克莱,这家在当时的加拿大玉米产量最高。

夫妻俩种有1920亩地玉米,连续3年创造了平均亩产1200斤左右的高产纪录。

那天,是一个艳阳天。方悴农在玉米田里看到了另一番景象:

巴克莱的妻子一早开着联合收割机到田里去收割玉米,一个来回收4行,正好把脱下的玉米籽粒装满机仓,到了地头后把它卸到她丈夫随后送来的卡车上,巴克莱回来把烘干机清扫、调整好后又把另一台拖车送到地头,前面的那台卡车已经装满,这样两台卡车,来来去去负责运输,烘干机能自动作业,1920亩地玉米有一个多星期,就可以全部收完烘干了。

"我们把玉米一车车送到加工厂去,就可以算账拿钱,外出旅游了。"

方悴农在心里算了一下:如果像中国农民,收获时如果一蒲蒲去掰,一个人掰一年也掰不完。

在加拿大农业科研总局工程服务所,方悴农看到了在国内想都没想过的场景。

这是一个专门从事农业试验专用仪器仪表及机具的研制机构。历史悠久,为加拿大农业科研单位设计制造了大批专用仪器仪表及机具。

在这里,方悴农认识了人工气候箱。

这个箱子长8英尺,宽4英尺,高两米左右,类似双开门冰箱,科研人员可以根据不同品种调节温度和湿度,不受时间、气温等条件限制,随时都可以进行有关农作物的各项试验。

"我们每个研究所都有20~30台这样的气候箱。"科研人员介绍说。

221

还有试验所试验用的播种机、收获机、脱粒机及各种农作物的数粒器等设备,这使研究人员有可能一次做2.7万个大小不同规模的试验。

"我们都是手工操作,"方悴农说,"不管是田间试验还是室内考种检验检查。所以,你们知道,效率很低,大规模做不到,成功的概率也很低。"

加拿大科研人员脸上露出钦佩带着同情的表情。

回国后,根据方悴农起草的考察报告建议,中国农林科学院成立了一个综合化学分析室,对全国各地区、各种主要农作物不同品种进行化学分析。

对刚刚从战火中脱难不久、人口总数占全球五分之一的中国来说,加拿大是一个温暖的国度。

在温尼伯研究站,两个负责人抢着请代表团到家里做客。宴请的时候,还请了附近的科学家过来相聚,交流农业科技成果,每次都谈到深夜。

资料和实物就更加丰富了。

每到一个地方,不管是单位和个人,都倾囊相授。

回国前,代表团收获的资料和物资清单如下:

有正在推广和即将推广的小麦、大麦、燕麦、玉米、大豆等优良品种。

珍贵品有:小麦秆锈鉴定寄主和抗秆锈、抗叶锈的品种和单基因材料共50种,小麦单缺体细胞遗传材料两套各21个,人工合成小麦58个,早熟玉米自交系32份。

特别可贵品有:刚研究取得的6个低芥酸油菜品种,以及冬小麦、向日葵、苜蓿的雄性不育系及其保持系和恢复系。

这些,对小麦抗锈育种和开展杂种优势利用有很大帮助,对正在扬鞭奋蹄的中国农业无疑是雪中送炭。

这次访问,加方各科研单位主动赠送的图书资料达100余磅。

回国后,获赠的书和资料全部归档。

带回的实物,也到了该去的地方:

冬春小麦、大麦、燕麦、大豆、低芥酸油菜等作物的优良品种和早熟玉米自交系,分送给有关单位试种,其中玉米自交系、燕麦等拿到海南岛繁殖。

温尼伯研究站和马尼托巴农学院赠送的有关小麦秆锈病的鉴定寄主、抗秆锈、抗叶锈的品种和单基因材料共50种,这些已分作4份给农业所、植保所、辽宁和西北两个农学院研究利用。

58个小麦野生种、人工合成的小麦种，小麦单缺体细胞遗传材料两套各21个都是增加抗病材料来源，开展细胞遗传研究，提高我国小麦育种水平的十分重要的材料。

那套印度籍科学家赠送的利用反渗透原理制造醋酸纤维薄膜的综合研究报告，已由灌溉研究所协助翻译完毕。

当然，这样的交流是双向的，中国历史悠久、地大物博、人口众多，虽然农业科技比较落后，但很多农业项目还是跑在世界前列。

各种早熟农作物就是其中的一类，每到一处都有加拿大科学家提出想得到我国各种农作物早熟种材料的请求。

加拿大科研总局通过负责接待的莫利逊博士正式提出与我国交换种子的提议。

这个提议，捅破了双方科研人员不断接触、只能意会的窗户纸，给这次考察赢得了意外收获：

通过双方使馆传送或邮寄，中国农林科学院和加拿大农业科研总局建立了科研品种种子的交换关系。

回国后，我方陆续收到286份种子材料，分别交由有关科研单位繁殖利用。

加拿大方面，也收到了中国东北部正在大面积推广应用的176份小麦、玉米、大豆的早熟新品种。

第71章　异军突起的美国大豆

从加拿大回国11个月后，中国农林科技考察团一行11人，于1974年8月29日至10月2日到美国，先后考察了美国首都华盛顿，马里兰，南部的密西西比州，中部的伊利诺伊、爱奥华及内布拉斯加等，重点考察了美国的棉花、玉米、小麦和大豆4大农作物的育种情况。

与前面那位隔壁邻居加拿大不同,中美虽然已经建交,但上层对中国的科研考察持谨慎态度,尤其是高层,在尽量满足考察团要求的前提下,对棉花等军用物资的育种资料保密。下面的科学家、科技人员比较热情,所以也收获了很多资料和育种材料。

美国官方报纸、电视台以"欢迎中华人民共和国访问团"的标题,对中国农科考察团赴美考察进行了报道。

得到消息的留美台湾学生和华裔学者纷纷找到代表团下榻处,主动要求给考察团带路、当翻译,方悴农从他们的眼中,看到了浓浓的游子思乡之情。

>> 1974年9月,方悴农(前排中)率中国农业科学考察团在美国明尼苏达大学考察

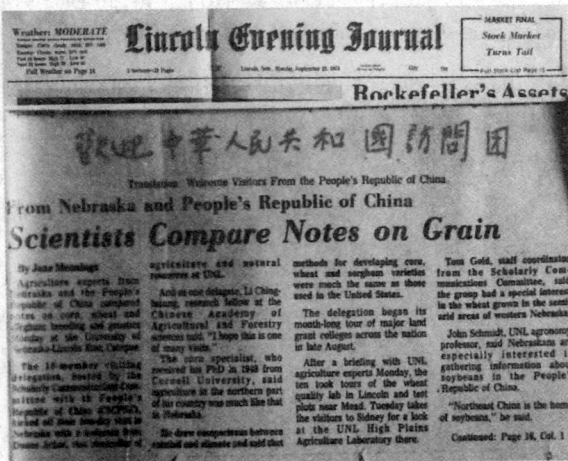

>> 1974年9月,方悴农率中国农业科学考察团在美国考察,当时美国报纸对考察团的报道

因为美国官方对棉花种植技术三缄其口,反倒提起方悴农对这项技术的兴趣。

在加利福尼亚州的洛杉矶往北有个占地50多万亩,名叫宝兹维尔的大农场。

全农场只有200多个工人,40多个技术和管理人员,而且50多万亩田里有20多万亩是棉花,田块很大,一丘田就是1平方英里(合3平方华里)。

"我查了下资料,这个州年降雨量只有200多毫米,你们引田纳西河的水灌溉。这样做必须先把田做平。但现在——?"方悴农指着前面高低不平的土地说。

"你看,我们用200多马力的大型拖拉机,牵引一台宽30米的刮土机。"农场主指着边上两个大家伙说,"平地时,拖拉机用激光指示器来调节水平,纵横交叉进行一遍就把地整平了,再起垄,用几十条虹吸管同时把水浇进沟里。"

"采摘棉花也完全用机器,飞机洒过落叶剂以后,叶子全部脱落,雪白的棉花吐露出来,就可用吸入式采棉机去采收。过几天,第二批棉桃吐絮再收一次就干净了。"

考察团了解到:这个农场200多名工人个个都是多面手,拖拉机、采棉机、轧花机都会使用,棉花收完后,两个轧花厂把全部籽棉轧成皮棉打好包,就以成品提供给纺织厂或出口,棉籽榨油后连同其他田里收的玉米、红花、牧草等全部转成饲料,可饲养几万头肉牛。

农场就以皮棉、牛肉、植物油等产品销售给市场。

此行,方悴农对美国主要农作物生产情况、育种栽培科研动向做了详细的分析,并提出了相关建议。

回国后,方悴农提交了《美国农业生产与农业科学考察报告》,同时提交的还有《异军突起的美国大豆生产与科研成就》。

美国的大豆,是从中国传过去的,不光是美国,世界上所有的大豆,几乎都是直接或间接从中国传过去的。

中国大豆种植历史,可以追溯到4500年以前。

2000年前,朝鲜和日本首先从我国引种大豆,1786年引种到德国,1790年传入英国,1793年大豆被引入法国。

所以,中国大豆是全地球大豆的老祖宗。

美国有大豆种植记载是1804年,到1915年开始大面积种植,到1974年10月方悴农率团去考察时,大豆种植业已经成为全球农林业中一支异军突起的劲旅。

方悴农详细考察美国大豆的成长史后,揭开了这支突起异军的秘密。

首先,利益驱动。

美国小麦、棉花在国内滞销,又限制出口,但对大豆却采取了出口奖励措施。出现了两极增长的情况,一方面鼓励出口,一方面大田腾出了大片种植面积,单品面积扩种了27%。

其次，美国在大豆种植研发上下了点功夫。这个超级大国地大物博、人烟稀少，又是全球的高利贷庄家，不愁吃喝，对国防和航天的投入永远是第一位。

这次对大豆也作了高投入，从选育新品种、实现机械化栽培和管理、化学除草及加工利用方面都作了很大的努力。

最后，对大豆的食用价值也作了深度开发。主要用途有做人造奶油、煎炒用油、调料用油，也有少部分用在制造油漆和塑料上。

所以，产量犹如芝麻开花，噌噌噌往上窜。

方悴农分析，即使在不增加种植面积的基础上，美国大豆平均亩产，也从1925年的104斤，增产到1973年的254斤。如果大豆面积在3.1亿亩不减少的前提下，到1985年达到1200亿斤不是天方夜谭。

何况，美国的伊利诺伊州南部已经试种成功麦茬大豆，在小麦产区发展大豆也有很大潜力。

在种植栽培技术上，有个现象引起方悴农重视。

在美国伊利诺伊州香槟县，农民们在春季用圆盘耙耙地之前，会先撒除草剂，一般都是用锄头手工除草，中耕的次数也很少。还有在播种的同时，将除草剂放进播幅内，以后再进行两次中耕除草。大豆的长势非常好，杂草很少。

还有，拖拉机将麦子收割完后，不耕耙也不灭茬，在拖拉机轮印上直接种大豆，美国人叫"免耕法"。

>> 1974年8月底，方悴农(右三)在美国考察农业发展情况

这些在中国，目前做不到也没人敢做。

还有，美国农民在种植大豆之前，会对地力、水土环境、种子、阳光等进行综合考虑，尤其是播种的间距，也是因地制宜。再根据这些情况进行耕作、施肥、浇水等。加上土壤本身的肥力较高，有机质很丰富，不用再施氮肥，大豆接收的养分比较平衡。

所以，他们种的大豆植株

生长非常健康,大有多一分太肥、少一分太瘦、高一分太高、低一分太矮的"西施相",总之,给豆荚生长做足功课,每个豆荚里都是颗粒饱满、色泽鲜艳的"豆宝宝"。

方悴农发现,美国大豆的育种目标非常清晰。

一是重视生态类型育种。

这个要有大量的品种生态调查为基础。美国人通过这样的调查,依照生育期、结荚习性及光能利用率绘制了不同地区不同大豆品种的生长图谱。

中国人现在只能做到大豆如何生长、如何耕种等,不同习性图谱这块,局部地区有,也比较粗糙,绝对没有做到"拿来就用"的地步。

二是选育丰产性品种。

这个是全球性普遍做法,让不同地区、不同习性高品质遗传基因的豆种"强强联合",生出来的宝宝总会一代比一代强。

当然,试验也有不尽如人意的例子。

美国人知道大豆品种间光合生产率效能的差别很大,所以对所有能找到的大豆原始材料都作了光呼吸强度分析,没有找出品种间明显的差别。又对20万粒大豆进行线性分析,也没有找到差别。

这项试验就没再进行下去。

三是培育抗病品种,这是美国的强项。

这一强项是基于大豆多年连续耕作,使大豆轮作生理失调,病虫害严重的情况,不得不投入大量的科研力量解决各式各样的病虫害。好在这个超级大国不差钱,也不差科技力量,在伊利诺伊州试验站就配备了24个科研人员,对大豆病虫害进行集中攻关,所以,见效很快。

这让方悴农想起了目前国内正在进行的农林科技攻关及13省推广大协作。

>> 时任内布拉斯加州州长赠送给方悴农的小麦种子

>> 时任美国洛亚州州长罗伯特·雷伊赠送给方悴农的州徽

227

第72章　杂交水稻破题

全国首届农林科技座谈会结束后,方悴农领到协调完成"水稻雄性不育系"研发任务,立即投入紧张的组织协调工作中。

在办公室夜以继日忙了5天以后,他到外面剃了头、刮了胡子,抱着一摞纸去国务院找分管领导。

分管领导是从湖南升调上来的,对这个项目是"情有独钟"。

"在座谈会上,我们也一致认为这个项目突破的可能性很大,成功后对人类的贡献也大,所以各方面的积极性都很高。"方悴农说,"湖南这边,袁隆平同志同意将之前研究的所有资料公开给相关协同单位,并提供两系稻种。其他已经完成两系研究的单位,也同意将种子提供给大家共享。"

分管领导听了汇报后,表示将全力支持。不久后,50卡车物资及研发经费拨付到各协同研发单位。

方悴农科技攻关大协作团队,要解决的问题是将水稻从"两系法"向"三系法"推进。

水稻是雌雄同蕊植物,天造地设,自然交配,传宗接代。

有如"至亲婚姻",基因功能互补性不强,产量和质量都不高。

得"外嫁"或"招婿"才能解决这个问题。

有必要先介绍一下什么是"植物三系"。

"植物三系"简称不育系、保持系、恢复系。

"不育系是雄性不育系的简称,是指植物的雄性器官退化或发育不正常,丧失了受精能力,自交不结实,但是雌蕊正常,可以接受其他植物品种的正常花粉结实的品系。"

说白了,两个雌雄同蕊的花,雄花丧失了生育功能,这样的品种就叫"雄性不育系"。

也就是袁隆平最早在农校试验田里发现的那株"异性稻"。

雌花得找个其他雄株把生育工作完成。

"保持系是雄性不育保持系的简称。不育系本身没有花粉,保持系不能结实,为了年年有大量的纯不育系种子,每一个不育系必须有一个专门给它授粉、使所得的下一代仍为不育系的品系。这种使不育系能传种接代的植物品系,称为雄性不育保持系。"

雄花不能生育了,得先帮它把"雄性不育"的基因传承下去。试验田里的不育稻太弱,授粉后效果不太好。这得有更强大的雄花,也就是李必湖等在海崖县找到的那株"野败",自然生长,生命力极强,经过人工授粉后结出来的种子,才能够保持纯不育精华。

"恢复系就是雄性不育恢复系的简称。保持系只能为不育系解决传种接代问题,不能解决生产上应用的大量杂交种。必须用另一些特定品种给不育系授粉,使所得种子种出来的植株雄蕊恢复正常,并能自交结实,这些品种或品系,称为雄性不育恢复系。"

也就是说,新雄株得完成"宿主"的嬗变,恢复到可以"自交、结实"的生育功能,是攻关破题的关键。

大协作团队的好处,是所有的试验成果可以共商共享。

方悴农给这支由中国农林科学院牵头,中国科学院及有关科研单位、全国19个省市自治区科研机构参与的万人团队,建立了这种机制!

方悴农的主要任务是给这样的大协作做好大协调服务。

人、财、物到位有国务院支持,在"一穷二白"的前提下,基本都解决了。

前面提到过了,数据、资料、种子,毫无保留交流交换。每年召开一次攻关技术交流会,共同提升。

关键还是解决了用谁来做新雄株"宿主"的问题。

1973年,江西、湖南利用"野败"材料转育成"二九矮""珍籼97""二九南1号""71-72"等一批籼稻雄性不育保持系。

但从大面积推广的要求衡量,力道不够。

国内找交配,还是太近了!

方悴农从国际水稻研究所和东南亚各国引进了"IR-8""IR-24""IR-661"及"泰引1号"作为恢复系。

水稻三系育种完成，中国的杂交水稻成功了！

本来一个团队要花三年、五年甚至十年、二十年才能做到（或者不一定做到）的事情，万人百团，集中优势兵力（整合各方面资源），一年就做到了！

最高兴的是农民，他们说："中华人民共和国成立以来农业增产的办法很多，但不是要多花力气去搞密植，就是要多花钱买稻种、化肥、农药，只有杂交水稻，不用多花钱多出力，轻松高产夺丰收！"

>> 1982年，方悴农（后排左三）陪同国际水稻研究所所长布雷进（后排左四）、副所长维加（后排右四）访问湖南时留影。著名杂交水稻专家袁隆平（后排右三）参与接待

这人一高兴，就开口唱：

杂交水稻就是好，

穗大粒多产量高。

抗病抗虫又抗倒，

省工省种实在好，

实——在——好！

攻关项目首次破题后，要将科研成果上报，但"水稻雄性不育系、保持系、恢复系及组合"这个名字实在太长，方悴农提议："就叫'杂交水稻'吧。"

大家一致同意。

现在，我们来学习一下"杂交水稻"的定义：

杂交水稻（Hybrid Rice）指选用两个在遗传上有一定差异，同时它们的优良性状又能互补的水稻品种进行杂交，生产具有杂种优势的第一代杂交种，就是杂交水稻。一般杂交水稻仅指由两个遗传背景相同的不育系和恢复系杂交后形成的第一代杂交种。

这是2014年袁隆平团队回归"两系法"研究并破题，水稻亩产突破2000斤后下的定义。

这时候的"两系法",非1973年的"两系法",这应该已经是"第四期"了,它为水稻找的新雄株,已经成为货真价实的"宿主"。

要说水稻杂交这项研究,美国人Henry Beache在印度尼西亚也获得成功,但跟当时袁隆平团队一样,没有办法大面积推广。

日本人也找到了"野败"路径,但效果不好,没成功。

中国发明的杂交水稻,除国内发展迅速外,在国外,已有越南、印度尼西亚、菲律宾和美国在大面积生产上应用,并取得了显著的增产效果。

第73章　杂交水稻在南方13省推广

杂交水稻研制成功后,方悴农面临推广方面的大协作组织协调。

没有推广,或推广不成功,所有的努力都付之东流。

这次的推广范围是南方13省,参与的科研人员及农民达2万多人,时间从1974年3月到1975年10月,推广面积共1000多万亩。

一场轰轰烈烈的秋收下来,每亩平均产量达到1100~1300斤,翻了一番。

巨大成功!全球惊艳!

1975年10月21—31日,全国杂交水稻科研协作会议召开。

地点在湖南长沙,21个省、直辖市、自治区的协作单位和有关部门的代表共107人参加了会议。

会议由中国农林科学院和湖南农科院共同主持。

农林部、中国科学院、新华社、中央人民广播电台、光明日报社等单位均派人参加了这次会议。

与会代表到韶山参观了毛泽东故居,并参观了湖南省农业科学院水稻研究所、长沙市农科所、江西萍乡地区农科所,以及大面积作双季晚稻栽培的杂交水稻第一代组合的生产示范现场。

10月31日,大会最后一天最后一项,通过了方悴农起草的会议纪要。

在这份会议纪要中,方悴农总结了项目成功的经验,回顾了我国杂交水稻研发历程。

"为什么中国的杂交水稻能够提前10年甚至20年研制成功?首先是中央高度重视。"

这次大协作攻关,首先得到了中央高层领导的支持,将这个项目列入全国重大科研项目,组建大协作攻关机制,要人给人,要物给物,要钱给钱,又迅速在南方13个省推广。

即使美国、日本这样的科技发达国家也是做不到的。

所以,中国的杂交水稻,走在了全世界的前列!

"其次,有一支团结、协作、高效的研发和推广队伍。"

方悴农说的"队伍",有两支,一支是1万多人的科技攻关队伍。这支队伍中袁隆平首先将自己的科研成果毫无保留贡献出来,其他科研机构也纷纷互通情报、互换资料,一处突破、四处开花,才将10年未破的难题,在短短的一年时间里突破。

另外一支就是前面提过的2万多人的推广队伍,包括13省的科研人员。

各地纷纷将培育成功的不育系种子贡献出来,用于大田推广,仅湖南一地就贡献了5万多斤。

才使得1000万亩面积的水稻可以在大田里欢歌"夫妻双双把家还"。

地方科研单位又是怎样完成"一年三代"培植的呢。方悴农说:"种子快成熟了,就派人先到异地整理秧田,随后把刚收上来的种子带到火车上浸种催芽,少量种子就绑在身上催芽,片刻不停,南来北往,一年三代。"方悴农抬

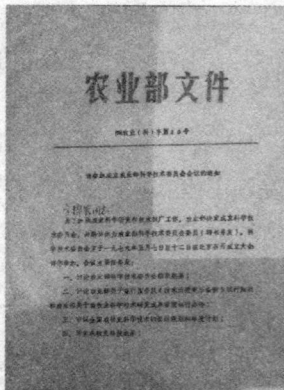

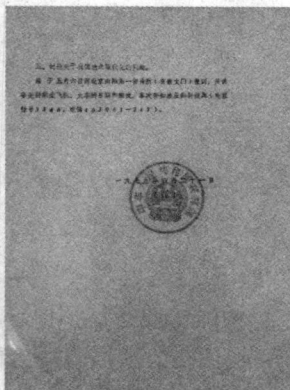

起头，"正是由于有了这种不怕苦、不畏难，敢想、敢干、敢于实践，敢于攀登科学高峰的精神，我国杂交水稻的科研才能在短短的几年时间内，取得了10年、20年也难以取得的成就。"

其实，在这段日子里，方悴农不仅跑海南如"归菜园"（武义方言，意思是到自己家菜园子那样频繁），还全国各地到处跑，协调解决各方面困难，分析各方面送上来的情报。

在每年一次牵头的协作工作会议上，他还要将各方面的意见综合分析，提出下一步明确的思路。

这样忙着的方悴农，没有忘记家乡武义。

在水稻科研方面，浙江拿手的是"小苗带土移栽"及"高秆变矮秆"，没有涉及遗传学方面的研究。

方悴农及时将信息反馈回家乡，得到了当地政府的高度重视。

1976年春天，在方悴农的协调下，武义派农科人员从江西、湖南引进杂交三系种子"南优2号"，在武义种了1.99亩，秋后收割验收，"南优2号"亩产达到1003.8斤，超过当家品种"红梅早""广陆矮4号""先锋1号"。

为了进一步扩大杂交水稻的种植面积，在方悴农的帮助下，武义县派农业科技人员跑到湖南求助稻种，袁隆平从保存不多的样品中取出半斤"威优64"的父本送给武义。此后，武义因"爱屋及乌"成"近水楼台"，水稻生产一直领跑浙江全省。

>> 1999年，参加在浙江武义召开的全国两系法优质杂交水稻示范现场会代表合影（前排正中为方悴农，其右侧为袁隆平）

>> 袁隆平杂交水稻基金奖牌

1988年,在袁隆平的帮助下,武义共调入"威优48-2""威优1126""威优402"等三个品种54784千克,保证了全县大面积推广杂交早稻用种。

从1983年至1999年,武义县累计推广杂交早稻种植面积为89773.33公顷,平均亩产比常规早稻增59.95公斤,增产幅度19.91%,共增产粮食8.07万吨。依托袁隆平及国家杂交水稻工程技术研究中心的支持,武义成了袁隆平在湖南之外的又一个杂交水稻科研试验推广基地。

1994年,鉴于方悴农在发展杂交水稻事业作出的重大贡献,袁隆平授予其"袁隆平杂交水稻基金奖"。

而后,袁隆平三次到访武义。

1999年7月5—6日,受国家科技部委托,国家早稻品质改良科技产业工程项目协调领导小组在武义召开长江中下游(湘鄂赣浙)4省"两系法"优质杂交早稻示范现场会。

袁隆平和方悴农都来了,并都在会议上讲了话。

袁隆平说:"推广杂交稻,武义县领导特别重视,组织上、财政上、人力上、物力上各方面都搞得非常不错。武义的杂交早稻占早稻面积的80%,这在全国来说恐怕也是第一家。"

其间,适逢他70岁生日,武义的全国劳动模范朱真德按照武义风俗给他送上了鸡蛋、面条和稻穗寿礼,为他祝寿。

其间,方悴农陪袁隆平到陶宅老家走了一趟。

>> 1999年7月5—6日,方悴农(左一)与袁隆平在武义

乌溪依旧,老宅失修,已经不堪,但风骨依存。

袁隆平为这座培育了一代农学家的老宅,题写了"方悴农故居"。

2001年10月19日至21日,袁隆平携夫人第2次来到武义。武义县委、县政府特授予袁隆平"武义县荣誉市民"称号。

2005年10月21日,袁隆平第3次来武义视察。有感于武义社会经济跨越式发展,他"作为武义的一员,感到由衷的高兴"。

2019年5月8日,袁隆平院士专家工作站与武义汇丰种业有限公司签订了院士专家工作站共建协议,见证武义与这位科学巨人40年的友谊。

一个小小金稻穗,一头挑起人类的吃饭问题,另一头挑起两位大地之子对三农的深情。

(注:2021年5月22日13时7分,"杂交水稻之父"、中国工程学院院士、"共和国勋章"获得者袁隆平在湖南长沙逝世,享年91岁。)

第74章 太谷核不育小麦与邓景扬

1972年的全国科技座谈会上,确定由中国农林科学院负责的项目,除了水稻,还有小麦、棉花、谷子。

受水稻"野败"初试成功经验鼓舞,会议结束后,全国掀起寻找各种农作物雄性不育材料的热潮。

还真被找到了。

山西太谷县郭家堡的青年农民技术员高忠丽,在山西培育的小麦2-2-3品系繁殖田中找到了一株生长健壮的无芒小麦雄花不育株。

1973—1974年,高忠丽和她的科研小组做了一些测交、回交、姊妹交试验,有新发现,但无突破。

1974年冬季,晋中地区科技局与中国农林科学院联系,要求让高忠丽带材料到原子能利用研究所研究。

中国农林科学院同意了,还派出相关科研人员共同研究。

还是没有破题。

1976年,杂交水稻破题并在南方13省推广成功后,中国农林科学院开始主攻小麦,在石家庄附近的藁城主持召开全国杂交小麦科研协作会议,将各地材料进行互换交流。

破题者,邓景扬及夫人黄泳沂。

这是一对在苦难中结出的"爱情花"。

邓景扬出生在越南西贡华侨家庭,早年丧父,18岁就挑起全家的担子,送弟弟和表妹回国求学。

1945年2月,日军侵犯西贡与盟军交火,一枚炸弹击中邓家逃难小船,母亲、妻子及4个儿女全部遇难。

邓景扬被渔民所救,悲痛欲绝。

教会黄女士一家对邓景扬无微不至的关照,黄家聪慧、美貌的独生女儿黄泳沂对邓景扬由怜生爱,双双坠入爱河。

1948年,黄泳沂母亲不顾族人反对,为一对新人主持了婚礼。

婚后第6天,为了避免与族人纠葛,两人赴外游学。

这一别,竟成永诀。

两人去巴黎大学听课,选读经济科学,希望有助于战后商业经济发展。

其间,因为忙于学业和家族生意,黄泳沂流产,从此丧失生育能力。悲痛中,两人决定收缩生意,专攻一科。

巴黎大学博士生仅招30岁以下的青年人,已过不惑之年的邓景扬不能入学商业经济,他认识到粮食对人类生存的重要性,即进入瑞士日内瓦大学专攻生物系。

1959年5月30日,日内瓦大学建校400周年前夕,邓景扬的博士论文通过了。

"邓,你是日内瓦大学400年中结出的一个硕果,是一条即将腾飞的'中国龙'!"理学院院长、邓景扬的导师苏达教授激动地说。

"谢谢恩师栽培,谢谢日内瓦大学给我的学习机会。"邓景扬双手合十,由衷感谢。

"我想,我们可以建立一个长期合作关系。我们的研究,需要你这样的人才加入。"教授诚挚邀请。

邓景扬沉吟了片刻。

在此之前,失联数年的弟弟和表妹从祖国来信,希望哥哥嫂嫂能回国参加新中国建设。

他和黄泳沂已经商定好回国。

"尊敬的苏达教授,万分感谢您对我的信任。但是,我和我的夫人弃商求学是为了报效祖国。如今,她刚刚脱离战火煎熬,已经在召唤我们了。"

苏达教授很激动:"邓,虽然我很舍不得你,但你的祖国更需要你。再说,瑞士太小了,中国幅员辽阔,能给'龙'翻腾的天地。让我等着你的喜讯吧!"苏达教授说这几句话的时候,神情笃定,仿佛有一项或无数项可以解救全人类的研究成果,正在前面等着这位年富力强的中国人。

1960年2月,43岁的邓景扬启程回国。夫妇俩结束国外所有生意,变卖所有家产,购买科研设备和仪器回国。

邓景扬任中国农林科学院作物育种栽培研究所研究员,黄泳沂为副研究员。

方悴农多了一位比自己小4岁、志同道合的农科农学同事。

瑞士的苏达教授的确是位非凡的"伯乐",学生邓景扬也真没有让他的恩师失望。

全国农林科技座谈会结束后,他将会议上高忠丽给的30粒不育株小麦种子,和其他雄性不育材料种在一起试验研究,发现高忠丽的不育株的雄蕊没有花粉粒,后代分离一半可育,一半不育。

经细胞学观察,其染色体没有异常现象。

为了探讨不育株细胞质的育性,他又将不育株进行正交、反交,其后代没有出现不育株。

后来,黄泳沂副研究员查阅了大量中外资料,证实这株不育小麦是第一次被发现的天然突变体,邓景扬将它命名为"太谷核不育系",并以"TaI"作为这个基因的符号。

1979年2月,邓博士跑到山西将结果告诉高忠丽,并在山西农科院出具学术鉴定报告,这个材料不能以三系配套的方法达成杂交优势,可用"轮回选择"等多种新途径配种杂交。

这个鉴定作出后,国务院副总理兼国家科委主任方毅接见了邓博士,邓博士关于组织全国攻关大协作的建议得到采纳。

接着,杂交水稻那种集中优势兵力大破关场景再现。

用太谷核不育小麦"轮回选择育种"来培育小麦新品种,可直接杂交,简单且多组合,免除了传统人工去雄和人工授粉的繁杂劳动,这在自花粉作物中是第一次认定。

237

>> 1981年10月,方悴农(前)考察云南瑞丽的水稻育种和栽培情况

1986年,TaI基因在国际植物基因登记署入册,编号为ms2。这是第一例显性核不育材料(此前,都是隐性不育材料)。

1987年,邓景扬主编并出版《太谷核不育小麦》的中、英文论文集,英文版编入荷兰Eiservier出版公司"作物科学之发展"丛书,是中国首部被编入外国科技丛书的农学专著。

1988年,邓景扬当选为法国农业科学院外籍院士,1990年获劳力士雄才伟略国际大奖。系获得国际殊荣的第一位中国农业科学家。

太谷核不育小麦的成功,鼓舞了不少手中持有特殊材料但不能"破题突围"的青年科技人员。

1984年8月,湖北省沔阳县沙湖良种场的技术员石松明拿着10年前他在"农垦58"粳稻田中发现的半不育水稻及多年的实验数据请教邓景扬。

"10年了,我请教了国内很多专家,他们都认为这个是生理性不育,没有利用价值。"石松明说。

邓景扬认真分析了材料,认为是植物生理遗传极为难得的典型材料:"这是植物生理学和遗传学互为渗透互为影响的结果。如果试验推广成功,可以将杂交水稻推上自花杂交的'两系法'。"

他将这一鉴定成果报院科研管理部。

农业农村部朱荣副部长接到鉴定报告后,指定方悴农陪同邓景扬一起去湖北做现场考察。

新的研究成果出来了:这是一株在长光照下不育、短光照下可育的隐性雄性不育水稻,定名为"湖北光敏感核不育水稻"。

这项研究成果的意义在于:水稻在长光照条件下,要帮它找个新雄株;在短光照条件下不用找,它可以自交留种繁育。

该质种列入"863"计划。到1995年,在省力、省料的前提下,杂交水稻"两系法"亩产比"三系法"增产200多斤。

1980年,方悴农提议在中国农科院设立研究生院,这一提议得到批准并由他负责筹建工作。

邓景扬主动担任导师,第一批带了6个研究生,倾注全力培养农科新人。

第75章　甜菜糖业

食糖的主要原料是甘蔗和甜菜。

中国是世界上对甘蔗进行文字记载最早的国家。

公元前3世纪,屈原《楚辞·招魂》中就有甘蔗制品"柘浆"的记载,其原文为"胹鳖炮羔,有柘浆些"。

"柘"通"蔗","柘浆"指蔗糖汁。

东汉张恒(78—139年)的《七辩》中有"沙饴石蜜"的词句,当时的"石蜜"就是指块状的糖,而"沙饴"则指结晶的糖膏,由此可见,在东汉时甘蔗制糖已经初见端倪。

宋朝时,甘蔗制糖得到大力发展,南宋时蔗糖已经成为输出贸易的主要商品。生活在宋元时期的王灼(1081—1162年)编著了我国最早的制糖专著《糖霜谱》。朱熹《食梨》诗都有用"柘浆"调制食物的记载。

冰糖的制作方式,明朝李时珍的《本草纲目》有详细描述:"以蔗汁过樟木槽,

239

方悴农 传
FANGCUINONG ZHUAN

取而煎成，清者为蔗饧，凝
结有沙者为沙糖，漆瓮造
成如石、如霜、如冰者，为
石蜜、为糖霜、为冰糖也。"

明朝科学家宋应星所
写《天工开物》中《甘嗜第
六》中详细记载了各地种
植甘蔗的方法、制糖所有
机具、石灰法制糖工艺及
产品种类。当时已经采用
把糖膏放在瓦馏中淋水分

蜜的方法，是我国在制糖技术上的独特创造，并开始根据分蜜程度将白砂糖分为
五个品级。

中国蔗糖出口从西汉的丝绸之路打通开始。唐玄宗(712—756年)在位时
期出现了专业的糖坊和糖商，已能生产砂糖和冰糖，食糖也开始远销到日本、波
斯、罗马等地。元朝时的外国游人马可·波罗在其游记中有对中国进行蔗糖出口
贸易的记载。

一个制糖最早、出口最多的国家，从鸦片战争开始，成了进口大国。

方悴农在延安时，看到乐天宇种甜菜榨糖，后来又在太行山地区土地工作会
议上，将用甜菜熬成的红砂糖给参加会议的参会代表品尝，得到领导的推广支
持，不久突破了用甜菜制作白砂糖的技术难关。以后也大力发展制糖业，但即便
进入70年代，因为人口飞速增长，即便在大量进口的情况下，每个居民的糖供量
也就是两斤，工业用糖更是捉襟见肘。

所以，1971年9月17日，经方悴农提议，以中国农林科学院革命委员会的名
义，向上海、浙江、江苏、福建、江西、湖南、湖北、四川、贵州、广东、广西的29个有
关单位发出一个公函，商请试种秋播甜菜。文中提出：

甜菜是一种重要的糖料作物，如果我国南方，能在不影响粮棉生产的情况
下，利用冬季休闲田扩种甜菜，对于贯彻毛主席"备战、备荒、为人民"的伟大战略
思想，改变我国甜菜产区仅限于北部边缘地带的状况，尽快扩大食糖生产，具有

240

极其重要的意义。

甜菜栽培向南方温暖地带扩展，是目前世界甜菜生产的一个新动向。过去世界上认为西班牙（北纬37度）是欧洲甜菜栽培的最南界限，而现在盛产蔗糖的印度、巴基斯坦等国也已有少量甜菜糖的生产。其中尤以意大利和日本发展最快。意大利由于20世纪50年代至60年代在南部进行暖地冬季栽培获得成功，很快由食糖进口国变为出口国家。日本从1954年开始，在九州一带进行暖地秋播，春季收获制糖成功，现已扩展到九州、四国各地。

为了适应我国南方各地"多种经营"，发展糖料生产的需要，我们根据国外甜菜暖地秋播成功经验，特寄送我院甜菜研究所培育的"甜研3号""甜研4号"两个甜菜新品种供你处试种，并附《甜菜丰产栽培》技术资料，供做参考。

因为有"革委会"的抬头，这份公函迅速被29个试种单位落实，并从第二年开始，范围不断扩大。

1975年4月10—17日，南方冬种甜菜技术经验交流会在福建漳平县召开。

福建、广西、江西、浙江、四川、湖南、湖北、安徽、上海等地的95位代表到会，参观了云霄、漳州、龙海、龙岩、漳平等14处现场。交流总结了南方各省冬种甜菜和加工制糖的经验。

"我们的试种非常成功。"福建代表说，"利用冬闲田种植甜菜，或冬季在甘蔗田和幼龄果园等处进行间作套种，不论是平原还是高山、海涂、沙滩，是直播还是育苗移栽，是早种还是晚播，块根产量一般亩产可达3000斤左右，高的有的达5000斤以上。"

"含糖量也有突破，"浙江代表说，"一般在14%～16%，浙江最高的达20%，远高于当地甘蔗的含糖量。"

"茎叶产量一般亩产可达6000斤，高者有达1万斤以上。"福建代表说，"我们上杭才溪大队1972年10月23日播种，翌年4月23日收

>> 方悴农考察大棚蔬菜种植情况

获。块根产量4000斤,茎叶产量8812斤。"

接着,四川、湖南等地也纷纷报告了相关情况。

湖北、福建、广东三省介绍了冬种甜菜挽救了甘蔗制糖业典型事例。

湖北黄陂由于积温不足,有的年份甘蔗含糖量只有4%~5%,好的年份也很难达到10%,蔗糖生产年年赔本。冬种甜菜的含糖量却可以达到17%~19%,增设甜菜加工车间后立即使糖厂转亏为盈。

福建长汀县有一座日处理150吨的红糖厂,因为甘蔗产量不稳定,一年榨糖期超不过30天,产能太低,年亏损达33万元。冬种甜菜试种成功后,实行两糖并举,扭亏为盈。

广东梅县地区340多万人口,只有224万多亩耕地(其中稻田为155万亩),人均只有8分地,却有20万亩冬闲田。利用冬闲田种甜菜,既不影响种粮,冬季在甘蔗田套种,还可保护甘蔗苗期免受霜冻,促进甘蔗增产。甜菜茎叶和废渣喂猪,既能提高养猪业,又能增加土壤肥力,提高粮食产量,提高集体经济收入,是"一举六得"的大好事。

最后,方悴农作了会议小结:"南方发展冬种甜菜好处很多。一是不与粮争地,到处都有大量冬闲田和饲料地可以利用;二是甜菜茎叶和榨糖后的甜菜渣是养猪的良好饲料,一亩地甜菜不仅可提供300多来斤白砂糖,还可喂养2~2.5头猪;三是在稻田发展冬种甜菜,可以实行水旱轮作,提高土壤肥力,减轻病虫害,增加稻谷产量;四是在有甘蔗糖厂的地区,利用冬季甘蔗田套种甜菜或在冬闲田扩种部分甜菜,既不影响甘蔗产量,还可以提高糖厂设备利用率,延长糖厂的榨糖期。"

这次会后,南方发展冬种甜菜,发展糖业生产,不吃进口糖,已成为中央和南方各省、市、县有关领导的共识。

从1978年到1992年,中国食糖年产量从1977年的250万吨,增长到792万吨,每年人均可供8公斤食糖。

食糖凭票供应制与米、油、布等一并取消。

第76章 杂交水稻那点事

南方13省,是杂交水稻推广的乐园。

方悴农忙着深入实地调研,忙着开现场会推广成功经验,忙着提出改进建议。

1976年8月30日至9月7日,在湖南省召开13省及北京、辽宁等科研单位碰头会。

9月21日,方悴农在做了大量的调查研究工作,并总结了参会代表各方建议意见的基础上,向农林部核心领导层提交了《我国南方迅速发展杂交水稻的情况》,目的是建议召开规模更大的现场会,大面积推广杂交水稻。

13省种植面积比上一年增长400倍。推广面积最大的是湖南省,已经超过130万亩。与1975年比,在短短的一年时间里,增长了1000倍。

其次是广东、江西,不仅种植面积大幅度增长,在育种方面也有新的突破。

各地都在探索选育早稻和粳稻新三系和强优势组合。湖南有5个较好的早稻组合。其中71-72xIR-28,能高抗稻瘟病和百叶枯病,生育期较短,产量较高。

湖北利用红野华矮15转育成的不育系与意广、红烧等三个组合,比广矮4号早熟15天左右,比二九青和广陆4号产量高。

广东在化学杀雄上取得新进展,发现经化学杀雄取得的杂交水稻,第二代仍然有明显的优势可以利用。

云南滇型不育系配制的强化组合,小面积试验亩产达800斤以上,最高的有1600多斤。

水稻栽培技术也有明显提升。最厉害的是将收割后的稻秆分节剪开扦插,进行无性繁殖,达到了秧苗移栽同样的分蘖,不但省工、省种、省秧苗,还可以比插秧稻提前40天成熟。

简直是一本万利!

第三篇 鞠躬悴农

在推广方面,方悴农举了湘赣边井冈山南麓桂东县的例子,因为在那里开过现场推广会。

桂东县有两条推广经验:

一是把推广杂交水稻提高到路线的高度来认识,全力支持这一新生事物,以积极抓好发展杂交水稻的实际行动,打好样板。

二是全民总动员。全县工农商学兵,各条战线都动起来了,形成从七八岁的红小兵到80多岁老人,不论男女老少齐参战的杂交水稻推广运动。领导有指挥田(这个新鲜),机关干部有试验田,学生有学农田,民兵有战备田,妇女有三八田,老人有贡献田,青少年有支农田。

就连下不了田的炊事员都用废弃的坛坛罐罐种了实验稻,他们算过,插上一株苗可以得到40~50甚至上百个稻穗。

成效非常显著。这些试验是在不同条件不同环境里开展的,但取得的成效是巨大的。

广大群众很高兴,他们对杂交稻的评论是:"杂一代,人人爱,插得稀,长得快,省工、省种、增产大。"杂交稻穗大、粒多,群众说:"量不量,八寸长,数不数,二百五。"

称杂交稻为"革命稻""幸福禾"。

在看到成绩的同时,方悴农也看到了不少问题。

首先,认识不到位。

杂交水稻是新生事物,好比开车,走的是新路线,开始的时候肯定没有老路熟悉、顺手,有些省份的农业行政部门,还抱着"一等二看三怕"的思想。

有抱残守缺的。认为"杂交水稻每亩打1000多斤,常规品种搞得好每亩也能打1000多斤。杂交稻制种麻烦,不如还抓常规品种一劳永逸"。

有持怀疑态度的。"杂交水稻产量高是吃'小灶',大面积怕不行。""外国水稻生产都还没有用杂交种,怕是靠不住。"

这些看法,对发展杂交水稻有不同程度的影响。

许多地区群众的积极性高于领导,基层的积极性高于上级单位。他们不仅要干,而且要大干。

其次,发展速度不够快,各地发展很不平衡。

就拿发展最快的湖南来说,今年制的种子可种1500万~2000万亩,但只是集中在31个县,其他县基础还很薄弱,而且可供双季早稻应用的一些新组合需要加速繁殖。当然，他们已经作了"南繁"的准备，准备在今年冬季组织2000人到海南繁殖10000亩。

江苏省今年试种500亩，明年计划扩种25万亩，制种9万亩，今冬拟组织2500~3000人到海南繁殖种1.2万亩。

此外，贵州、浙江、安徽、云南等省也准备到海南加速制种、繁殖。

方悴农建议，这些省区的"南繁"要求，农林部和广东省应给予支持和安排。

第三，大力组织南繁。

要加速种子的繁殖，"南繁"已经达成共识。

根据各地上报的数据，以湖南的发展速度推算，方悴农估算了一下：今年不育系繁殖面积共需19.4万余亩（夏繁7.4万亩，秋繁12万亩）；制种面积145.6万亩（夏制17.1万亩，秋制128.5万亩）。

第四，加大栽培技术挖潜。

杂交水稻的大面积种植在起步阶段，大田推广受气候、环境等各方面因素影响，现有杂交组合空秕率高，有的不能抗白叶枯病，不能抗稻惧虫。

方悴农建议，各地要认真总结试验示范和扩大种植过程中的经验教训，尤其要解决纯度不高、混杂较重问题，编制严格选种、繁育操作规程及相关制度；要进一步研究培育和配制早熟、抗病、高产的新三系和强优势组合，以适应我国不同气候条件和耕作改制的需要，使杂交水稻在生产上发挥更大的增产作用；要广泛发动群众、指导群众开展多层次、多批次的大田科学实验，加快推进速度。

1978年1月，中共中央召开普及大寨县工作座谈会，提出在1980年普及杂交水稻任务。要求各地切实加强领导、培训骨干、全面布局、打好样板、总结经

验,从思想上、组织上、物资上做好准备,迎接杂交水稻发展新高潮。

至此,中国的杂交水稻进入新的发展格局。

稻作格局清晰。从稻种类型分布划分,黄河以北为粳稻区,黄河以南至淮河、长江流域为籼粳混栽区。从栽培制度、品种分布、自然条件等综合因素考虑,分华南、华中、西南、华北、东北、西北六个稻作区。

协作格局给力。农业科研机构、农业教育机构、中国农科院系统有关研究所三大机构分工协作,全力以赴。

第77章　菲律宾的绿色嬗变

1980年10月21日至11月4日,中国农业农村部和中国农科院根据我国与菲律宾签订的合作协议,派农业科研体制和管理考察组赴菲律宾考察。距国际水稻研究所所长布雷迪率团赴中国考察一年零九个月。带队人是方悴农。

在菲律宾国家科学发展委员会官员的陪同下,考察组走访了该国18个农业科研和教育培训单位,受到各单位的热情接待。菲律宾农业和资源委员会举行了两次接待宴会。

第二次宴会上,来了方悴农的老朋友,为中国杂交水稻提供IR恢复系

>> 1982年12月6日,方悴农(右一)作为特邀代表赴菲律宾马尼拉参加国际理论与应用化学协会和国际水稻研究所联合召开的"第二届化学研究与世界食物供应"国际会议

及为中国水稻研究所筹建提供帮助的水稻专家——

国际水稻研究所所长布雷迪夫妇及副所长维加夫妇。

我们先了解一下国际水稻研究所。

这个机构成立于1962年,初创资金来源于洛克菲勒基金会和福特基金会,总部设在菲律宾首都马尼拉,300公顷土地,以1比索/公顷·年的租价向菲律宾大学租用。

这个机构的英文拼写是International Rice Research Institute,简称IR-RI,所以,由它提供的水稻雄性不育种子,均以"IR"开头,也称"国际稻"。

这个机构的性质是自治的、非营利的水稻研究与教育组织,隶属于国际农业研究磋商组织(Consultative Group on International Agricultural Research,简称CGIAR),员工来自亚洲和非洲14个国家。

主要使命是减轻人类的贫困和饥饿,提高水稻种植者和消费者的健康水平,保证水稻生产的环境可持续性发展。

主要宗旨:一是调集各国科学家到发展中国家来帮助解决水稻生产中的问题;二是培训人才;三是搜索和保存全世界水稻品种资源、知识和信息,并且无偿地向全世界传播。

在宴会开始前,方悴农向两位所长介绍了中国杂交水稻发展情况。

"亲爱的方先生,看到你们在杂交水稻研究和推广方面取得的成绩,我非常高兴。"布雷迪说。

"布雷迪先生,没有你们的无私帮助,我们的进展没有这么快。"方悴农真心感谢道。

"中国是农业大国,能够在这么短的时间里,取得这样的成效,很不容易。"副所长维加由衷赞叹,"研发这块,你们的'两系法',在湖南、安徽都有突破性进展,也给我们较大的启发。"

"我们要学习的东西很多,希望通过这次交流,双方不仅在水稻方

>> 国际水稻研究所所长布雷迪赠送方悴农的纪念章

面,也包括其他方面,能够互相学习和进步。"方悴农说。

这时,有人叫开席,宾主起身入席。

开席后,宴会主办方、农业和资源委员会的人起身,先给方悴农敬酒。

方悴农端起酒杯起身。

"我们希望能够跟贵国交流图书资料及农作物种子,能够互相派遣农业科学家进行科学研究,互派技术人员到科研单位学习。"他一边说,一边用手将酒杯摇了摇,让杯中的酒水旋转起来,停下来后,跟方悴农的酒杯碰了一下,举到嘴边喝了一口,继续说,"我们希望很快也能够派一个组到贵国,开展农业科研体制和管理情况考察。特别希望能够了解贵国的水牛、马铃薯、棉花的实生利用情况,给我们一些提示和帮助。"

"谢谢您的信任,"方悴农说,"图书资料和农作物种子交换,我们农科院图书馆和农作物品种资源研究所可以负责,在两国科研人员交往方面,我们回去后会将贵国的希望汇报给农业农村部,由双方正在建立的渠道组织。"

"非常感谢。我们也会将中国农业科学院图书馆列入交换农业科技资料单位名单。第一批资料会马上寄出。"

"再次感谢。"方悴农笑着,把杯中的残酒干掉。

经过两周考察,方悴农大致掌握了菲律宾农业的发展情况,回国后提交了《菲律宾农业生产和农业科研体制考察报告》。

菲律宾是个由7000多个大小岛屿组成的多山国家,山地面积占国土的四分之三,耕地面积有1100多万公顷,每人平均3.4亩地。

由于这个国家有长达400多年的殖民统治历史,农业生产落后,到1965年,大米、小麦、玉米、牛肉、牛奶等都要靠进口。

国家独立后,历届政府狠抓农业生产,到1977年,已经向印度尼西亚、马来西亚、巴西出口大米和玉米了。

考察组从马尼拉到中吕宋农业大学有200多里。

途中,方悴农被一片片绿油油的庄稼迷住了:

平坦的原野上,到处都种着国际矮秆稻,像绿色的绒毯。这是国际水稻研究所的优良品种,具有早熟、抗病的特点。

每块稻田上都插着一块牌子,介绍稻子的名称及采用的肥料名称。

"真是绿色农业啊!"方悴农赞叹。

到中吕宋农业大学后,菲律宾农业农村部和伊洛省农业厅负责人介绍了相关情况。

1973年,菲律宾政府发布"丰收99计划",在全国推广国际水稻研究所的IR系统国际稻。

1974年,政府又制定了卡布萨卡计划,也就是大丰收计划,参加这个计划的农民,可以获得技术指导、稻种补贴、贷款贴息及化肥资助,农民种杂交水稻的热情高涨。

目前全国有60%的土地种上了杂交水稻。

菲律宾的农业机械化程度不高,但对农业科技人才的培养非常重视,45座大学中有28个农业高等院校。学校的研发能力很强,能够为推进农业发展服务。

中吕宋农业大学负责人说:"我们进行了稻田放养非洲鲫鱼试验,已经获得成功。"

在稻田里养鱼可以省却耕耘的投入,农民还能增加收入,方悴农的耳朵一下子就竖了起来,问:"具体怎么做?"

"插秧前在稻田中挖一条1米宽、4米深的水沟,插秧后半个月之内放1两重左右的鱼苗,每公顷放4000尾,不用投放饲料,100天就能长到3两多重了。"

在考察报告最后,方悴农将印象最深、值得借鉴的几个方面罗列出来:

1.把农业科学研究重点放在卓有成效地利用本国自然资源,挖掘潜力,为发展国民经济服务的基础上。

2.建立全国统一的农业科研管理机构,利用财政拨款协调农业科研项目,避免重复浪费。对于符合国家经济发展要求的科研项目,国家给予经费资助,把全国农业科研工作组织到国家重点项目中来。

3.利用世界银行贷款进行智力投资,办好高等农业院校。菲律宾高级科技人才大多集中在大学里,大学采取科研、教学、推广三结合的办学模式。凡是符合国家经济发展要求的科研项目,国家给予经费补助。

4.各级农业行政部门对于科学研究成果在生产上的推广应用,分别制定相应的实施计划方案,如丰收九九、卡布萨卡等,并组织科研单位、银行、粮食发展署、化肥经销等有关部门共同进行贯彻,工作做得扎实,成效也比较显著。

鉴于实在难以忘怀那一片片的绿毯,方悴农又写了《菲律宾的绿色革命》一文,发表在1981年《农村工作通讯》第三期上,中央人民广播电台国际部和世界知识出版社全文转载。

第78章　首个国家特等发明奖

"杂交水稻获国家特等发明奖了!"

所有参加这项工作的人都沸腾了,这是新中国首个国家发明特等奖。

跟其他科技奖项一样,要明确一个领衔人。颁奖单位领导征求方悴农意见。

"这不仅是个人荣誉,也是国家荣誉。可以确立中国杂交水稻学研究处在世界的领先地位。"颁奖单位负责人说。

"袁隆平,"方悴农说,"是他最早研究,也是他将所有资料贡献出来才加快了成功的步伐,包括最近几年,无论是研发还是推广,他都做了大量工作,取得了有目共睹的成果。"

1981年6月6日,国家科委、国家农委联合召开科技大会,授予全国籼型杂交水稻科研协作组袁隆平等人特等发明奖。

万里、方毅副总理参加了表彰大会。

由方悴农代表科研协作组在大会上发言。

尽管做了充分的准备,上台前,等候在台侧的方悴农还是很激动,他机械地用两只手替换卷成一卷的讲稿,两只耳朵竖着,聆听台上的声音。

掌声响起,主持人请方悴农上台发言。

上台后,方悴农先向听众席鞠了一躬,再向主席台鞠了一躬,走到发言席前。

"敬爱的万副总理、方副总理和各位领导,亲爱的同志们:

"我以万分激动的心情，代表全体从事杂交水稻的科研人员，向党中央、国务院表示衷心的感谢和最崇高的敬意！"

全场掌声响起，方悴农把头抬了抬，继续念稿。

"刚才，方毅副总理代表国务院授予杂交水稻这项科技成果，以我们国家第一个特等发明奖的最高荣誉，颁发了奖状、奖章和10万元巨额奖金，并宣读了贺电。这不仅是我们从事杂交水稻的全体科技人员而且也是我国科技界特别是农业科技界的一件特大喜事！是对广大科技人员的极大鼓舞！我们深信，这次盛会将进一步激励我国科技工作者为早日实现四个现代化作出更大的贡献！"

全场再次响起热烈的掌声。

方悴农说："杂交水稻在我国首先研究成功，并不是一帆风顺，而是经历了种种干扰、阻拦和艰难、曲折的。这一重大科研成果的取得，首先要归功于党和政府各级领导的重视和支持，特别是在几个关键时期所做出的果断决策。因此，我们才能突破前进中一个又一个的难关，排除各式各样的干扰，实现全国科研大协作，终于使杂交水稻得以在我国首先试验成功，并迅速在大面积上得到推广应用。"

方悴农回顾了杂交水稻的研发经历：

"1964年，袁隆平从田间发现自然的水稻雄性不育株，并着手继代培育，在探索如何能得到保持系的艰难阶段，我国个别权威的细胞遗传学家引经据典地断言'自花授粉植物不会再有杂交优势'。年轻的科研人员敢于冲破遗传科学的定论，迎着冷风继续往前探索，各级党政领导支持保护了他们的积极性，当他们遇到困难、挫折而信心不足时，及时给予勉励，从精神上、思想上、实际工作上给予支持。1972年2月，由国务院主持召开全国农林科技座谈会，中国农林科学院把水稻雄性不育和杂种优势利用列为全国重点攻关项目，并组织了全国各地几十个科研教育单位参加的大协作。1975年秋，第一批杂交组合首先在湖南、江西、广东、广西四个省（区）的5600余亩大面积上试种获得成功，农民群众欢欣鼓舞，他们切身体会到只有这杂交水稻，既省工又可以省钱。湖南省发扬高风格，从经过一年三代扩繁的11万多斤雄性不育系和保持系种子中，愿拿出5万斤供各兄弟省市冬季去海南繁殖制种。国务院下决心要农林部和中国农林科学院在广州召集南方13个省、市、自治区三农领导干部商量，组织起21000多干部和农民去海南岛繁殖、制种，加快了杂交水稻的发展。1976年杂交水稻扩种到225万亩，1977年3195万亩，1978

年6495万亩。"

方悴农对杂交水稻的技术攻关也作了分析:"原来以为自花授粉的植物不可能有杂交优势的科学家,后来的认识也有所改变,但他们仍以为这应该归功于得到'雄花败育的野生稻'。其实这也不完全是,当第一批利用我国20世纪60年代各地育成的矮秆稻通过野败育成不育系和保持系,又以本国稻种作恢复系,配制的第一批杂交组合1974年在江西、湖南出现时,优势都不甚明显。后来广西开始利用引进的国际水稻研究所育成的IR系统矮秆稻作恢复系时,杂交水稻才表现出较强的优势。再后来利用石明松发现的湖北光敏核不育材料,经邓景扬博士鉴定不再找保持系,而利用9月之前光照时间长于13个小时、雄花不育时制种;后期光照时间短自花可育的特性留种,不再要保持系也可以繁种制种的'两系法'杂交稻,优势更为显著,它根本没有野生稻的血缘。还有广东利用化学杀雄配制的若干杂交组合也同样具有极强的杂交优势,有的强优势组合亩产达1800多斤。可见自然界的事物,有许多还是没有被人们完全认识,也不可能被完全认识。实践是检验真理的唯一标准,也是发现真理的唯一标准,人类总是要永远探索下去的!"

方悴农将杂交水稻在短期内突破归功于"大协作"机制:

"……既有个人的钻研和努力,又有集体的力量和智慧。尤其可喜的是,所有参加协作研究的单位,都表现了高风格、高姿态,摒弃了互相封锁、互相保密的剥削阶级自私自利的陈腐思想作风。无论在一年一度的协作会议上,还是每年秋、冬在广西、海南的南繁过程中,彼此都毫无保留地互相交流经验教训,无条件赠送最宝贵的试验材料。各协作单位还能根据本单位的特长,主动承担有关研究课题。"

……

最后,方悴农提出"杂交水稻还有缺点和不足,还需要我们继续努力去改进提高,特别是在选育强优势的早稻、多抗性的晚稻,发掘更好的不育细胞质源,提高制种产量和基础理论研究等方面多下功夫,早日做出新成果,发挥更大的增产作用。"

颁奖大会结束后,奖状挂在农科院,奖章给了袁隆平,而10万元奖金则按贡献大小分发给协作团队相关人员。

方悴农领到3000元,全部分给农科院相关人员,自己一分都没留。

第79章 中国水稻研究所定杭州

1979年1月,方悴农的一位老友、国际水稻研究所的所长布雷迪先生第三次访华。

这一次的造访,了却了方悴农一桩30年的心愿。

早在1950年,方悴农和农科院的科技人员就有建水稻研究所的愿望。

因为新中国刚成立,百废待兴,一直没有排上日程。

但不管农科人员、农民们如何努力,中国人的温饱问题仍是个难题。

中国是世界上最大的稻米生产国,水稻种植面积占世界的四分之一,稻谷产量占世界的三分之一。但人口的增长速度及对粮食的需求量,远远超过了稻米的生产增长速度。

1950年中国总人口5.5亿,到1980年达到10亿,按照当时居民户口小孩每个月24斤米计算,得72亿斤米,换算成稻谷约90亿斤,得450万亩田去种两熟。

所以,即便有杂交水稻不断探索、不断刷新,中国也出口部分稻谷,但需进口1500万吨的小麦和玉米才能解决吃饭问题。

1978年12月,中国农科院恢复建制,方悴农任党组成员、科研管理部主任。

筹建全国水稻研究所的话题被重新摆上议事日程。

也是机缘巧合:老熟人布雷迪又来了!

宾主握手互相问候,沙发落座。

"布雷迪先生,我们冒昧地请求,国际水稻研究所能否帮助我们建一个全国水稻研究所?"

所谓"帮助",如果同意,资金、技术及技术人员的支持都是无偿的。

"当然可以！中国是世界第一农业大国，也得世界最大的水稻生产国家。"布雷迪高兴地说，"60年代初我们建国际水稻研究所，第一选择是中国，因为中国幅员辽阔、四季分明、山水相宜。但那个时候中国没有开放，所以选到了菲律宾。"

"布雷迪先生，依您看，我们先从哪里着手？"方悴农问，他被授权牵头筹建这个研究所。

"你们要做的，是落地选址。我回去以后，先帮你们争取洛氏基金会和联合国开发计划署的支持。"他调皮地朝方悴农眨了眨眼睛，"然后，你很多老朋友会过来帮忙。"

布雷迪说到做到，回国后第一时间向两家"钱大爷"提交了方案，并很快得到同意。

1980年2月，杂交水稻获全国科技发明特等奖前四个月，钱和人都来了。

果然都是方悴农的老朋友：带队的是副所长维加，还有水稻科学家科恩，土壤学家费尔维加，农业经济学家郝特，水稻育种专家库希，昆虫学家萨克辛那以及植物病理学家张一萍。

中国这边，以方悴农为组长，成员有章一华、林世成、沈锦华、赵维钧、刘广树及广东、湖南、浙江三省农科院副院长范明贤、傅胜根、杨继宗，共同组成联合考察组。

考察了广东、湖南、浙江三省的建所条件，并提交联合考察报告。

关键是选址。

参照菲律宾的规模格局，中国水稻研究所必须具备七大条件：

1.所建地点的农场土壤要能代表中国水稻主要产区。

2.气候条件能代表中国主要产区。

3.该地要有中国水稻经常发生的病虫害。

4.要有400公顷连片的稻田面积。

5.有比较良好的灌溉排水条件。

6.交通方便，有现代交通条件，能与全国各水稻产区和世界产稻国家之间联系交往。

7.靠近一个知名度较高的高等农业院校城市，该地对科研人员及家属有较大的吸引力。

联合调研组看了两个城市三个点，各有各的好，各有各的缺陷。

浙江杭州市辖区内富阳县的皇天畈国有农场，有连片350公顷稻田，如果能够收回五七农场40公顷稻田，面积勉强够。与相邻的人民公社也能调整交换一些插花地。

>> 方悴农（前排右一）20世纪80年代下乡工作照

这个是稻田面积不够，没有连成片。

杭州市郊浙江省农业科学院或浙江大学附近，提供400公顷土地。

长沙市湖南省农业科学院或湖南农学院附近，提供400公顷土地。

以上两处用地不现成，屯垦至少得花一年时间。

时任浙江省委书记铁瑛出面协调了。

他召集有关部门，对富阳县皇天畈国有农场的土地进行调整，将调整后连片的493.33公顷稻田划归中国水稻研究所作为建所和科学实验基地。

同时，为了便于联络接洽、吸引科研人才，在杭州市区内另外建了一幢19层高、11069平方米的大楼作为行政办公、联络及接待国内外来往人员和高中级科研人员宿舍。

选址方案报国务院，国务院同意将地点定在杭州，经过调研组再三考察研判，地址定在离杭州市中心34公里处，距富杭公路270米，与农场连片的渔山人民公社。

方悴农负责中国水稻研究所筹建工作。

1982年6月的一个傍晚，方悴农独自在这片土地的富春江边徘徊。

这里，北纬30度，属亚热带气候，年平均温度16.2度，与河姆渡遗址仅一江之隔。

7000多年前，人类已经在这块土地上播种收割，是最具中国水稻特征的稻田。

对岸,江枫渔火。

方悴农心潮澎湃。47
年前,他和"黄胖鬼"等一
批同学挑着铺盖,歪歪扭
扭从校门口出来,在市民
的嘲笑声中,来到这个地
方登船,到对岸萧山湘湖
农场学农。

他仿佛看到"黄胖鬼"
汗流浃背,一脸苦相。

>> 方悴农(左二)在1987年冬离休前后共10个年头担任
中国农学会理事会两届常务副会长,组织力量进行边远
山区扶贫开发工作,对横跨湘、鄂、滇、川四省的武陵山
区、桂西山区、四川省凉山彝族自治州各县多次进行深入
的扶贫考察

1937年,日寇在金山卫
登陆,他从平湖逃出,如果
不是汽车抛锚,差点就被炸
死在嘉兴火车站。回杭州
后,他冒着枪林弹雨将莫定森等三位前辈从城区接出来,在这里登船到金华。又
往回走80里回到这里,他再将珍贵的种子、资料、设备器材偷运出城,还是在这
里登船,运到松阳。

这里,是方悴农年轻时最淳朴的"悴农报国"理想萌芽地,是方悴农建起世界
一流水稻研究所的梦想地。

看着江中星星点点的渔火,方悴农仿佛看到前面这片广阔的土地上,雨后春
笋般拔起一座座高楼,里面,有在加拿大、美国、菲律宾看到过的人工气候箱室、
品种资源库、电子计算中心、图书馆及机械库等,应有尽有,是中国最大的农业科
技项目。

"年轻的农科技术员们,未来交给你们了!"方悴农对着江水说了一句。

是的,时代如潮,后浪推着前浪。

1983年5月,70岁的方悴农从岗位一线项目上退下。选任为中国农学会
常务副会长、分党组副书记,被聘为中国科学院现代化研究委员会副主任
委员。

第80章　日本农业信息化脚步

方悴农出任中国农学会常务副会长，可谓回到了"快乐老家"。

中国农学会成立于1917年，当时，留法农科人员也成立了一个新中国农学会。

1940年秋，根据边区政府的要求，方悴农建议，延安也成立了中国农学会。推选乐天宇为首届主任委员，陈凌风为宣传委员，方悴农为组织委员。

中华人民共和国成立后，中国农学会的定义是：由广大农业科技工作者、相应单位(团体)自愿组成，经民政部注册登记，农业农村部和中国科学技术协会共同领导的全国性学术团体。它是党和政府联系农业科技工作者的桥梁纽带，是国家发展农业和农业科技事业的参谋助手，是促进农业科学技术进步、农业农村经济发展的重要力量。

学会业务范围：组织开展学术活动、科学普及、期刊管理、继续教育和技术培训，对国家农业和农村经济发展的全局性、战略性问题等开展研讨主，提出建议。

为了更好地了解日本农业经济信息情况，1984年12月10日，应日中农交事务局邀请，方悴农带团到日本考察。

同行的有关玉赞、万宝瑞、朱华、周彬彬等人。

第一站是东京。

日本方面非常重视这次中国农学会的访问考察。精心设计安排了考察路线，包括农林水产省的企划情报课和统计情报部流通情报室、全国农业协同组合中央联合会、神田中央蔬

>> 1984年和1991年，方悴农(台中右侧)两次率团访问日本，考察农业协作组合和农业经济发展情况

257

菜及水果批发市场、东京大学农学部及日本农业经济学会会长加藤让教授和设在筑波科学城的农林水产情报中心、电子计算机中心和农业研究中心等单位。

访问了埼玉县农协、加须市农协，参观了蔬菜生产专业户十渡家，十渡家占地15亩、亩产超2万斤的温室黄瓜生产基地。

13日早上6点，天刚蒙蒙亮，考察团到东京最大的神田中央青果批发市场。方悴农看到了一幅五彩缤纷的蔬菜瓜果美图。

2800多吨，几百种蔬菜、水果，有日本本土生产的，有从世界各国进口的，也有从中国上海、天津进口的，整整齐齐地码在摊位上。

进场交易的顾客的帽子上，标着登记号码。

8点整开始拍卖。

神奇的是，都不用高声叫价，电脑里一款产品出来，从哪里来，有多少数量都标得很清楚，顾客只要伸出手指，就可以把数量和价格报出去，电脑实时摄入，价格合适当场成交。

日本市场法规定所有的货当天都要卖出去。

到上午11点钟左右，所有的产品都批发完了，顾客们一边算账，一边各自搬运买到的东西。

考察团吃过中饭，到农林水产省的流通情报室去访问。当天上午全国各地大小1000多个青果批发市场的交易情况，在下午1点半以前都已报到那里。

"我想看一下今天上午神田中央批发市场的萝卜交易情况。"方悴农说。

"稍等，我让统计员把数据调出来。"

几分钟后，报表和统计分析材料都给打印出来，从哪里来多少萝卜，什么价格，谁买去多少，统统都有。

这就是"信息高速公路"。

1998年，武义全国著名服饰品牌"好来西"也将这条"公路"理念应用到全国200多家直营店管理中。可惜，没有国家"大数据"背景，没有管理系统支撑，不久就瘫痪了！

晚上，日中农交会长、国会议员八百板正亲自设晚宴欢迎，作陪的有副会长、东京大学名誉教授近藤康男，社会经济部会长阪本楠彦教授及农林水产省国际企划课长熊泽英昭等。

"八百板正先生，非常感谢这几天的安排及今晚的款待。"席间，方悴农主动向对方咨询，"据我所知，贵国的农业信息工作，已经走在世界前列，这次我们也看到一些。有什么特别有效的方法吗？"

"方先生客气了，贵国这项工作也做得很好。我们的农业信息工作，也是走了资源整合，动员民间力量参与的道路。还没有贵国研发推广杂交水稻那样的规模，细水长流而已。"八百板正说。

边上东京大学的近藤康男教授给考察团简单介绍了日本农业信息相关情况。

首先是信息的客观性和准确性。

1947年以前，日本的农业统计工作主要靠行政部门一家来搞，往往带有很大的主观性。特别是在战后经济困难时期，普遍地出现了瞒报产量现象，造成统计资料混乱，数据严重失真。1948年以后，政府建立专门的统计调查机构，配备经过培训的专业统计人员，强调按工作规范办事，实行严格的检查制度等。从中央到地方分别成立民间的农林统计协会，使其工作少受到行政部门干预，也给参与数据采集农户补贴及保密承诺。

"尽管如此，得到的信息与实际还是有差距的，据一些经济学家估计，耕地面积就可能少报10%左右。"近藤康男教授说。

在我国，这项工作很薄弱。方悴农一边记录，一边想。

近藤康男介绍了战后日本政府在恢复农业统计方面的基础工作，以及如何发挥民间社团作用的相关措施。

"大数据分析这块，你们已经跑到全世界的前面了。"方悴农说。

"这个系统，"近藤康男教授说，"我们也是上个月才投入使用的。之前也走了一些弯路，过去由于电子计算机机型不统一，技术人员不配套，曾造成'有机不能联''有机不能用'的浪费现象。后来经过统一规划，完善了系统，才有今天的效果。"社会经济部会长阪本楠彦教授插话补充。

方悴农想，日本之前所走的弯路，也正是中

>> 日本参议院议长土屋义彦赠给方悴农的纪念章

国面临的实际问题。

就农牧渔业部系统的不完全统计,中国在现有290台电子计算机中,机型竟达30多种。据有关单位对上海地区微型机调查表明,在461台微型机中,机型有49种。

大部分都没有用起来。

应该在建立信息传输网络之前,对机型、设备进行统一规划,对专业人才加速培训,这是当前亟待解决的主要问题。

后面的一周时间,考察团访问了长崎和宫崎两个县。

在宫崎县新富町,电脑控制能饲养5.6万只蛋鸡的养鸡专业户引起了考察团兴趣。

这个鸡场5年前设计,6个人管理,用电脑控制。

在现场,方悴农看到鸡笼高低分层排列,鸡粪都掉落到鸡笼下面的水泥地上,到时用机器清除。每只鸡都编有号码,用机械捡拾鸡蛋时,捡蛋机上装有感知探头,可以自动报告给电脑记录在案。

"过了10天,电脑就拿出统计报表,可详细地知道每只鸡的产蛋数量。只生5个或不到5个鸡蛋的母鸡,就立即被淘汰换上新母鸡。"场主介绍。

"不允许它混在鸡群里吃'冤枉'(武义话吃白食的意思)。"方悴农在心里想着,偷偷乐了。

宫崎县吉田町长设宴招待考察团,邀请今秋从中国青海、河南等地派去的6名研修生及当地农场主和考察团一起聚餐,座谈交流直到深夜。

离开东京的前一天,日中农交事务局专门邀请近藤康男等5位农业经济学教授和考察团一起座谈讨论。

近藤康男向考察团赠送了他的近著《农村统计之理念》。

日中农交事务局局长崛江真一郎向考察团通报了日中农交协会由于政府的支持,将取得社团法人地位。

经双方协商,拟将日本中国农业农民交流协会改名为"日中农林水产交流协会"。同时,对今后加强中日农业交流提出了进一步的设想和期望。

1984年12月23日,考察团离开东京,满载而归。

第81章　中国农民大学

在率团到日本访问考察前,方悴农在谋划一件大事。1984年冬天,一些年轻人和老一辈革命家在跟方悴农接触的过程中,知道中国有4000多万初高中毕业生不能继续升学,提议创办一所农民大学。

"北京有强大的教育资源,而您,有人脉资源。这是为千秋万代造福的大善事,您若牵头,我们大家一定支持。"

方悴农征求了家人的意见,得到了大家,包括妹妹方菊如的支持。

73岁的方悴农开始奔走协调、筹措,并得到了各方面大力支持。

香港厂主联合会会长、香港中国农民教育及残疾人体育事业发展协会会长黄鉴博士及夫人刘素卿女士、潘玉堂先生给了学校各方面的支持和捐助。

1985年5月,筹建工作基本就绪,召开最后一次会议,商定课程设置及班子人事。

"课程设置上,"秘书长低头看稿,"乡村行政管理、乡镇企业管理、财务会计、农学、蔬菜栽培、果树栽培、畜禽饲养管理、法律、农业经济管理等,以后视情况再调整补充。"

"我说明一下,"方悴农说,"我们这个大学面向8亿农民,给广大没有机会念大学的年轻人一个接受高等教育的机会。科目范围,也不一定仅局限于农业,创汇农业、涉外经济等,以后都可以补充调整。"

最后一项是人事,7名常务理事的名单有了,要推选1名校长。

"方悴农先生,他最合适了。"有人提议,大家纷纷赞成。

"我年纪大了,当个顾问,给大家敲敲边鼓就可以,还是让年轻人上吧。"方悴农推辞。

"您在延安筹办过农校,中华人民共和国成立初期开办过华北所农业兽医班和水利班。向国外派遣农业科技留学生也是您向周总理提议的,还提议并组建了中国农科院研究院,这里没有谁比您更有资格了。"

"学校刚刚筹建，只有您能协调各方面关系，真的还要用您的人脉资源和教学经验，需要您再奉献几年。"

方悴农不好再推辞："还是要发扬民主，按照选举结果来吧。"

1985年6月26日，中国农民大学在全国政协礼堂召开第一届理事会成立大会，方悴农当选为第一任会长。

8月6日，学校正式开学。

8月31日，时任中共中央总书记胡耀邦亲自为"中国农民大学"题写了校名。

>> 1987年离休时，国家农业部给方悴农的赠品

开学后，方悴农积极组织首都各高等院校和科研单位退居二线的专家教授为主的社会力量，开足马力办学。

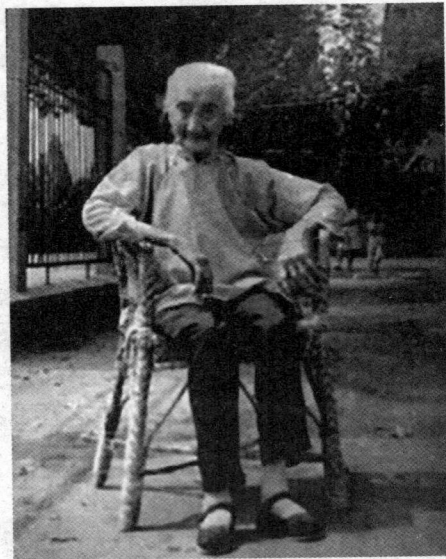
>> 方悴农母亲汤秀英在北京住在方菊如家

在这股力量的支持下，凡是农民和农村发展需要的各种专业都得到首都各方面专家的热情支持，还依靠他们办了各种短期培训班，编写出版了一百几十种教材。

不久后，方菊如退休了。

这位小幺妹，10多岁的时候，就帮方悴农在"双抢"期间办村托儿所，三嫂钟秀卿去世后，带大方悴农两个儿子方照和方干。

到北京后，在方悴农最艰难的日子里，方菊如一家也被下放到河南五七干校，方悴农背着86岁的老母亲到火车站，送方菊如一家及老母亲到火车站。

三年后方菊如回北京，这一家人奉养老母亲一直到96岁去世。

退休后的方菊如选择继续支持三哥方悴农的事业。

为了让更多生活困难的年轻人能够接受高等教育，农民大学开办了函授部。

方菊如和颜翠柏、车幼屏、徐师华等几位离退休女同志负责函授部工作。

>> 2002年4月20日，方悴农(右二)与中国农业科学院三届院长合影(中间卢良恕，左二王连峥，左一翟虎渠)

一个冬日的晚上，方菊如冒着大雪到方悴农家取资料。

方悴农家住5楼，67岁的方菊如爬上去后，喘着粗气敲门。

"这么冷的天，你怎么来了？"严如林听到熟悉的敲门声，没询问就直接开了门。

"岁数不饶人，这几步楼梯，也搞得上气不接下气。"方菊如一边进屋，一边脱下外套，挂在沙发靠背上。

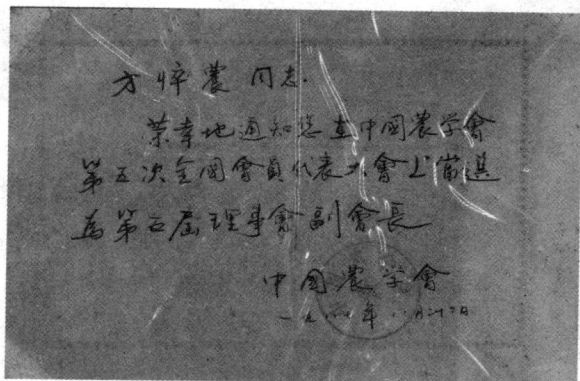

"他在里面审教材。"严如林用手指了指书房。

"菊如来了吗？你先在沙发上坐吧，我这里马上就好了。"方悴农在书房听到外面的动静，高声说。

"好嘞。哥哥你先忙，不急。"方菊如在居中的三人长沙发上坐下，严如林已经倒出一杯水来，放在茶几上，自己在靠门的单

263

人沙发上坐了下来。

姑嫂之间拉了一会儿家常，方悴农从书房里出来了："今天效果不错，一份教材已经审好，"他将一沓稿子递给方菊如，"你来得正好，明天把这个校对好，再拿到印刷厂印出来，跟其他教材一起寄出去。"

一边说，一边在靠窗的单人沙发上坐了下来。

"外面在下大雪呢，你让她一个将近70岁的人还蹬着三轮车去邮寄资料，真忍心？"严如林嘀咕了一句。

"三嫂，不碍事的，我这样过日子，充实。倒是你，一直犯头疼，要多保重。"方菊如拉着严如林的手说。

"函授部的成绩不错哦，已经有2万多学生毕业了。这些学生花200元就能完成两年的专科学业，为地方的农业经济建设发挥了很大的作用。"

"对了，有位叫宋杰的学生来信了。"方菊如从口袋里掏出一封信，递给方悴农。

方悴农撕开信封，看了起来。

"尊敬的方悴农校长：

您好！

我是一名来自新疆维吾尔自治区西吉县一个农民的儿子，参加88届蔬菜专业班学习，用所学的知识和当地菜农一起做各种蔬菜模式化栽培试验，取得了可喜的成绩，特别是蔬菜地膜覆盖栽培技术，七五期间获得自治区农业厅科技进步

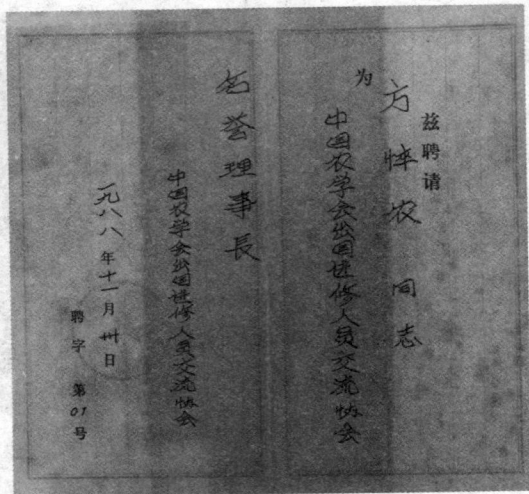

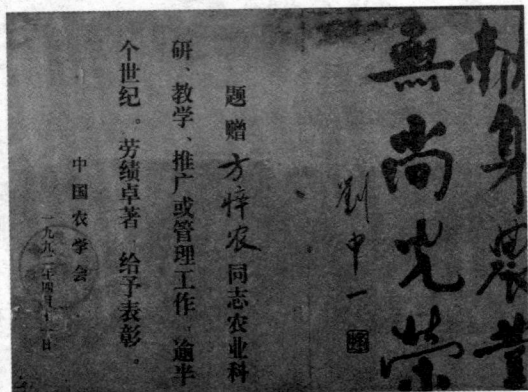

三等奖,受奖当年在全县推广面积已达4241.5亩,其中地膜西瓜1146.5亩,平均亩产3842.5公斤,其他蔬菜3094亩,平均亩产4577公斤,近年推广面积更大,产量也更高。

在我们这样的偏僻边陲,海拔1900多米的干旱地区,使群众能吃到当地生产的西瓜、西红柿、辣椒、茄子等细菜,是跟农大给了科技知识的食粮分不开的,我将继续认真学习,永远是你们的学生,为西吉县脱贫致富作贡献!"

岂止是宋杰,在这所大学里,广东的李锦钊、吴世勇,四川的薛永泽、符幼军,北京的羊宝成等一大批学生,都成为地方农业发展的中坚力量。

到2001年,学校已经培养了8万多名学生。

2001年2月8日上午,方悴农在人民大会堂亲自为这些优秀学生颁发读书奖。

2005年6月,中国农民大学满10周岁,方悴农卸任。

香港厂主联合会会长黄鉴博士接任校长,夫人刘素卿女士捐赠150万元人民币新建一所2800平方米的"刘素卿教学楼"。

2004年冬,方菊如病重住院。

12月5日的《人民日报》刊登一则标题为"新疆蔬菜出口居全国第四"的报道:

"新疆已是雪花飘飘的严冬,而乌鲁木齐等市上的蔬菜品种达到70种,冬春吃菜难已成历史。新疆生产的蔬菜不仅满足了本地需要,还大量出口。今年前3个季度出口达20.6万吨,位居全国第四。10多年前居民鲜有不为冬季吃菜问题发愁的,而今,全新疆温室面积已接近20万亩,各类反季节蔬菜超过100万吨……"

方悴农将这个消息读给方菊如听。

12月12日12点40分,这位从武义走出去的女儿,含笑辞世。

继1999年元旦严如林去世后,方悴农又失去了一位至亲。

第82章　回乡偶书

在筹建中国农民大学期间,方悴农带着夫人回了一趟家乡武义。

那是1985年10月底。

方悴农站在乌溪石板桥头,看着一路向东的溪水,50多年前,孙其昌老师动员"老开明"父亲方仁,给自己赠送银圆时的叮嘱犹在耳畔。

"回报桑梓,回报桑梓。"方悴农轻声念叨。

无论是在杭州、在延安、在北京,还是在路上、在车上、在飞机上,方悴农都没有忘记过家乡。

听到他回乡的消息,亲友们都赶了过来。

他与每个人热情交流,碰到有试种的农民,会一一问询试验的情况。

每次回来,方悴农都会带一些特别优良的品种,给感兴趣的农友种。

"您带回来的西红柿,果实都结成红花树了,又大又甜又多。"

"你侄儿方圯种的1万多亩印尼豆,收成高过所有豆类。"

"杨金其按照您的办法做立体农业,亩产达到1017公斤了。"

听到这些声音,方悴农的心里很安慰。

故人已经作古,但晚辈能自强不息,也激发了方悴农报效国家、建设家乡的赤子之心。

这次,方悴农在陶宅住了10天,大部分时间到本村、源口、董处、要巨、碗铺、宏阁、石井里、桃溪等地进行实地考察,访问农友,到田头察看晚稻发展情况,在果园给学校的孩子们上农业基础课。

家里有个情况引起了他的注意。

方悴农几个侄儿的家,成了畜禽场,侄媳妇们,成了"畜禽司令"。

他们每户喂一个猪娘,又喂1~2头肥猪、养几只鹅、几只鸡。

不仅是晚辈,就是两个嫂子,都七八十岁的人了,也都饲鹅娘、孵小鹅。

方悴农和严如林在北京住了大半辈子,对那种臭熏熏、乱糟糟的光景,已经有些不适应了。

　　看着还很吃力。

　　一天上午,方悴农趁她们都聚在院子里择菜的机会,跟她们聊家常。

　　"我看你们喂两头猪,没料吃,早上3点钟起床,做豆腐挑出去卖掉,把豆腐渣拿来饲猪,添些番薯藤、芋禾之类的饲料,用菜刀去剁碎,再找柴火把它煮熟,实在不容易。"

　　"是啊,十几年了,都这么过的。"大嫂一边说,一边将刚刮好的一个芋艿放进竹篮里。

　　"忙来忙去,这些东西营养价值不高,也赚不了几个钞票,看着挺累的。"方悴农说。

　　"比前几年好得多,党的十一届三中全会的政策好,希望不要再变。"大侄儿媳妇说。

　　"政策嘛,变总是要变的,不过会变得更好。你们这样做很吃力,你们现在还年轻,早上3点钟起床,晚上八九点才睡觉,还可以顶得住,如果以后也还是这样不变,到年纪大了也会吃不消的。"

　　几个女人不知道该怎么回答,呵呵笑了。

　　到县城后,县粮食局领导找方悴农求教。方悴农说:"我看现在农村里还是用老办法喂猪,人累不说,效益也不好。县里饲料情况如何?"

　　"我们这几年搞粮食转化,发展饲料生产,成立了饲料公司、饲料加工厂。但农民不愿意买饲料,只有桐琴果园和南湖猪场养出口的猪,才买些去喂,没有什么销路。"

　　方悴农说:"农民不买饲料,主要的原因是农民现

>> 方悴农(左三)在家乡果园给学生及农民朋友们授课

267

在养猪还是和以前一样,作为副业性生产,还没有认识到专业化商品生产和科学养猪的好处。"

回到住所后,方悴农将自己大半生在国内外看到的情况,结合武义现状,写了份《如何实现农业现代化》的讲稿大纲。

1985年11月10日,壶山下街人民剧院,300多个座位,座无虚席。

武义全县机关干部大会在这里召开,请了两个主讲嘉宾:

一个是千家驹,另一个是方悴农。

方悴农讲解《如何实现农业现代化》。

"各位乡亲、各位同志,回到家乡来,和乡亲们说说话,我想还是用武义家乡话讲好。不过多年不讲,虽然乡音难改,但难免结结巴巴讲得不好不贴切,还请大家原谅。"

全场响起热烈的掌声。

方悴农从七个方面阐述武义该如何实现农业现代化。

首先,他讲了国外现代农业的发展情况。

于是,从阿尔巴尼亚的都拉斯大温室,到日本的一株万个西红柿;从美国年种2万亩的"市长"农民,到加拿大一对夫妻一年种1920亩地玉米,连续3年创造了平均亩产1200斤左右的高产纪录;从黑龙江2400多人的友谊农场种50万亩地,到美国加利福尼亚州200多人的宝兹维尔大农场种50万亩地……方悴农将之前赴外考察,未能写进考察报告的种种逸事、趣事,都用武义话在这里讲了出来。

赢得了阵阵掌声。

方悴农把在陶宅老家看到的情况也讲了。建议将畜禽全部用现代化理念圈养,改善人居环境。同时,发展饲料生产,提高农民的收入。

在鼓励农民种养殖方面,方悴农给地方党委政府反馈了农民的反映:

"我这次回家乡来,在农村里跑了10多天,听到不少反映,我县农民听到'大'字就怕,就有顾虑。他们说:已经有多次,只要领导提倡大种什么,什么就卖不掉。今年大种茉莉花,茉莉花就卖不掉;往年大种杭白菊,杭白菊也卖不掉。还有水杉苗、薏仁米……都'大'过,农民为这些事犯愁。如何改变这种局面？这几年来，我们越来越明确地提出了农业领导部门不能只顾布置生产，也得要抓一抓产前、产后的事。生产出来的东西，怎样找销路卖出去是一个大事情。"

在武义农村办工厂方面，方悴农看到村办工厂没有入门许可、没有技术支撑、没有交通便利，大部分都走投无路了。他说："我记得我们武义有一句俗话。'抢头前，拾洋钱；屁股后，拾膏药'！"从前的时候，洋钱和膏药都是圆的，故有这个比喻。看来办工业，要立足于我们自己的资源，才能发挥优越性，这确实是需要认真考虑的。"

说到武义的萤石资源，方悴农讲了1942年武义沦陷后，在延安《参考消息》看到日本曾狂言"大日本帝国占领了世界独有的萤石产地"，非常痛惜。

"我常想，萤石是贵重的化工原料，是我们武义的特产，日本人在那样艰难的条件下为开发武义萤石，曾经修了一条铁路，建了一座发电厂。而我们直到现在还是照样卖绿石头，如果能引进外资，引进技术，在我们这里就地加工，把萤石变成一系列的化工产品，这样对武义经济的开发，好处一定大得多。"

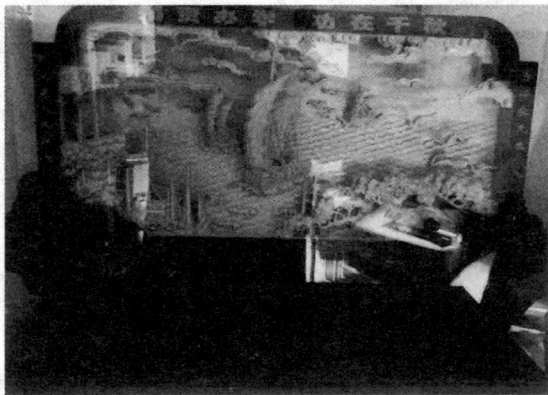
>> 武义县人民政府赠送给方悴农的纪念品

这次回乡，方悴农听说武义一中没有图书馆，就跟严如林商量，将两人毕生的积蓄及一批珍贵的外事活动纪念章、纪念品及照片、书信、证书等捐赠出来，筹建"悴农图书楼"。

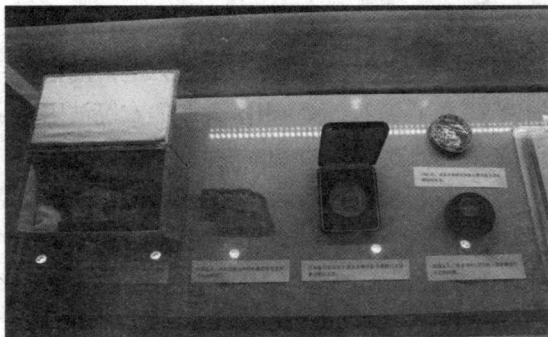
>> 方悴农捐赠给武义一中图书室的纪念品

>> 2012年3月,方悴农同志回乡在武义县一中"悴农图书楼"前留影

>> 2011年3月,方悴农(中)与家人在搬迁后的武义一中"武义名人馆"陈列室合影

图书馆建成后,2012年3月,方悴农回乡探亲,在馆前留影。

2018年,武义一中再次搬迁,"悴农图书楼"归并到武义一中的"武义名人馆",所捐证物,继续泽被莘莘学子。

第83章　寻找脱贫致富捷径

方悴农在武义县机关干部大会上讲的话,不仅举了国外的例子,还讲了国内的例子,核心只有一个:中国太多的农民被困在土地上,做的是累死累活、效益低下、破坏水土的事情。

农村很脏、农业很弱、农民依然很穷。

中国农村大田承包责任制是1982年提出来的,温饱问题解决后,那股新鲜劲也过了。农民们发现,他们就是那头耕地的牛,"吃得最少,干得最多",比牛不如的是,还要看老天的脸色。

>> 中国农学会会同四川省科协在攀枝花地区开展立体农业试点考察

　　城市居民才是"高富帅""白富美",农民如果娶了城市居民女儿,可以成为"爆炸新闻"。
　　到20世纪80年代末期,乡镇企业的崛起,让城市作出"卖户口"适当集聚人口的决定。
　　很贵!
　　20世纪90年代初,农民想要成为"居民"身份,得花钱买户口。
　　因为没有房子,得找城市亲友家"落户"。
　　最初是每人4万元,等于可以在三线城市黄金地段买一幢豪华别墅的价格。
　　也就是个户口,不发粮票、布票、食品票,不安排工作。
　　到城市后,工作也不太好找。城市以国企担纲,还有二轻系统、供销社系统集体企业,以及刚刚起步的乡镇企业。
　　说明农民很穷,穷得宁愿放弃土地,到城里打苦工。

　　这些现象,方悴农在武义家乡看到了,在全国各地的贫困山区也看到了。
　　农业综合开发及发展立体农业,成为新时代农民脱贫致富的命题。
　　春夏秋冬、大江南北,方悴农是哪里贫困往哪里走。
　　目的只有一个:调研推广立体农业,加速农民脱贫致富。

先了解一下什么是传统农业,什么是现代农业,什么是立体农业。

传统的中国农业生产运动,走的是一条"低层次平面垦殖"的道路。

现代农业则要求对农业中的自然资源经济关系实现立体开发和优化设计。

方悴农从内涵和外延角度,对立体农业进行定义。

立体农业的内涵,就是农业生物种类间互补、互助的高效组合。用现代技术和设施建立人工"生物群落",包括植物间、植物和动物间、植物动物和生物间等多层次多交叉的共生、共栖优化组合。这是传统农业布局、传统耕作方式合乎逻辑的延伸和升华。

立体农业的外延,是围绕立体农业产品开发所进行的经营活动和基础工作。主要有三个方面的内容:

一是农业生产结构的立体化。即变上山开荒种粮为发展木本粮油;变下水围垦造田为发展水产养殖;变单纯以粮换肉为粮、草换肉兼顾。即由农业的粮食单一经营转变为综合经营和立体经营,由粗放经营向集约经营的开发方式转化。

二是农村经济关系的立体化。在发展农业生产的同时,要形成农副产品的多级加工、仓储、运输、交换、销售以及技术、信贷、保险等服务系统,形成各个生产部门间的多种经济联系。

三是农村管理体制的立体化。农村商品生产的发展,特别是以发挥经济优势为主要特征的立体开发,势必要求在完善纵向行政管理体制的基础上,建立以分工协作为主要特征的多层次的横向经济管理体制。

为了说清楚立体农业在推进现代农业发展方面的作用,方悴农按不同内容、从不同角度举了几个典型例子。

在农作制度改革方面,方悴农举了个山东省的例子。

这个省用三年时间推广以间套复种为主的高效种植。

三年中从400多种立体种植模式中,筛选出三种三收以上的优化结构模式30种,累计推广种植4051亩。

>> 方悴农(左三)陪同中国农学会会长卢良恕考察山区立体农业生产

效果显著:增产粮食15亿公斤,皮棉3012万公斤,花生5.24亿公斤,蔬菜112.4亿公斤,瓜类25亿公斤。增加经济收入43亿元。

在丘陵地区,方悴农举了四川省米易县和泰和县的例子。

米易是一个典型的"山、边、少、穷"县。

这个县从1984年开展立体农业综合开发试点,全国最早。主要是利用冬季比较温暖的条件,做到农林牧副渔全面发展。成效显著。

1988年,人均提供商品粮81公斤,制糖甘蔗1176公斤,瓜类163公斤,水果23公斤,肉41公斤。

销售这一块,建成早春瓜菜批发市场,全县的瓜果集聚到这里后销往全国十多个省市的大中城市。

1989年,农民人均年纯收入由1983年的214元增加到608元。

江西泰和县千烟洲,以改造3000亩红壤中低产田为中心,进行科学规划,对山水田林路综合治理。

5年后,该区形成"丘上林草丘间塘,河谷滩地果与粮"的立体种养模式。到1989年,粮食亩产由111.1公斤提高到408公斤;畜禽饲料量增加11倍,鲜鱼量增加33倍,生产总产值增加11倍,人均纯收入达1082元,取得了显著的经济、社会和生态效益。

>> 1993年,中国农学会立体农业研究会在攀枝花召开全国立体农业学术研讨会

在提高土地利用率方面,方悴农举了福建省建瓯县的例子。

1984年,这个县的芝城镇提出了一个立体农业综合开发五年规划目标:"山顶造林,山坡种茶果,山垄水塘养鱼,果园办牧场,垄田粮食与经济作物轮作,洋田双杂双配套。"

到1989年,全镇户均向市场提供蔬菜5329公斤、生猪6头、家禽142只、禽蛋83公斤、鲜鱼426公斤、柑橘950公斤、西瓜2000公斤、番茄223公斤,丰富了市场农副产品的供应。

在提高农民农业发展积极性方面,方悴农举了河南省开封市一个全国劳动模范的例子。

1989年,北郊乡郭楼村养鱼专业户、全国劳动模范杜培岭带领全家在"草基塘鱼"基础上做综合立体农业开发。

他在70亩"种之无利、弃之可惜"的沿黄河的背河洼地,进行"粮、草、猪、鸭、鱼、加工、销售"的立体种养开发:

水面。养鱼50亩,总产近4万公斤,创利润6万元;养鸭1100只,年产鸭蛋20万个,加工成松花蛋、咸鸭蛋等,总产值达6.24万元,纯利润1.52万元。

农家大院。出栏生猪330头,纯利润2万多元;种草20亩,产草量达10万公斤,纯利润1.5万元。

塘基。生产大豆3000公斤、小麦3700公斤、油菜籽1000公斤、蔬菜4000公斤。

还进行加工、运输作业。

70亩地年创产值41.3万元,实现利润12.8万元。

农民是真正地富了。

从2003年开始,很多从城里买过户口的农民,纷纷到县政府找县长,一把鼻涕一把眼泪,要求将户口迁回农村去。

大浪淘沙、沧海桑田。所谓"三十年河东三十年河西",这个转变,还不到三十年!

在大量调查研究的基础上,方悴农撰写了《关于武陵山区农村综合开发治理的报告》《立体农业在我国现代农业中的地位和作用》《立体农业为南方丘陵地区开辟脱贫致富的道路》《广西石上区农民的贫困状况与扶贫建议》《发展立体农业,迎接第六次产业革命》《关于发展我国立体农业的建议》及《把四川攀西地区列为国家农业重点开发地区的建议》。

1994年6月18日,两篇论文均获中国科学技术协会第二届优秀建议一等奖。

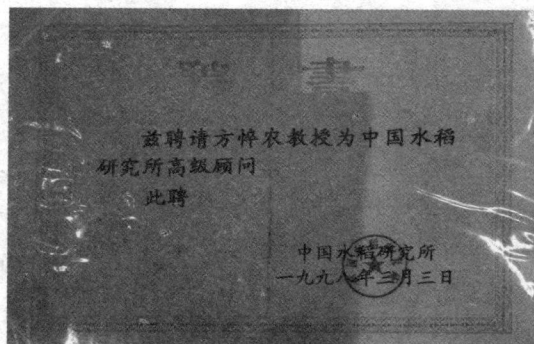

第84章 中国现代农学100年

1996年10月下旬,84岁的方悴农完成了一件大事——《中国科学技术专家传略·农学编·综合卷》的主编工作。

《中国科学技术专家传略·农学编》分综合、土壤、作物、养殖、林业、园艺、植保7卷，第一卷共入编277人。

方悴农负责的综合一卷，入卷的是1920年前出生的35位专家。学有专长，毕生孜孜以求，身体力行，为祖国农业和农业科学技术的发展作出重要贡献的有代表性的人物。

涉及农业生物、农业工程、农业经济、农业科学管理、农业历史、农业气象等各个方面。

排在第一位的是清末状元、民初农商总长张謇。此人最早接受现代农业科学技术，应用于农业行政决策管理，并在江苏南通原籍围垦海涂、引种美棉、兴办纱厂、兴办农科教育等社会实践。

接下来是早期赴日、美、欧接受农业科学教育、回国作出开拓性贡献的专家。按出生年月排列有许璇、李仪祉、过探先、邹秉文、辛树帜、张心一、陈翰笙、万国鼎、乔启明、须恺、莫定森、吕炯、沙玉清、王毓瑚、石声汉、王鹤亭、粟宗嵩。

还有为台湾农业的恢复和发展作出重要贡献的钱天鹤、赵连芳、沈宗瀚、汪厥明、张德粹。

早期参加中国共产党，在革命老区从事农业科学技术领导工作，新中国建立后成为农业科技教育事业的团结核心和带头人陈凤桐、乐天宇、李世俊、张克威、杨显东。

新兴农业工程学科方面有张季高、余友泰、李翰如、王万钧、曾德超、陶鼎来、陈秉聪等各学科的开拓者和奠基人。

>> 方悴农收集资料

>> 方悴农在审稿

这份名单由中国农学会、中国农业经济学会、中国农业历史学会、中国农业工程学会、中国水利学会农田水利委员会、农业气象研究会等分别推荐,并经《中国科学技术专家传略·农学编》编委会审定。

按理,方悴农应编入"陈凤桐、乐天宇、李世俊"等队列。但书是自己主编的,犹如《封神榜》中的姜子牙最后没有给自己封神一样,方悴农没有列入其中。

10月26日下午,方悴农在农科院5楼公寓的书房里,给这本书的"前言"做最后的校稿。

"中国是世界农业的重要发源地和历史悠久的农业大国之一,许多农业上应用的物种原产于中国。"

开篇交代背景,言简意赅。

"在距今七八千年前的新石器时代,我们的祖先就开始用原始工具来疏松土壤、种植谷物,从事农业生产。考古学家在浙江余姚河姆渡发现了水稻遗址,在陕西西安半坡发现了谷子遗址。这些重要粮食作物以及多种果树、蔬菜、桑、麻、茶叶、油桐、漆等发源地的发现和考证,特别是中国人民最早发明种桑、养蚕、缫丝、织绸,最早种植大豆并制成豆腐和各种豆食品,足以证明中国古代农业文化的灿烂辉煌。"

前面我们有提到过,浦江"上山文化"的发掘,又将这段历史往前推了3000~5000年。就在方悴农完成这篇文章5年后。

从春秋战国时期的《吕氏春秋·审时篇》,到北魏贾思勰的《齐民要术》、徐光启的《农政全书》,再到1894年孙中山上书李鸿章倡导农学,建议清政府派有志青年出国学农、开办农学会,方悴农引经据典,对中国农学100年前的历史作了简要概括。

每看到一个典故,他都从旁边的书架及桌面上堆放的书籍中,找到出处一一核校,有些字体比较小的,拿放大镜仔细看。

他拿起桌子上的水杯放到唇边,没倒出水来。看了一下时间,已经晚上10点多了。

他没有惊动保姆,自己到厨房倒了一杯开水,继续审稿。

"嗯,农务会是1896(光绪二十二)年成立的。"他看着稿子自言自语。

1896(光绪二十二)年,梁启超、谭嗣同、罗振玉、蒋伯斧等在上海成立农务会,并于翌年5月创办《农学报》。

梁启超在创刊号序言中列举:"红人(印第安人)宅墨(美)洲数千载,全墨榛莽,舍兽号鸟迹外,更无长物。白人取而代之,仅400年,遂以富庶甲天下。我国自秦汉以后,学术日趋无用,于是农工商之与士,划然分为两途,其方领矩步者,麦菽犹懵,遑论树艺,其服袯襫役南亩者(指披戴蓑衣斗笠的农民),不识一字,与牛犁相处一间,安望读书创新法哉?故学者不农,农者不学,而农学之统,遂数千年绝于天下,重可慨矣!"并列举农学各科目,提出"近师日本,远摭欧墨"的建议。

方悴农想,"戊戌六君子",不仅给世人传播了"德先生""赛先生"的思想,还做了实实在在的工作。

《农学报》是我国最早的农业期刊,由罗振玉主持,从1896—1905年连续在上海办了10年。请了日文、英文翻译,以介绍日本和欧美农业科学技术,报道各地农业发展情况为主。

农务会还编辑出版《农学丛书》,截至1904年陆续出版了有关农学各科译著149种。这些对于吸引知识青年学习农业科学技术,促使现代农学在我国兴起,发挥了重要作用。

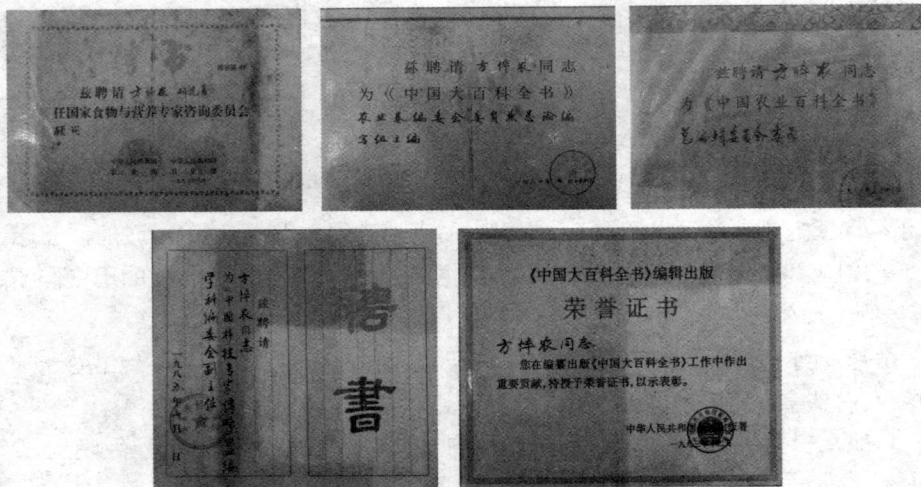

看完这些,方悴农的脑子里浮现出不同的画面:早年在杭州办的《新农村》,在延安朱德总司令交代他筹建农学会,在北京他一手摁着胃部、一手审校《中国农业科学》……

"毕竟年纪大了,一想就回到'从前',走神了。"方悴农摇了摇头,继续往下审。

1898年，在我国现代农业科学技术发展史上具有划时代意义的是：在各方舆论的推动下，光绪皇帝下诏"兼采中西各法"振兴农学，成为我国政府正式推行近代农业科学技术之始。同时建立农工商部，筹建第一个农业高等学府——京师大学堂农科，第一个农业试验场——上海育蚕试验场，由国家首批派遣留学生去欧、美、日本学农。此后，各省相继成立农林院校和农业试验场，聘请日、美等国农业科技人员来华任教或进行技术指导，开现代农业教育和农业试验研究的先河。

方悴农将下面的两段话逐字逐句审校后，闭上眼睛将主要内容过了一遍：

派出留学的学子们从美国、荷兰、日本、南洋等国家引进优良的作物品种、先进的种植技术和管理方式，现代农业科学技术开始在我国各地萌芽。

从1898年算起，整整半个世纪，我国老一辈农业科学家在内忧外患、灾难深重的旧中国，抱着满腔热情，克服种种困难，兴办农业教育，培养农业科技人才，兴办农业试验场，选育良种，防治病虫害，并进行示范推广，使现代农业科学技术在中国的土地上扎下了根，尽了一代人的历史责任。

这里有他最熟悉的老领导莫定森，1980年5月21日，莫定森在杭州去世了。

想到这里，方悴农睁开眼睛，神情有些黯然。

他喝了口水，将后面两段中华人民共和国成立后新中国农业发展情况看完。

看到这段时，特别用了下画线：

"……在世界上首先育成并普及矮秆水稻；育成矮秆抗锈小麦良种，并在山东莱阳首次亩产突破千斤；育成单杂交玉米和杂交高粱；马铃薯实生种子利用，挽救了由于病毒病和晚疫病蔓延而濒临绝产的马铃薯生产，并走向世界为国际马铃薯研究中心所认同；发现太谷核不育小麦、湖北光敏核不育水稻等。最突出的是，各地农业科技工作者组织起来进行科研大协作，在1972—1975年的几年中，争分夺秒，冬去海南，春到南宁，夏回本地，科技人员怀里揣着刚成熟的种子在催芽，一到异地就播种，一年三代成功地培育出举世闻名的杂交水稻。新一代的农业科学工作者，无愧于前辈们的教导和期待。"

……

现代农学的100年历史，从1895年孙中山创立农学会开始，是一部波澜壮阔的沧海桑田，一幅写在黑土地上的长卷史诗。

能够生逢其时、参与其中，方悴农感到无上光荣。

第85章 生年过百 鞠躬悴农

2012 年 11 月 12 日,方悴农满100岁了。

中国农业科学院编了一本画册,以《矢志民族强盛·终身奉献三农》为序,给他办了百岁寿诞纪念活动。

何康、石山、李振声、王连铮、万宝瑞、卢良恕、孟昭宇、沈桂芳、任志、刘志澄、甘晓松、张子仪、庄巧生等农业

>> 2012年,方悴农参加党支部活动时的留影

农村部、农科院领导及农科口院士送来题词、贺信。

百岁老人,60岁的骨密度和脑龄,做到"睡得快、起得快、吃得快、拉得快、脑子反应快、走路走得快""六快",红光满面、神清气爽。

传为奇谈。

在这之前的10年时间里,方悴农做了两件事情。

一件是编撰出版了《情系三农七十年》。

起意编辑这部72万字大部头专辑的时候,方悴农已经92岁高龄了。

而且,不久前做了胆囊切除手术,手术创痛没解除,身体还在恢复期。

编撰书籍成了他唯一的精神寄托。

从2005年到2006年,他花了将近两年时间,将所有自己在报刊上发表过的文章、调查报告、会议讲稿、书籍前言、名人回忆全部收集起来,在书房里一篇篇

整理、一字字核校。

全书不设章节，按时间顺序编撰，首篇《投奔延安》可以视为"代序"，最末《悼念亡妹方菊如》可视为"后记"，堪称"红色农学"历史教科书。

编撰工作得到了家中儿女及保姆小刘的支持和帮助。

72万字，前后核校14稿，其中，儿女们分别核校了五、六稿。

"我22岁出版《农村建设实施记》，条件非常艰苦。白天要到大田里去种'一亩地'，还要帮助乡里、村里协调县里各项事务，不瞒你们说，那30多篇稿子，有几篇是上厕所写的。"方悴农说，"前段时间回头看了看，很多很粗糙，词不达意的也不少。"

"都是油印字，太小、太模糊，又都是繁体，现在没几个人能够认全了。"小儿子方敏说。

方悴农拿起几张已经修改了很多地方的"自序"及其他两份资料，浏览一遍，放下后沉默了一会儿，说："这本书，对现在的农村建设依然有借鉴作用，我原准备再版的。还是放弃吧。"

"现在我们的编撰条件这么好，这本书要好好做。"方悴农说。

"老爷子做事很认真，容不得半点马虎。"

后来，方悴农在北京的两个儿子方昕、方敏告诉笔者。

2006年12月，《情系三农七十年》由人民日报出版社出版。

另一件是养生、保持长寿。

用他自己的话说，这也算为国家、为儿女分忧最好的贡献。

2012年11月24日，北京电视台"咱爸咱妈"栏目将方悴农请到节目组，跟全国观众谈"长寿秘诀"。

"方老，听说您老身上已经减了不少器官。"主持人开门见山，立马抓住观众的注意力。

100岁的方悴农依然保持年轻时期的身材，笑容可掬，脸上的鼻子更加大了，"呵呵，我这是响应当年延安'精兵简政'的号召，把盲肠、胃、前列腺、胆囊都'精简'了"。

观众席上，发出一片惊叹声。

背景屏幕播放了一段方悴农在社区健身器材上做转身运动、往前往后走运动、摇头运动的视频。

"方老,我们都没想到,您走路能走这么快。"

"我家住在五楼,我天天上下4趟,也给它取了个名字,叫'五四运动'。在院子里每天快走8000步,可以精简身上的脂肪。"他一边说,一边站起身,正着走、侧着走、倒着走都走了一遍。停下

>> 2009年,农业部离退休干部"双先"表彰大会(前排左三为方悴农)

来后,又往左往右摇了几次脑袋,"这个叫'摇头晃脑',我自己发明的,非常时期每天左右各120下,救了我差点瞎掉的眼睛。"

观众席上,响起热烈的掌声。

其实,节目主持人漏掉了老人长寿的两个关键秘诀:

长寿的基因。石井里是长寿村,方家又是长寿村中的长寿家族。

豁达的心态。遇事不争、不怒,始终保持一颗赤子之心。

方悴农很清楚,新陈代谢是万物亘古不变的定律。再怎么健康长寿的人,都有走完人生之路的时候。

起因是1993年那次前列腺手术,埋下了癌变的伏笔。

2013年8月中旬的一天,方悴农感到头晕眼花,到医院检查后发现血色素突然快速下降,在一个星期内打了三针,输了一次血。

出院后,在小儿子方敏家住了20多天,精神还好。

"9月14日早上6点多,老爷子开始吐血。送医院后,白天都很好,二伯的长子方耀到农科院报讯,下午院领导过来,到晚上才回去。我和妹妹一直留在医院。"方敏回忆当天的情景,"晚上2点16分,老爷子开始说胡话,说的都是武义方言,开始大口吐血块。我赶紧打电话叫大家过来。家人都还在路上,2点20

分,他就安详地走了。"

"我爸爸不抽烟。小时候学着抽过,被爷爷骂过就不再抽了,能喝点小酒。临走前一天,他还写日记。"三儿子方昕补充说。

方悴农(1913—2013年),浙江武义陶宅村人。中共党员,忠诚的共产主义战士。著名农学家,中国"三农"建设的倡导者和践行家。

悴农年少有为,13岁任陶宅村农村夜校校长,致力于普及青年农科。22岁出版《中国农业推广》《农村建设实施记》,积极推进"三农"建设。

>> 方悴农夫妇(中)与他们四个儿子的合影

逢倭寇横行乱世,毅然投笔从戎。延安"大生产运动"倡议者和"三农"发展践行者,为中国共产党建立稳固的抗日大后方作出巨大贡献;中国农科院筹建功勋,在接收、保护、传承、发展中国农科技术方面起到关键作用;中国"北大荒"开垦功勋,解决了中国大面积耕地问题并加速了中国农业机械化进程;中国"杂交水稻"科研项目总牵头人(命名人),在项目遇技术瓶颈时引进国际稻IR恢复系先进技术实现攻关破题,为项目的研发成功及推广应用作出重大贡献;中国"立体农业"的倡导组织者,有力推动了农业现代化发展进程。延安边区农校、中国农学院、中国农民大学创办人之一,为中国农业科技教育事业作出了杰出贡献。(内容整理自2013年9月24日国家农科院为方悴农举办遗体告别仪式时的"方悴农生平介绍")

生年满百,一生悴农。培桃李满天下,育精英济世穷。

2013年9月24日上午9点30分,国家农科院在八宝山为这位鞠躬悴农的"中国共产党的优秀党员、中国农学会原常务副会长、中国农科院党组成员"101岁老人举行了遗体告别仪式。

在八宝山,方悴农只设了个衣冠冢。

夫人严如林,在女红军墙占了一席之位。

20天后,依照老人生前遗愿,老人骨灰在熟溪桥走过后,魂归陶宅村故里,与钟秀卿、严如林一起长眠在乌溪河畔。

乌溪,一如悴农儿时,欢迎每位新人。

她跳着波浪舞,唱着水族之歌,扭着小腰灵巧地穿过桥拱,一路向东,奔向熟溪、奔向兰江、奔向钱塘江、奔向大海。

主要参考文献

［1］方悴农.农村建设实施记[M].上海:上海大华书局,1935(2).

［2］方悴农.情系三农七十年[M].北京:人民日报出版社,2006(12).

［3］武义县志编纂委员会.武义县志[M].杭州:浙江人民出版社,1990(3).

［4］[美]埃德加·斯诺.西行漫记[M].北京:东方出版社,2005(12).

［5］方耕.武义县桐山校史[M].北京:华文国际出版社,2018(9).

［6］周随新.光辉足迹——延安革命旧址实录[M].陕西:陕西人民出版社
2016(6).

［7］武衡.抗日战争时期解放区科学技术发展史资料·第一辑[M].北京:中
国学术出版社,1983(10).

［8］中共武义县委党史研究室.中国共产党武义历史(第一卷)[M].北京:中
共党史出版社,2015(4).

后 记

红色农学密钥

延安、北京、杭州、武义、陶宅村多地往返,20多位亲友、同事、知情人的探寻访问……300多万字、500多部文档阅览,前后一年零九个月反复增删书写——

终于,《方悴农传》完稿并付梓了。

《方悴农传》列入"《百年党史在浙江》系列成果",课题研究得到中共武义县委组织部的指导,武义县档案馆和中共武义县委党史研究室提供的大力支持,是本书创作的基础;方老亲友提供了近千件方老的著作、手稿、日记、照片等实物,是本书撰写的第一手素材。

方老是中国最早到延安并从事农学教育的农学专家之一。在整整一个世纪的生命里,是什么让他始终坚持中国共产党必胜的信念,用瘦弱的身躯鞠躬悴农一生呢?

延安精神!

延安精神在战火纷飞的年代植入了所有延安人的骨髓,也传承到和平时代的延安人身上。

折正千,一位有着"延安文史活档案"美誉的老人。在我们到达延安那天,85岁高龄的他陪我们找寻一个个遗址。

印象最深的是到三十里铺红寺村,找寻延安农校遗址。

这些年延安的植被情况好转,那个地方已被萋萋荒草掩盖,一行人在那块坡地上来回走、绕道走了好几遍也没有找到。

我们怕老人身体吃不消,一致请求放弃。

老人没有理会我们的要求,继续爬坡拨草寻找,更令我们惊讶的是,老人一直走在前面,我们得一路小跑才能赶上他。

最后,我们已经返回路边准备上车了,却听到他一声欢呼——"在这里,找到了!"

我跟着他的脚印,手脚并用爬了上去。

老人看到我们上去,一口气松下来,一屁股坐在窑洞前的"洋芋"(马铃薯)地上。

窑洞保存基本完好,窑前的"洋芋"开着紫色花朵,貌似当年被方悴农们引进、试种成功那款品种的第N代子孙。

我站在窑洞前,仿佛看到意气风发的青年方悴农,在窑洞里上课、编写教材,在窑洞外耕作,骑着快马日夜兼程请助产医生的情景;仿佛体会到当年如日中天的方悴农,放弃高官厚禄投奔延安圣地时的心境;仿佛感受到了那颗无论遇到多少艰难险阻、哪怕是身处险境,也永葆鞠躬悴农的赤子之心;仿佛探知了一个动过四次手术、"精简"了人体不少器官的老人,活到101岁的秘诀。

方老的故事,在我心中已然变得像一则传奇,一部史诗。

但我不想歌功颂德,只想将这位百岁老人经历过的事情平铺出来,晾在乌溪的河滩上,晾在延河的鹅卵石上,晾在黑龙江的冰垛上,晾在柬埔寨、越南、缅甸、美国、加拿大、日本……的田野上。

我想,这也是他的本意。

本书初稿35余万字100多幅照片,经征求各方意见,删改后留30余万字80多幅照片,部分故事、照片、因佐证要求严谨、耗时较长,只得割舍。

鉴于笔者水平、见识有限,文中错漏难免,期待读者批评指正。

昕 玲

后 记